Johann Jakob Donner

Euripides

Dritte Auflage. Zweiter Band

Johann Jakob Donner

Euripides
Dritte Auflage. Zweiter Band

ISBN/EAN: 9783744680127

Hergestellt in Europa, USA, Kanada, Australien, Japan

Cover: Foto ©ninafisch / pixelio.de

Weitere Bücher finden Sie auf **www.hansebooks.com**

Euripides.

Deutsch

in den Versmaßen der Urschrift

von

J. J. C. Donner.

Dritte Auflage.

Zweiter Band.

Leipzig und Heidelberg.
C. F. Winter'sche Verlagshandlung.
1876.

BURDACH

VII.

Alkestis.

Personen.

Apollon.
Thanatos, der Gott des Todes.
Admetos, König von Pherä in Thessalien.
Alkestis, seine Gemahlin.
Pheres, der Vater des Admetos.
Eumelos, der Sohn des Admetos und der Alkestis.
Eine Tochter des Admetos, stumme Person.
Herakles.
Eine Dienerin der Alkestis.
Ein Diener des Admetos.
Der Chor: Greise von Pherä.

Der Schauplaz ist in Pherä.

Inhalt des zweiten Bandes.

		Seite
VII.	Alkestis	1
VIII.	Iphigenia in Aulis	57
IX.	Iphigenia in Tauri	139
X.	Die Bacchantinnen	213
XI.	Der Kyklop	281
XII.	Andromache	321

Apollon
(mit Bogen und Pfeilen).

Admetos' Hallen, wo ich einst, obwohl ein Gott,
Am Sklaventische gerne mir genügen ließ!
Zeus fügt' es, welcher meinen Sohn Asklepios
Erschlug, des Blizes Flamme warf in seine Brust,
5 Worüber zürnend, ich die blizeschmiedenden
Kyklopen tödte, daß dafür zur Strafe mich
Der Vater zwang zu dienen einem Sterblichen.
So kam ich hierher, ward des Freundes Rinderhirt
Und seines Hauses Hüter bis auf diesen Tag;
10 Denn selber fromm, gewann ich einen frommen Herrn,
Den Sohn des Pheres, welchen ich vom Tod erlöst,
Die Schicksalsmächte täuschend: die gelobten mir,
Admetos soll dem Tode, der ihm droht, entfliehn,
Dafern er einen Andern stellt dem Schattenreich.
15 Und all die Seinen forscht' er aus und ging umher,
Den Vater und die Greisin, deren Schooß ihn trug;
Doch fand er Niemand, als die Gattin, die für ihn
Den Tod erdulden, scheiden will vom Sonnenlicht.
Sie ringt daheim im Todeskampfe nun, gestüzt
20 Von treuen Armen; denn an diesem Tage noch
Ruft ihr Geschick die Herrin aus dem Leben ab.
Doch ich verlasse dieses Haus, dies traute Dach,

Daß nicht der Hauch des Todes mich entheilige.
Denn schon herannahn seh' ich hier den Thanatos,
25 Der Todten Priester, daß er sie zu Hades' Haus
Hinabgeleite. Recht zur Stunde kommt er an,
Wahrnehmend dieses Tages, wo sie sterben soll.

Thanatos.
Ha, ha!
Du, Phöbos, hier? Du hier am Palast?
Wohl willst du mit Unrecht wieder die Macht
30 Uns Göttern im Hades schmälern, entziehn?
Es genügte dir nicht, des Admetos Geschick
Zu verhindern, indem du die Mören berückt
Mit verschlagener Kunst; nun waffnest du dir
Auf's neue den Arm mit dem Bogen um sie,
35 Die, ihren Gemahl zu erlösen, sich selbst
In den Tod giebt, Pelias' Tochter.

Apollon.
Getrost: ich rede tadellos und thue recht!

Thanatos.
Nun, wenn du rechtthust, was bedarf's der Pfeile dann?

Apollon.
Die Wehr zu führen war ich immerdar gewohnt.

Thanatos.
40 Auch diesem Hause widerrechtlich beizusteh'n!

Apollon.
Des theuren Mannes Ungemach bekümmert mich.

Thanatos.
Auch diesen andern Todten willst du mir entzieh'n?

Apollon.
Auch jenen hab' ich mit Gewalt dir nicht geraubt.

Thanatos.
Wie wohnt er dann auf Erden, nicht in Hades' Haus?
Apollon.
45 Er gibt die Gattin, die du nun zu holen kommst.
Thanatos.
Und gleich entführen werd' ich sie zur Unterwelt.
Apollon.
So nimm sie; denn dich überreden kann ich nicht —
Thanatos.
Zu tödten, wem's verhängt ist? Dazu kam ich ja.
Apollon.
Nein, den zu tödten, der zu lang im Leben säumt.
Thanatos.
50 Dein Wort versteh' ich, kenne dein Verlangen nun.
Apollon.
So kann sich hohen Alters noch Alkestis freu'n?
Thanatos.
Mitnichten! Mich auch, glaube mir's, freut meine Macht.
Apollon.
Nicht mehr, als Eine Seele nur, empfängst du doch.
Thanatos.
Wenn junges Leben schwindet, bringt mir's höhern Ruhm.
Apollon.
55 Reich wird bestattet, wenn sie stirbt, die Greisin auch.
Thanatos.
Für reiche Leute, Phöbos, gibst du das Gesez.
Apollon.
Wie meinst du? Bist du wizig auch? Das wußt' ich nicht.
Thanatos.
Den Tod im Alter kauften sich die Reichen dann.

Apollon.

So denkst du diesen Liebesdienst mir nicht zu thun?

Thanatos.

60 Nein, wahrlich; meine Sinnesart ist dir bekannt.

Apollon.

Den Menschen freundlich und verhaßt den Himmlischen.

Thanatos.

Nicht Alles haben kannst du, was dir nicht gebührt.

Apollon.

Du stehst gewiß ab, wenn du noch so grausam bist.
Wohl kommt zu Pheres' Hause bald ein solcher Held,
65 (Ihn hat Eurystheus ausgesandt in Thrakia's
Beeiste Flur nach Diomedes' Viergespann,)
Der, gastlich aufgenommen in Admetos' Haus,
Dir wohl gewaltsam dieses Weib entreißen wird:
Und keines Dankes Ehre wird dir dann von uns;
70 Er thut es gleichwohl; aber du wirst uns verhaßt.

Thanatos.

So viel du Worte machen magst, es frommt dir nicht:
In's Haus des Hades geht das Weib hinab mit mir.
Zu dieser eil' ich, mit dem Schwert sie einzuweihn.
Denn wessen Haupthaar dieser Stahl geheiligt hat,
75 Der fiel des Hades unterirdischen Mächten heim.

(Beide zu verschiedenen Seiten ab.)

Der Chor tritt in zwei Halbchören ein.

Erster Halbchor.

Was ist es so still doch vor dem Palast?
Was ruht in Schweigen Admetos' Haus?

Zweiter Halbchor.

Auch weilt kein Freund in der Nähe,
Zu verkündigen, ob der Gebieterin Tod
80 Zu betrauern geziemt, ob lebend annoch

Im Licht hier athme des Pelias Kind,
Alkestis, die sich an ihrem Gemahl
Als das edelste Weib
Vor mir und Andern bewährt hat.

Erster Halbchor.
Erste Strophe.

85 Vernahmst du Seufzen, hörtest du
Geräusch von Händen im Palast?
Klagen sie nicht, als sei's geschehn?

Zweiter Halbchor.
Nein, kein einziger Diener, fürwahr!
Erscheint an den Pforten umher.
90 O kämest du, Päan, des Unglücks
Wog' uns abzuwehren!

Erster Halbchor.
Nicht schwiegen sie also, wäre sie todt;
Noch trug man sie nicht zum Palaste heraus.

Zweiter Halbchor.
Ich juble noch nicht; was macht dich so dreist?

Erster Halbchor.
95 Wie möchte doch wohl sein würdiges Weib
Admetos so einsam bestatten?

Erste Gegenstrophe.
Auch seh' ich vor den Thoren kein
Weihwasser, wie es sonst am Thor
Eines Gestorbenen üblich ist;
100 Abgeschnittene Locken erblick'
Ich nicht an der Pforte, geweiht
Zur Klag' um die Todten, und keine
Jungfrau schlägt den Busen.

Zweiter Halbchor.
Und heut ist doch der entscheidende Tag —
Erster Halbchor.
105 Was sagst du mir da?
Zweiter Halbchor.
Wo Sie zu den Todten hinab muß.
Erster Halbchor.
Du bewegst mir das Herz, du bewegst mir den Geist.
Zweiter Halbchor.
Bricht Unglück über die Guten herein,
Muß trauern ein Mann,
110 Der brav sich erwiesen von Anfang.
Der Chor.
Zweite Strophe.
Wohl Keiner kann, wo er hin
Steuern mag im Schiffe,
Ob zum Lykierland oder in Ammons Gebiet
In die trockene Wüste,
115 Ihre Seele, der Armen,
Erretten; denn das grause Geschick naht schnell.
An welchen Priester, sagt,
Soll ich mich wenden, wo Götteraltär' entflammen?
Zweite Gegenstrophe.
Wenn Einer nur lebend noch
120 Weilt' im Sonnenlichte,
Phöbos' Sohn: sie entrönn' aus den Gefilden der Nacht,
Von den Pforten des Hades;
Denn er weckte die Todten,
Bevor die Wetterflamme, des Zeus Glutpfeil,
125 Ihn niederschmetternd traf.
Doch wo soll ich nun schöpfen des Lebens Hoffnung?
Haben doch schon Alles versucht unsre Fürsten;

Rings dampfen die Götteraltäre,
Vom Blut der geopferten Thier' umströmt,
130 Und nirgend ist Hülf' in dem Leide.
Doch eine Sklavin schreitet aus dem Hause dort,
In Thränen schwimmend. Welch Geschick vernehmen wir?
(Zu der Sklavin.)
Verzeihlich ist die Trauer, wenn ein Ungemach
Zustieß den Herrschern. Aber lebt die Herrin noch?
135 Ist sie bereits verschieden? Das erführ' ich gern.

Sklavin.
Du kannst sie lebend nennen und gestorben auch.

Der Chor.
Wie mag doch Einer leben und todt sein zugleich?

Sklavin.
Sie neigt sich schon zum Tode, ringt im lezten Kampf.

Der Chor.
Welch edles Weib verlierst du, solch ein edler Mann!

Sklavin.
140 Noch fühlt es nicht Admetos, bis das Leid ihn trifft.

Der Chor.
Ist keine Hoffnung also sie zu retten mehr?

Sklavin.
Der Tag des Schicksals rafft sie unerbittlich hin.

Der Chor.
Was hier der Brauch will, wird's gethan?

Sklavin.
Bereitet ist
Der Schmuck, womit ihr Gatte sie bestatten will.

Der Chor.
145 Sie wisse: ruhmvoll scheidet sie vom Leben ab,
Sie, aller Frauen beste weit im Sonnenreich.

Sklavin.

Gewiß, die beste! Wer bestritte dieses auch?
Wie soll das auserles'ne Weib beschaffen sein,
Wodurch vermag sie größ're Gattenliebe wohl
150 Zu zeigen, als indem sie sterben will für ihn?
Doch allem Volke Pherä's ist ja dies bekannt;
Nun höre, was sie drinnen that und staune mir.
Sobald sie fühlte, daß der schicksalvolle Tag
Gekommen, wusch sie mit des Flusses Wasser sich
155 Die weißen Glieder, nahm Gewand und Schmuck sodann
Aus Cederschränken, that sich fein und zierlich an,
Und trat zum Altar Hestia's, und betete:
„O Göttin, weil ich wandeln muß in Hades' Haus,
So fall' ich nieder, flehe dir zum leztenmal:
160 Behüte mir die Waisen, und dem Sohne gib
Ein liebes Weib, der Tochter einen edeln Mann;
Laß nicht, wie ich nun, ihre Mutter, enden muß,
Sie vor der Zeit hinsterben, sondern hochbeglückt
Im väterlichen Lande froh ihr Leben flieh'n!"
165 Zu jedem Altar in Admetos' Hause dann
Trat sie, bekränzt' ihn, flehte laut die Götter an;
Der Myrte Zweigen streifte sie die Blätter ab,
Nicht weinend, ohne Seufzen, und der nahe Tod
Entfärbte nicht ihr blühend schönes Angesicht.
170 Hierauf zum Ehbett eilte sie in ihr Gemach,
Ergoß sich dort in Thränen, und so sagte sie:
„O Lager, wo des Mädchens reine Blüte sich
Zuerst ergab dem Manne, dem ich sterbe nun,
Leb' wohl! Ich zürne dir ja nicht; denn mich allein
175 Verdarbst du, weil ich, treu verharrend dir und ihm,
Den Tod erdulde. Dich gewinnt ein andres Weib,

Nicht tugendhafter wahrlich, doch wohl glücklicher."
Und küssend sank sie nieder, rings befeuchtete
Der Thränen überflutend Naß die Lagerstatt.
180 Doch als in vielen Zähren sie sich ausgeweint,
Da stürzt sie weg vom Lager mit gesenktem Haupt;
Und oft hinausgegangen kehrt sie wiederum,
Und warf sich dann von neuem auf die Ruhestatt.
Und am Gewand der Mutter hängend, weinten laut
185 Die Kinder; beide nahm sie wohl in ihren Arm,
Ein's um das andre küssend, nun sie scheiden soll.
Und alle Diener im Palaste weinten mit,
Die Herrscherin bejammernd; Jedem reichte sie
Zuletzt die Hand noch, und so schlecht war Keiner ihr,
190 Den nicht sie ansprach, dessen Wort sie nicht vernahm.
Ein solches Unglück lastet auf Admetos' Haus.
Starb er, so war er wohl dahin; dem Tod entflohn,
Trifft ihn ein Leiden, das er nie vergessen wird.

Der Chor.

Wohl seufzt Admetos über solches Ungemach,
195 Wenn ihm das hochgesinnte Weib entrissen wird?

Sklavin.

Er weint, beschwört sie, die er fest im Arme hält,
Ihn nicht allein zu lassen; doch Unmögliches
Begehrt er; denn sie schwindet, welkt in herbem Schmerz,
Erschlafft, die unheilschwere Last in seinem Arm.
200 Und doch, wiewohl sie leise nur aufathmet noch,
Verlangt sie aufzuschauen nach der Sonne Glanz.
Nun geh' ich anzumelden deine Gegenwart.
Nicht alle Diener wollen ja den Fürsten wohl,
So daß sie freundlich ihnen nah'n im Ungemach;
205 Ihr aber seid die alten Freunde meines Herrn.

Erste Strophe.
Erster Halbchor.
O Zeus! Welches Ziel unsrer Leiden, wann
Erscheint es, wendet sich das Loos,
Das die Herrscher schwer belastet?
Zweiter Halbchor.
Kommt Jemand? Soll ich mir das Haupt
210 Scheeren, in schwarzes Trauerkleid endlich die Glieder hüllen?
Erster Halbchor.
Ja, es ist vollbracht, Freunde; dennoch laßt
Uns fleh'n des Himmels Göttern: der Götter Gewalt ist
endlos!

Zweiter Halbchor.
O Päan, Fürst!
Find' eine Rettung aus der Noth für unsern Herrn,
215 Gewähre sie, gewähre!
Früher hast du Rath gefunden;
Auch jezo werd' ein Erretter in Todesnoth,
Und vertreibe den Mörder Hades!

Erste Gegenstrophe.
Erster Halbchor.
O weh, wehe dir! Weh, o Graun, o Graun!
220 Was mußt du dulden, Pheres' Sohn,
Daß die Gattin dir geraubt wird!
Zweiter Halbchor.
Ja, werth wohl, daß du den Tod dir gibst,
Schmerzlicher ist es, als den Strang hoch um den Nacken
schlingen!

Erster Halbchor.
Denn das theure Weib, ja! das theuerste
225 Von allen wirst du heute des Todes erbleichen sehen.

Zweiter Halbchor.

O sieh, o sieh!
Da kommt sie sammt dem Gatten aus dem Hause her.
O jammre laut, beklage,
Mein Pheräerland, die beste
230 Der Frauen, die zu den Thoren des Hades wallt
In die Erde, verzehrt von Krankheit!

Der Chor.

Nie, glaub' ich, erblüht in der Ehe fürwahr
Mehr Lust als Leid,
Urtheil' ich nach dem, was früher geschah,
235 Und betracht' ich des Königes Schicksal hier,
Der, nun er verliert dies edle Gemahl,
Auf Erden hinfort
Ein verlorenes Leben dahinlebt.

Zweite Strophe.

Alkestis.

Helios' Glanz und des Tages Licht,
240 Eilende Wolken, die hoch in den Lüften kreisen!

Admetos.

Uns beide sieht die Sonne, zwei Unglückliche,
Die Nichts den Göttern thaten, was den Tod verdient.

Zweite Gegenstrophe.

Alkestis.

Erde du, auch des Palastes Dach,
Bräutliches Lager in dem heimischen Lande Jolkos!

Admetos.

245 Ermanne dich, o Arme, laß mich nicht allein,
Und fleh' Olympos' Götter um Erbarmen an!

Dritte Strophe.
Alkestis.
Ich sehe, sehe das doppelrudrige Boot; der Todten
Fährmann, die Hand am Steuer, ruft mir schon: „warum
verziehst du?
Geschwind, eile! Du säumst noch,
250 Und bereit ist Alles zur Fahrt; so eile!"
Admetos.
Weh, weh! Du hast von einer bittern Fahrt mir da
Gesprochen. Unglückvolle, was erdulden wir!

Dritte Gegenstrophe.
Alkestis.
Er führt, er führt mich (o siehst du nicht?) in das Haus
der Todten,
Aus düstern Brauen blickt er vor, der schwarzbeschwingte Hades.
255 Ha, was willst du? O laß mich,
Mich Aermste! Welcherlei Pfade wandl' ich?
Admetos.
Schmerzvoll den Deinen sind sie, doch vor Allen mir
Und unsern Kindern, die gemeinsam trifft der Schmerz.

Schlußgesang.
Alkestis.
O laßt mich jezt, o laßt mich!
260 Lehnt mich an! Mein Fuß ist schwach.
Hades erscheint; Grauen der Nacht
Beschleicht düster mir die Augen.
Kinder, ach! Kinder, nicht
Mehr, nicht mehr ist euere Mutter!
265 Seht freudig fortan dieses Licht, o Kinder!
Admetos.
Weh, weh! Ich vernehme das traurige Wort,
Das bittrer mir ist als jeglicher Tod.

Bei den Himmlischen fleh' ich, verlaß mich nicht,
Bei den Kinderchen, die dein Scheiden verwaist!
270 Wohlauf, harr' aus!
Denn stirbst du, leb' auch ich nicht mehr;
Bei dir ist Leben und Tod für mich;
Dich acht' ich als heilig, o Liebe!

Alkestis.

Du siehst, Admetos, wie mein Loos gefallen ist;
275 Vernimm denn, eh' ich sterbe, was mein Wille sei.
Ich liebe dich, und höher als mein Leben galt
Mir dieses, daß du fürder sähst der Sonne Licht;
So sterb' ich denn statt deiner, konnt' ich leben auch,
Und wen ich wollte, freien aus Thessalia,
280 Und wohnen hier im hochbeglückten Herrscherhaus.
Mich lockte nicht ein Leben, losgetrennt von dir,
Mit vaterlosen Kindern, und ich schonte nicht
Der Jugendblüte Gaben, die mein Herz erfreut.
Dich gab der eigne Vater und die Mutter preis,
285 Und ihnen ziemte Sterben wohl als Aelteren,
Und wohl, den Sohn zu retten durch ehrvollen Tod;
Denn du allein bliebst ihnen, und sie konnten nicht
Auf andre Kinder hoffen, starbest du dahin.
Ich lebte dann, und du vertrauertest nicht allein
290 Dein künftig Leben, deines Ehgemahls beraubt,
Noch müßtest Waisen auferziehn. Doch dieses hat
Gefügt der Götter Einer, daß es so geschah.
Wohlan, gedenke du mir nun an solche Gunst;
Denn nicht um eine gleiche fleh' ich je dich an,
295 (Nichts auf der Welt ist edler als das Leben ja,)
Nur um Gerechtes, wie du selbst bekennen wirst;
Du liebst wie ich die Kinder, wenn du weise denkst.

So ziehe sie zu meines Hauses Herrschern auf,
Und führe nicht ein fremdes Weib den Kindern zu,
300 Die böser, als Alkestis, und aus scheelem Neid
Die Hand an deine Kinder und an meine legt.
Nicht also thu' an ihnen, ich beschwöre dich.
Stiefmütter sind den vorgebornen Kindern gram,
Ja, sind um nichts gelinder, als der Schlange Brut.
305 Wohl hat der Sohn am Vater eine starke Wehr;
Doch was, o Tochter, wird hinfort dein Schicksal sein,
Wenn, welch ein Weib? sich deinem Vater anvermählt,
Die bösen Ruf an deinen Namen bringt, und so
In deiner Jugendblüte dir die Freier raubt?
310 Denn nicht die Mutter wird dich einst ausstatten, Kind,
Wird nicht in Kindesnöthen dich ermuthigen,
Dir nahe, wo Nichts holder als die Mutter ist.
Denn sterben muß ich, und mir kommt nicht morgen erst,
Und auch am dritten Tage nicht das Mißgeschick;
315 Gleich zählt man mich zu denen, die gewesen sind.
Lebt wohl in Freuden! Rühmen darfst du, mein Gemahl,
Daß du der Frauen beste dir erlesen hast,
Ihr, daß die beste Mutter euch beschieden ward.

Der Chor.

Getrost! Ich sage sonder Scheu an seiner Statt:
320 Er wird's erfüllen, wenn er wohlbesonnen bleibt.

Admetos.

Geschehn, geschehn wird's: fürchte nicht! Du warest ja
Die Meine lebend, und allein im Tode wirst
Du meine Gattin heißen, und an deiner Statt
Nennt kein thessalisch Mädchen je sich meine Braut.
325 Wohl Keine war so edlen Vaters Kind, und nie
Glich dir an Schönheit und Gestalt ein andres Weib.

Genug der Kinder hab' ich; laßt, o Götter, froh
Mich ihrer werden! Deiner werd' ich's nimmermehr!
Und Trauer, Theure, trag' ich nicht ein Jahr um dich:
330 So lange wird sie dauern, als mein Leben währt.
Die mich geboren, haß' ich, auch dem Vater bin
Ich gram; mit Worten liebten sie, nicht durch die That.
Du aber gabst dein Liebstes für mein Leben hin,
Und hast mich so gerettet; und ich seufzte nicht,
335 Dein, solches Ehgemahles, mich beraubt zu sehn?
Gastmahle, Freudenfeste werd' ich fliehn hinfort,
Und Kränz' und Lieder, die zuvor mein Haus erfüllt;
Denn nie berühren werd' ich mehr das Barbiton,
Noch mich begeistern zum Gesang bei libyschen
340 Festflöten; denn du raubtest mir des Lebens Reiz.
Von eines Künstlers Meisterhand gebildet, wird
Vor meinem Lager aufgestellt dein Ebenbild;
Dort hingesunken, und die Händ' umschlingend ihm,
Und deinen Namen rufend, werd' ich wähnen, dich
345 Im Arm zu halten, Liebe, die doch ferne weilt.
Traun, eine nichtige Freude; dennoch werd' ich so
Des Herzens Last erleichtern. Auch im Traume wirst
Du nah'n und mich erquicken; ist es doch so süß,
Auch Nachts den Freund zu sehen, wann er kommen mag.
350 Doch hätt' ich Orpheus' Lieder, hätt' ich seinen Mund,
Daß ich den Schattenherrscher und Demeters Kind
Durch Lieder rührend, aus der Nacht dich rettete:
Ich stieg' hinab; und weder Plutons Beller, noch
Der Seelenschiffer Charon hielte mich zurück,
355 Dich lebend heimzuführen an des Tages Licht.
Erwarte dort denn bis zu meinem Tode mich,
Und unser Haus bereite, mir vereint zu sein!

In Einem Cedersarge sollen Diese mich
Zu dir bestatten, und an deiner Seite wird
360 Die meine ruhen; auch im Tode möcht' ich nie
Von dir getrennt sein, die allein mir Treue hielt.
Der Chor.
Wie mit dem Freund die Freunde, will auch ich mit dir
Das bittre Leiden tragen; denn sie ist es werth.
Alkestis.
Ihr selbst, o meine Kinder, habt des Vaters Wort
365 Nunmehr vernommen, daß er nie ein andres Weib
Als Mutter euch zuführen, mich mißachten will!
Admetos.
Und abermals gelob' ich's und vollend' es auch.
Alkestis.
Auf dieses nimm aus meiner Hand die Kinder hin.
Admetos.
Die theure Gabe nehm' ich aus der theuren Hand.
Alkestis.
370 Sei du den Kindern Mutter jezt an meiner Statt!
Admetos.
Wohl haben sie mich nöthig, sind sie dein beraubt.
Alkestis.
Ich sollte leben, Kinder, und ich muß hinab!
Admetos.
Was soll ich, ach! beginnen, so getrennt von dir?
Alkestis.
Nichts ist ein Todter; deinen Gram erweicht die Zeit.
Admetos.
375 Nimm, bei' den Göttern, nimm mich auch hinab mit dir!
Alkestis.
Ich bin genug schon, die für dich den Tod erwählt.

Admetos.
O grauses Schicksal, welche Gattin raubst du mir!

Alkestis.
Mein Auge dunkelt, und die Blicke werden schwer.

Admetos.
So bin ich denn verloren, scheidest du von mir.

Alkestis.
380 Ich bin gewesen, nenne mich die Todte nun!

Admetos.
Richt' auf das Antliz! O verlaß die Kinder nicht!

Alkestis.
Ungerne scheid' ich, Kinder: lebt denn, lebet wohl!

Admetos.
Nach ihnen blicke, blicke hin!

Alkestis.
           Nicht mehr bin ich.

Admetos.
Was willst du? Scheiden?

Alkestis.
      Lebe wohl!

Admetos.
                  Verlorner ich!

Der Chor.
385 Nicht mehr, dahingeschieden ist Admetos' Weib!

Eumelos.
Strophe.

O weh, welches Loos!
Meine Mutter ist hinabgegangen, weilt nicht mehr,
Vater, im Sonnenlicht;
Sie verließ, (die Unselige,)

390 Machte zur Waise mich!
Sieh nur, siehe die starren Augen, die starre Hand!
O vernimm mich, vernimm mich, ach Mutter,
Mutter, ich flehe! Ja dir, ja dir
Ruf' ich nun, o Geliebte, nach,
395 Sinke, dein armes Kind, Mutter, an deine Lippen.

Admetos.

Sie sieht dich nicht mehr, noch vernimmt sie deinen Ruf;
Getroffen hat ein schweres Unheil mich und euch.

Eumelos.
Gegenstrophe.

So jung, Vater, schon
Steh' ich einsam, und die theure Mutter fehlt mir. Weh,
400 Grausames Schicksal, das
Ich erduldet! . . . . .
. . . .
Und du leidest mit mir, mein Schwesterchen. Vater, ach!
Wie traurig, ach, wie traurig war's,
Daß du sie lassen mußt! Du kamst mit ihr
405 Nicht an des Alters Ziel: sie starb zuvor!
Unser Geschlecht vergeht, Mutter, mit deinem Tode!

Der Chor.

Dies Loos, Admetos, tragen heißt die strenge Noth.
Denn nicht der erste bist du, noch der lezte Mann,
Der solch ein edles Weib verlor. Erkenne denn,
410 Den Tod bezahlen alle wir als eine Schuld.

Admetos.

Das weiß ich, und nicht plözlich hat mich solches Leid
Bestürmt; ich ahnt' es lange schon und härmte mich.

Doch diese Todte will ich nun bestatten gehn;
Ihr bleibt indessen, und dem unterirdischen,
415 Dem unerflehbar'n Gotte singt ein Wechsellied!
Doch ganz Thessalien, über das mein Speer gebeut,
Es theile trauernd meinen Schmerz um diese Frau
Durch abgeschorne Locken und ein schwarzes Kleid;
Und die ihr Viergespann' und Einzelrosse lenkt,
420 Trennt ihre Mähnen mit dem Stahl vom Nacken ab!
Auch werde nicht der Lyra, nicht der Flöte Ton
Zwölf volle Monden mehr gehört in dieser Stadt:
Denn keinen theurern Todten, der mich so geliebt,
Werd' ich hinfort bestatten. Wohl verdiente sie
425 Von mir die Ehre; denn sie starb allein für mich.
(ab.)

Der Chor.
Erste Strophe.

Tochter von Pelias' Stamm,
Froh wohne mir nun in des Schattenreiches
Wohnsitz, in dem sonnenlosen Hause!
Doch Aïdes wiss' es, der Gott mit dem dunkelen Haar,
und der Alte,
430 Welcher am Steuer gebeut, jener Seelenschiffer,
Er habe die beste Frau, die beste,
Wohl über den Acheron geleitet
Mit dem Doppelruder.

Erste Gegenstrophe.

Sänger verherrlichen dich
435 Nun auf der Gitarre mit sieben Saiten,
Die tönt im Gebirg, nun ohne Lyra
Zu Sparta, so oft der karneïsche Mond mit den kreisenden
Horen

Wiedergekehrt und im Vollglanze strahlt Selene,
Und im glücklichen, frohen Land Athene's.
440 Solch heilige Lieder hinterließest
Du den Sängern sterbend.

Zweite Strophe.

Ständ' es in meiner Macht, und
Könnt' ich wieder zurück dich
An das Licht von des Hades Hause
445 Führen, heim vom Kokytos,
Rudernd über den Strom der Todten!
Denn du nur, o du, der Frauen liebste,
Du hattest den Muth, den theuren Gemahl mit deinem Leben
Von dem Tode zu lösen: o möge der Staub
450 Leicht die Gebeine dir decken, Frau!
Wenn er ein neues Gemahl sich erwählete;
Wahrlich, ich müßt' ihn hassen,
Verhaßt würd' er deinen Kindern.

Zweite Gegenstrophe.

Nicht der ergraute Vater,
455 Nicht die Mutter entschloß sich,
Für den Sohn in den Tod zu gehen,
. . . .
Ihn zu retten, ihn, den sie zeugten,
Die Unseligen mit den Silberlocken:
Du opfertest dich für deinen Gemahl in blüh'nder Jugend.
460 O würd' auch mir ein so zärtliches Weib,
Die sich in Liebe zu mir gesellt!
(Seltenes Glück in dem Leben der Sterblichen!)
Wahrlich, das Leben sollt' ihr
Mit mir ohne Harm verfließen.

Herakles.

465 Ihr Freunde, wohnend im Pheräerlande hier,
Treff' ich Admetos, euren Herrn, im Hause wohl?

Der Chor.

Der Sohn des Pheres ist daheim, o Herakles.
Doch sage, was dich führte nach Thessalia,
Was dich zu Pherä's hoher Stadt zu kommen trieb.

Herakles.

470 Nach einer Arbeit sendet mich Eurystheus aus.

Der Chor.

Wo willst du hinziehn? Welchem Irrsal zugewandt?

Herakles.

Nach Diomedes' Viergespann, des Thrakiers.

Der Chor.

Wie magst du dieses? Kennst du denn den Fremden nicht?

Herakles.

Mit nichten; niemals kam ich in's Bistonerland.

Der Chor.

475 Du kannst der Rosse sonder Kampf nicht Meister sein.

Herakles.

Unmöglich ist mir's, auszuschlagen die Gefahr.

Der Chor.

So stirbt er, oder tödtet dich zur Stelle dort.

Herakles.

Nicht heut zum erstenmale kämpf' ich solchen Kampf.

Der Chor.

Doch was gewönnst du, wenn du ihn bewältigtest?

Herakles.

480 Dem Herrn von Tiryns führ' ich seine Rosse zu.

Der Chor.
Die Renner aufzuzäumen, ist nicht leicht für dich.
Herakles.
Nun, wenn sie nur nicht Feuer aus den Nüstern sprühn!
Der Chor.
Herr, sie zerstücken Menschenfleisch mit wildem Zahn.
Herakles.
Das ist des Bergwilds Futter, nicht der Rosse Fraß.
Der Chor.
485 Besprizt vom Blute wirst du wohl die Krippen sehn.
Herakles.
Und welches Vaters rühmt sich, der die Rosse nährt?
Der Chor.
Des Ares, er, der schildbewehrten Thrater Fürst.
Herakles.
Von meinem Schicksal ward verhängt auch dieser Kampf;
Stets ist es feindlich, stellt in rauhe Bahnen mich,
490 Wenn ich die Söhne, die der Schlachtengott erzeugt,
Im Streit bestehn muß, wie Lykaon's Kraft zuerst,
Den Kyknos dann; zum dritten Kampfe soll ich nun
Mit diesen Rossen ziehen und mit ihrem Herrn.
Doch Keiner lebt ja, welcher je vor Feindeshand
495 Den Sohn Alkmene's feige wird erzittern sehn.
Der Chor.
Dort naht sich uns Admetos, dieses Landes Fürst;
Dahergeschritten kommt er aus dem Hause selbst.
Admetos.
Heil dir, des Zeus Sohn, der von Perseus' Blute stammt!
Herakles.
Heil, Heil auch dir, Admetos, Fürst Thessalia's!

Admetos.
500 Das wünscht' ich wahrlich; doch ich weiß, du bist mir hold.
Herakles.
Warum erscheinst du trauernd mit geschornem Haupt?
Admetos.
An diesem Tag bestatt' ich einen Todten noch.
Herakles.
Von deinen Kindern wend' ein Gott dies Uebel ab!
Admetos.
Sie leben noch im Hause, die ich einst erzeugt.
Herakles.
505 Wohl war der Vater, wenn er starb, zum Grabe reif.
Admetos.
Auch er und meine Mutter lebt, o Herakles.
Herakles.
So starb dir doch Alkestis, deine Gattin, nicht?
Admetos.
Von ihr vermag ich Zweierlei dir kundzuthun.
Herakles.
Sprichst du von einer Todten oder Lebenden?
Admetos.
510 Sie lebt, und lebt nicht; Schmerz erfüllt mein Herz um sie.
Herakles.
So weiß ich's um Nichts besser, da du Räthsel sprichst.
Admetos.
Du weißt ja, welches Schicksal ihr beschieden ist.
Herakles.
Wohl weiß ich, daß sie sterben will an deiner Statt.
Admetos.
Wie lebte sie nun fürder, wenn sie das gelobt?

Herakles.
515 O wein' um sie nicht, ehe sie vollendet hat!
Admetos.
Todt ist der Todesnahe, wie der Todte selbst.
Herakles.
Doch Sein und Nichtsein ist ja wohl nicht Einerlei.
Admetos.
Du meinst es so, Herakles, und ich mein' es so.
Herakles.
Was aber weinst du? Welchen Freund nahm dir der Tod?
Admetos.
520 Ein Weib; des Weibes hab' ich eben schon erwähnt.
Herakles.
Und war's ein fremdes, oder ist es dir verwandt?
Admetos.
Ein fremdes, aber nöthig sonst im Hause mir.
Herakles.
Wie büßt' in deinem Hause sie das Leben ein?
Admetos.
Sie blieb nach ihres Vaters Tod als Waise da.
Herakles.
525 Ach, träfen wir, Admetos, dich nicht trauernd an!
Admetos.
Was sollen diese Worte denn, was willst du thun?
Herakles.
Ich ziehe hin an eines andern Freundes Herd.
Admetos.
Mitnichten! Komme solches Leid nicht über mich!
Herakles.
Leicht ist ein Fremder lästig bei dem Trauernden.

Admetos.
530 Todt sind die Todten: gehe denn in's Haus hinein.
Herakles.
Unziemlich ist es, schmausen bei dem Weinenden.
Admetos.
Gesondert sind die Hallen, wo du wohnen wirst.
Herakles.
Entlaß mich, und ich danke dir es tausendmal.
Admetos.
Ich lasse dich zu keines Andern Herde ziehn.
(zu einem Diener)
535 Geh du voran, die Fremdenhallen außerhalb
Des Hauses öffnend, und befiehl den Schaffnern dort,
Der Speisen Füll' ihm aufzutragen; schließt sodann
Die Mittelthüren: nimmer soll ein schmausender
Gastfreund die Klage hören, die zur Trauer stimmt.
(Herakles ab mit dem Diener.)
Der Chor.
540 Was thust du? Da dich solches Leid umfangen hält,
Bewirthest du die Fremden? Was, Herr, rasest du?
Admetos.
Hätt' ich den Fremdling, als er kam, von Stadt und Haus
Zurückgewiesen, hätt'st du wohl mich mehr gelobt?
Nein, wahrlich; denn um nichts geringer wäre ja
545 Mein Leid gewesen, aber ich ungastlicher.
Und bei den andern Uebeln wär' auch dieses noch:
Unhold den Fremden würde rings mein Haus genannt.
Den besten Gastfreund aber find' ich selbst an ihm,
Gelang' ich einst in Argos' wasserloses Land.
Der Chor.
550 Warum ihm aber dein Geschick verheimlichen,
Ihm, der dein Freund gekommen, wie du selber sagst?

Admetos.
Niemals betreten hätte mir der Mann das Haus,
Wär' ihm bekannt geworden, welches Leid mich traf.
Und Mancher achtet mich darum für thöricht wohl,
555 Und wird mich schelten; aber ich verstand es nie,
Hinauszuweisen und zu schmähn den fremden Mann.

Der Chor.
Erste Strophe.
O du stets freisinniges, gastliches Haus, o Palast des
Königs!
Auch Phöbos, der pythische Lautenkünstler, hielt dich
Werth, in dir zu wohnen,
560 Verschmäht' es nicht, ein weidender Hirt,
Durch verschlungne Thäler
Deine Heerden zu führen einst,
Auf ländlichem Rohre vorspielend
Brautgesänge der Hirten.

Erste Gegenstrophe.
565 Und es weideten mit, von den Tönen entzückt, die gefleckten
Lüchse;
Die Schluchten des Othrys verlassend, kam der Löwen
Feuergelbe Horde;
Um deine Cither tanzten dahin
Bunte Rehe, Phöbos,
570 Von hochragender Tannen Wald
Mit flüchtigem Fuß dahereilend,
Froh der heiteren Lieder.

Zweite Strophe.
Drum wohnt er, von Heerden umschwärmt,
Bei dem schönhinwallenden böbischen See,
575 Hier, im reichen Hause; die Marken der Au'n

Und der Gefilde, vom Pflug
Durchschnitten, erstreckt er zum Land Molossis,
Wo Helios Abends die Rosse abschirrt;
Er gebeut, wo am hafenlosen Aegäer-
580 Meeresstrand Pelion emporragt.

Zweite Gegenstrophe.

Er öffnet die Pforten auch jezt;
Seinen Gastfreund grüßt er mit thränendem Blick,
Um die Gattin weint er, die liebende, die
Jüngst im Palaste verschied:
585 Ein erhabener Sinn hegt fromme Sitte,
Und die Fülle der Weisheit wohnt dem Edeln
In der Brust. Ja, die Hoffnung nähr' ich im Busen:
Wohlergehn muß es noch dem Frommen.

Admetos.

Ihr Männer Pherä's, die mich liebevoll umstehn!
590 Die Todte, die mit Allem wohl versehen ward,
Trägt hoch zu Grab und Scheiter schon die Dienerschaar.
Ihr aber grüßt nach hergebrachter Sitte sie,
Die nun vom Hause wallt hinaus den lezten Gang!

Der Chor.

Mit greisem Fuße seh' ich deinen Vater dort
595 Annah'n, und sein Gefolge trägt für dein Gemahl
Den Schmuck in Händen, dessen sich die Todten freun.

Pheres.

Ich komme, fühle deinen Schmerz, mein Sohn, mit dir;
Wohl hast du, Niemand widerspricht's, ein züchtiges,
Ein edles Weib verloren; doch ein solches Loos,
600 Wie schwer es sei, zu tragen, ist Nothwendigkeit.
Nimm diesen Schmuck denn, und zur Erde walle sie
Hinab! Verehrung heischt von uns der Theuren Leib,

Die, Sohn, für dich ihr Leben hingeopfert hat,
Es nicht geduldet, daß ich, kinderlos und dein
605 Beraubt, im Alter kummervoll verschmachtete,
Nein, die des Lebens höchsten Ruhm für alle Frau'n
Errang, bestehend diese kühn erhabne That.
Du, die den Sohn gerettet und aus tiefem Fall
Uns aufgerichtet, fahre wohl, und möge dir's
610 Wohl gehn in Hades' Hause! Ja, der Männer Glück
Sind solche Frauen; andre Frau'n verachte man!

Admetos.

Von mir geladen kommst du nicht zu diesem Grab,
Noch nenn' ich deine Gegenwart willkommen mir.
Sie wird mit deinem Schmucke niemals angethan;
615 Sie wird begraben und bedarf des Deinen nicht.
Dir ziemte Mitleid, als der Tod mich jüngst umfing:
Da standst du fern' und ließest Andre sterben, du,
Der Greis die Jüngern, und beklagst die Todte nun!
So bist du denn mein ächter Vater nicht, noch hat
620 Sie mich geboren, die sich meine Mutter nennt
Und so genannt wird; nein, erzeugt aus Sklavenblut,
Ward ich geheim an deines Weibes Brust gelegt.
Wohl hat die Prüfung, wer du bist, geoffenbart,
Und nimmer kann ich glauben, daß du mich gezeugt.
625 Gewiß, an Feigheit übertriffst du Jedermann:
Du, so bejahrt, an deines Lebens Ziele schon,
Du hattest nicht den Willen noch den Muth, für mich,
Für deinen Sohn zu sterben, nein, du ließest hier
Die Fremde sterben, welche nun mit Recht allein
630 Als Vater mir, als theure Mutter gelten wird.
Du hättest gleichwohl einen schönen Kampf gekämpft,
Statt deines Sohnes sterbend; war doch kurze Zeit

Nur übrig, die zu leben dir verstattet war;
Und ich und diese lebten noch fortan vereint,
635 Und nicht vereinsamt weint' ich über mein Geschick.
Was immer widerfahren mag dem Glücklichen,
War dir geworden: noch ein Jüngling, herrschtest du;
Ich war, dein Sohn, in diesem Hause Folger dir;
So, kinderlos nicht sterbend, hinterließest du
640 Nicht als die Beute Fremder dein verwaistes Haus.
Auch kannst du wohl nicht sagen, daß dein Alter ich
Verhöhnt und du mich dieserhalb verrathen hast;
Ich ehrte dich auf's höchste; dafür hast du mir,
Und hat die Mutter mir gelohnt mit solchem Dank.
645 Drum säume nicht mehr, andre Kinder zeuge dir,
Die deines Alters pflegen und im Tod dereinst
Noch deinen Leichnam schmücken und beerdigen.
Denn ich begrabe nimmer dich mit meiner Hand.
So viel an dir lag, bin ich todt; und leb' ich noch,
650 Und ward ein Andrer Retter mir, so nenn' ich gern
Mich dessen Sohn, will seines Alters Pfleger sein.
Wie nichtig, wünschen Greise sich den Tod herbei,
Das Alter scheltend und des Lebens lange Zeit!
Denn kommt die Todesstunde, wünscht Niemand sich mehr
655 Zu sterben, und das Alter ist ihm keine Last.

Der Chor.

Laßt ab! Des Unglücks haben wir genug bereits,
O Sohn; erbittre, reize nicht des Vaters Sinn.

Pheres.

Wen, einen Lyder oder Phryger, den du dir
Um Geld erkauftest, wähnst du so zu schelten, Sohn?
660 Bedenkst du, daß ich ein Thessaler bin und frei,
Sohn eines freien Vaters aus Thessalia?

Du schmähst zu frech, mit Knabenworten höhnst du mich:
Doch ungeahndet sollst du nicht von dannen gehn.
Ich habe dich als dieses Hauses Herrn erzeugt,
665 Nach Pflicht erzogen; sterben mußt' ich nicht für dich.
Denn weder Ahnensitte noch Hellenenbrauch
Gebot dem Vater, daß er stürb' an Sohnes Statt.
Dir selber, ob du glücklich, ob unglücklich seist,
Lebst du; von mir empfingst du, was ich schuldig war.
670 Du herrschest über Viele, wirst der Fluren viel
Noch erben, wie mein Vater sie mir hinterließ.
Wo that ich Unrecht also? Was entzog ich dir?
Stirb du für mich nicht, aber ich auch nicht für dich.
Du freuest dich des Lebens; und ich sollt' es nicht?
675 Das Leben unten, mein' ich, traun, währt lange Zeit;
Das Erdenleben dauert kurz, ist aber süß.
Du hast ja schamlos vor dem Tode dich gesträubt,
Und lebest über dein beschiednes Loos hinaus,
Die Gattin tödtend; dennoch rückst du feigen Sinn
680 Mir vor, du Feigster, den besiegt' ein schwaches Weib,
Das dir, dem schönen Knaben, sich geopfert hat?
Ein Mittel, nie zu sterben, hast du schlau erdacht,
Wenn dir die Gattin jedesmal gewärtig ist,
Für dich zu sterben! Und du schmähst die Deinen nun,
685 Die dieses nicht thun wollen, da du selber zagst?
Sei still; bedenke, wie du selbst dein Leben liebst,
So liebt es Jeder! Lästerst du mich fürderhin,
So hörst du noch viel Arges und manch wahres Wort.

Der Chor.

Zu viel des Argen ward zuvor und nun gesagt;
690 Laß endlich ab, o Alter, deinen Sohn zu schmäh'n!

Admetos.
Sprich so wie ich gesprochen; wenn das wahre Wort
Dich schmerzt, so mußtest du dich nicht vergehn an mir.
Pheres.
Mehr hätt' ich mich vergangen, wenn ich starb für dich.
Admetos.
Eins wär' es, ob ein Jüngling, ob ein Alter stirbt?
Pheres.
695 Ein einzig Leben leben wir, kein doppeltes.
Admetos.
Nun, lebe du denn länger, als der höchste Zeus!
Pheres.
Du fluchst den Aeltern, welche dir kein Leid gethan?
Admetos.
Du liebst ein langes Leben ja; dies merkt' ich wohl.
Pheres.
Bestattest du die Todte nicht an deiner Statt?
Admetos.
700 Hier offenbart sich deine Feigheit, Schändlicher!
Pheres.
Nicht meinetwegen starb sie; das behaupte nicht.
Admetos.
Wie wünsch' ich, daß du meiner einst bedürfen mögst!
Pheres.
Recht viele Weiber freie, daß sie sterben so!
Admetos.
Das wäre dir Schmach, der du dich dem Tod entzogst!
Pheres.
705 Süß ist es, dieses Gotteslicht, uns allen süß.
Admetos.
Feigherzig ist dein Sehnen, nicht wie's Männern ziemt.

Pheres.
Wohl wirst du lachend nicht den Greis beerdigen.
Admetos.
Doch wirst du ruhmlos sterben, wann du sterben magst.
Pheres.
Geschmäht zu werden, kümmert mich im Tode nicht.
Admetos.
Weh!
710 Wie ist das Alter ohne Scham und ohne Scheu!
Pheres.
Die war nicht schamlos; diese fandst du thöricht nur.
Admetos.
Geh fort, und laß die Todte mich beerdigen.
Pheres.
Ich gehe; du bestatte, die du mordetest!
Doch deinen Anverwandten wirst du's büßen noch.
715 Fürwahr, Akastos wäre mir kein Mann hinfort,
Läßt er das Blut der Schwester ungerächt an dir.
(ab.)
Admetos.
Fluch dir und jener, die mit dir im Hause wohnt!
Lebt euer Sohn auch, altert ohne Sohn dahin,
Wie ihr's verdient: nicht unter Einem Dach mit mir
720 Dürft ihr verweilen! Müßt' ich auch durch Heroldsruf
Dem Vaterherd entsagen, wohl entsagt' ich ihm.
Wir gehn — ertragen muß ich ja den herben Schmerz —
Und führen ihre Leiche nach der Scheiter hin.
(ab mit dem Trauergefolge.)
Der Chor.
Du muthvoll duldende, beste der Frau'n,
725 Heil, Edelste, dir! Es empfange mit Huld
Dich Hermes drunten und Hades dich!

Wird dort auch Wonne den Edeln zu Theil,
So genieße des Glücks,
An der Seite Persephone's thronend!

(ab.)

Der Diener.

730 Schon viele Fremde sah ich und aus manchem Land
In's Haus Admetens kommen, und bediente sie
Mit Trank und Speisen; aber keinen schlimmern noch,
Als diesen Fremdling, nahm ich auf an unserm Herd.
Er trat, obwohl er unsern Herrn in Trauer sah,
735 Herein, und trozig schritt er durch das Thor daher.
Die dargebotnen Gastgeschenke nahm er dann,
Vom Leide hörend, keineswegs bescheidentlich,
Und wenn wir was nicht brachten, trieb er uns darum.
Er faßt den Epheubecher drauf mit seiner Hand
740 Und trinkt der schwarzen Reben unvermischten Saft,
Bis ihn des Weines aufgestiegne Glut erhizt.
Mit Myrtenzweigen kränzt er dann die Stirne sich,
Und brüllte wild auf; nun erscholl ein doppelt Lied.
Denn unbekümmert um das Leid, das dieses Haus
745 Betroffen, sang er; wir, die Diener, jammerten
Um unsre Fürstin; doch dem Fremdling zeigten wir
Kein feuchtes Auge: so gebot Admetos uns.
Und nun bewirth' ich im Palast den Fremden da,
Der wohl ein Straßenräuber ist, ein schlauer Dieb.
750 Sie hat das Haus verlassen, und ich folgte nicht,
Erhob zum Abschied nicht die Hand, beklagte nicht
Die Herrin, die mir Mutter war und Allen hier
Im Hause; tausend Uebel wehrte sie von uns,
Den Zorn des Herrn erweichend. Haff' ich also nicht
755 Mit Recht den Fremdling, der in solchem Leide kam?

Herakles.
(tritt mit bekränztem Haupte in die Thüre des Hauses)

Du, was so düster blickst du drein und sorgenvoll?
Der Diener muß nicht mürrisch gegen Fremde sein;
Nein, mit gefällig holdem Sinn empfang' er sie.
Vor dir erscheint ein alter trauter Freund des Herrn;
760 Und ihn empfängst du finster, mit gefurchter Stirn,
Und denkst allein der Fremden, die im Hause starb.
Komm her, damit du künftig doch gescheidter wirst!
Kennst du das Menschenleben, welcher Art es ist?
Ich glaube nicht; woher auch? Höre denn mich an!
765 Den Menschen allen ist verhängt des Todes Loos,
Und ihrer keinem wurde noch geoffenbart,
Ob nur der Tage nächster ihn am Leben trifft.
Denn dunkel ist, wohin des Schicksals Wege gehn,
Und nicht erlernbar, und die Kunst enthüllt es nicht.
770 Nun, da du dies vernommen und gelernt von mir,
Erheitre dich und trinke, rechne diesen Tag
Für dein, das Andre für des Schicksals Eigenthum.
Auch ehre Kypris, die vor allen Göttinnen
Die Menschen lieben, weil sie huldvoll ihnen naht.
775 Das Andre, laß es fahren, und gehorche dem,
Was ich geredet, glaubst du, daß ich Wahres sprach;
Ich glaub' es: laß dies allzuviele Grämen denn,
Tritt über diese Schwelle, Freund, trink' eins mit uns,
Die Stirn bekränzend; und ich weiß, der perlende
780 Wein, der im Becher sprudelt, wird den finsteren,
Den jezt so traurig starren Geist umwandeln dir.
Dem Menschen ziemt es, menschlich auch gesinnt zu sein;
Denn allen Mürrischernsten und Trübsinnigen
Ist wahrlich, wenn ich sagen soll, wie mir's bedünkt,
785 Das Leben nicht ein Leben, sondern eine Qual.

Der Diener.
Wohl weiß ich dieses; aber kein Geschick betraf
Uns nun, zu welchem laute Lust und Lachen ziemt.

Herakles.
Die Todte war nur eine Fremde; jammre drum
Nicht allzusehr; des Hauses Herren leben noch.

Der Diener.
790 Wie, leben diese? Kennst du nicht des Hauses Leid?

Herakles.
Wohl, wenn mich anders dein Gebieter nicht belog.

Der Diener.
Nur allzugastlich, allzusehr ist's unser Herr.

Herakles.
Soll mir's der Fremden halber nicht behaglich sein?

Der Diener.
Ja freilich, sehr fremd war sie uns, nur allzufremd.

Herakles.
795 So hat Admetos einen Unfall mir verhehlt?

Der Diener.
Nun lebe wohl! Uns kümmert unsers Herrn Geschick.

Herakles.
Mit solchem Worte klagt man nicht um fremdes Weh.

Der Diener.
Dann hätt' ich deinen Jubel dir wohl nicht verdacht.

Herakles.
So hat mein Gastfreund denn an mir nicht wohlgethan?

Der Diener.
800 Zu rechter Stunde kamst du nicht in dieses Haus;
Wir haben Trauer, und du siehst geschornes Haar
Und schwarze Kleider.

Herakles.
Sage, wer gestorben ist!
Verschied der alte Vater, starb der Kinder eins?
Der Diener.
Admetos' Gattin hat der Tod ereilt, o Herr.
Herakles.
805 Wie sagst du? Dennoch nahmet ihr mich gastlich auf?
Der Diener.
Dich aus dem Hause fortzuweisen, scheut' er sich.
Herakles.
O Armer, welches Ehgemahl verlorest du!
Der Diener.
Wir alle sind verloren, jene nicht allein.
Herakles.
Wohl aus des Auges Thränen, aus der Haare Schnitt,
810 Den traurigen Blicken ahnte mir's; doch glaubt' ich ihm,
Ein Fremder sei es, welchen er beerdige.
Troz meiner Ahnung trat ich ein durch dieses Thor,
Und trank im Haus des liebevollen Wirthes hier,
Der solches Leid erfahren, ja, ich juble gar,
815 Das Haupt bekränzend. Aber du trägst hier die Schuld,
Der mir das Leid verborgen, das den Freund betraf.
Wo will er sie bestatten? Sprich! Wo find' ich ihn?
Der Diener.
Am graden Weg, der draussen nach Larissa führt,
Dort wirst du seh'n ihr schöngeglättet Todtenmal.

(ab.)

Herakles.
820 O Herz, o meine Seele, die so Vieles trug!
Nun zeige, welchen tapfern Sohn — Elektryons
Alkmena, die Tiryntherin, dem Zeus gebar!

Denn retten muß ich diese jüngst Gestorbene;
Alkestis führ' ich wiederum in's Haus zurück,
825 Und lohne so dem König, was er mir gethan.
Drum will ich gehn, des Todtenherrschers Thanatos,
Des schwarzbeschwingten, harrend, den ich finde wohl
Vom Opferblute trinkend bei dem Todtenmal.
Wenn aus dem Hinterhalte dann ich stürzend ihn
830 Ergriff, mit meinen Armen rings umklammerte,
Daß ihm die Seiten schmerzen, soll ihn keine Macht
Der Welt entreißen, bis er mir die Todte läßt.
Doch fehl' ich dieses Fanges, und erscheint er nicht
Beim blutigen Opferkuchen; dann in Hades' Nacht
835 Steig' ich, zu Kora's sonnenlosem Haus hinab,
Erflehe sie von diesen, und ich weiß gewiß,
Ich führ' in meines Freundes Arm Alkestis heim,
Der mich in seine Wohnung nahm und nicht verstieß,
Wiewohl ein schweres Ungemach ihn niederschlug,
840 Das mir der edle Mann verbarg aus zarter Scheu.
Wo war so gastlich Einer in Thessalia,
Und wo in Hellas? Sag' er darum nimmermehr,
Ein Edler, hab' er wohlgethan dem schlechten Mann!
(ab.)

Admetos.
(kommt mit seinem Gefolge zurück)

Ach, trauriger Eingang, trauriger Blick
845 Des verwaisten Palastes! O weh mir, weh!
Wo gehn, wo stehn? Was sag' ich, was nicht?
O stürb' ich dahin!
Unselig gebar mich die Mutter, fürwahr!
Ich beneide die Todten, ich liebe nur sie,
850 In der Todten Behausung zieht mich's hinab.

Denn nicht mehr freut mich der Sonn' Anblick,
Nicht, daß mein Fuß noch die Erde berührt:
Solch theueres Pfand hat Thanatos mir
Zu den Todten entführt, in den Hades.

Erste Strophe.
Der Chor.
855 Voran, voran tritt; verbirg in's Haus dich.
Admetos.
Wehe!
Der Chor.
    Der Klage werth ist wohl, was du littst.
Admetos.
Ach, ach!
Der Chor.
Qualen erduldest du, ich weiß es.
Admetos.
              Weh, weh!
Der Chor.
Dein Klagen frommt der Todten nicht.
Admetos.
860 O weh, weh mir!
Der Chor.
Nie wiedersehen dürfen das theure Gemahl,
Ihr Antliz, o herbe Trauer!
Admetos.
Du berührst, was tief in der Seele mich schmerzt.
Welch größeres Unglück träfe den Mann,
865 Als missen ein treues Gemahl? Daß nie
Ich verbunden mit ihr in dem Hause gewohnt!
Froh lebt man sonder Gemahl und Kind.
Ein Leben ist das, und die Trauer darum

Ein erträgliches Leid;
870 Doch Kinder erkrankt und das bräutliche Bett
Von dem Tode zerstört sehn, dies Leid ist
Unerträglich fürwahr, und besser, man freut
Sich niemals dieses Besizes!

Erste Gegenstrophe.
Der Chor.
Ein Loos, ein Loos, schwer zu tragen, fiel dir.

Admetos.
875 Wehe!

Der Chor.
Du hemmst dennoch die Wehklage nicht.

Admetos.
Ach, ach!

Der Chor.
Hart zu ertragen ist's, und doch —

Admetos.
Ich Armer!

Der Chor.
Harr' aus; nicht du verlorst zuerst —

Admetos.
O weh, weh mir!

Der Chor.
880 Die Gattin; Andre martert ein andres Geschick,
Wie's oft wohl die Menschen heimsucht.

Admetos.
O dauernder Schmerz und Gram um die Freund'
In der Erd' Abgrund! — Was wehrtest du mir,
Mich zu stürzen in's Grab, in die gähnende Gruft,
885 Um dort bei ihr, der Krone der Frau'n,
Im Tode zu ruhn?

Zwei Leben für Eins dann hätte der Tod,
Die getreusten, zumal, die beide vereint
Wohl über den Acheron schifften.

Zweite Strophe.
Der Chor.

890 Mir war ein Mann nahverwandt,
Welchem der einzige, thränenwerthe Sohn dahinstarb
Im Palast; doch trug er
Das Leid gelassen, kinderlos
Und zu grauendem Haupthaar
895 Sich bereits hinneigend,
Und vom Leben abwärts.

Admetos.

O Vaterpalast! Wie tret' ich hinein?
Wie wohn' ich in dir, nachdem das Geschick
Sich gewandt? Viel anders ja ward es mit mir!
900 Einst trat ich, von Hochzeitliedern umtönt,
In das Haus, von pelischen Fackeln umstrahlt,
Und führt' an der Hand mein trautes Gemahl.
Und es folgt' uns nach, lautjubelnd, ein Schwarm,
Der hoch die Gestorbene pries und mich,
905 Daß uns, von den würdigsten Vätern entstammt,
Aus erlauchtem Geschlecht, Gott Hymen vereint.
Nun tönt kein Brautlied, Klagen erschallt;
Kein weißes, mich hüllt ein schwarzes Gewand;
So tret' ich hinein
910 Zum verlassenen Lager der Ehe.

Zweite Gegenstrophe.

Indeß dir hold schien das Glück,
Nahte das Leiden dem Unerfahrnen; doch du rettest
Dir Geist und Leben.

Die Gattin starb, die Liebe schwand.
915 Was ist es denn mehr? Hat
Doch Manchem der Tod schon
Das Gemahl entrissen.

Admetos.

Das Loos der Gattin, Freunde, dünkt glückseliger
Mir als das meine, wenn es auch nicht also scheint;
920 Denn nie berührt sie fürderhin ein Ungemach,
Und mancher Trübsal wurde sie ruhmvoll entrückt.
Ich, nicht bestimmt zu leben, überschritt mein Ziel,
Und leb' ein traurig Leben; nun erkenn' ich es.
Wie werd' ich's tragen, einzugehn in dieses Haus?
925 Wen werd' ich hier anreden, und von wem begrüßt,
Wird mir der Eingang fröhlich sein? Wo soll ich hin?
Die Oede drinnen, treiben wird sie mich hinaus,
Sobald ich leer der Gattin Lager sehe, leer
Die Stätten sehe, wo sie saß, im Hause rings
930 Staubvoll den Boden, wenn an's Knie die Kinder sich
Mir klammern, sie beweinend, und der Diener Schaar
Beklagt die Herrin, die das Haus verloren hat.
So wird es stehn im Hause. Draußen quälen mich
Der Weiber volle Schaaren und Thessalia's
935 Vermählte Frauen; denn ertragen kann ich's nicht,
Die Mitgespielen meiner Frau fortan zu sehn.
Und Einer, der mir übel will, sagt wohl: „O seht
Ihn, welcher lebt in Schande, der den Tod gescheut,
Und seine Gattin opfernd aus Feigherzigkeit,
940 Entflohn dem Hades; und er glaubt ein Mann zu sein,
Und haßt die Aeltern, weil er selbst nicht sterben will?"
Und solchen Leumund soll ich noch zum andern Leid

Ertragen? Was, o Freunde, frommt das Leben mir,
Wenn böser Ruf, ein böses Schicksal mich verfolgt?

Der Chor.
Erste Strophe.

945 Ich auch ehrte die Musen,
Und hoch schwebt' ich empor, und ward
Manch erhabenes Wort gelehrt;
Doch Nichts mächtiger fand ich,
Als das Schicksal, die Mittel selbst
950 Nicht auf thrakischen Tafeln, bewahrt in dem Liede des
                                    Orpheus,
Noch was Phöbos an Mitteln Asklepios' Söhnen lehrte,
Lindernd die herbe Qual kummerbeladner Menschen.

Erste Gegenstrophe.

Dieser Göttin bekränzt man
Keine Bilder, und kein Altar
955 Prangt ihr; Opfer erhört sie nicht.
Komm im Leben, o Hehre,
Mir nie furchtbarer, denn zuvor!
Denn mit dir vollbringt Zeus Jegliches, was er beschlossen.
Auch der Chalyber Eisen ja bändigest du gewaltsam,
960 Und in dem harten Sinn regt sich kein Erbarmen.

Zweite Strophe.

König, in unlösbare Band' hat sie verstrickt auch dich.
Duld' aus; nimmer ja ruft Klage die Todten
Drunten wieder an's Licht empor.
Auch Söhne der Götter sterben, schwinden dunkel in Nacht.
965 Werth, da sie mit uns noch lebte,
Werth ist sie auch im Tode.
Die edelste aller Frauen
Hattest du bir erwählt zur Gattin.

Alkestis. 45

Zweite Gegenstrophe.

Nicht, wie das Grab Anderer, sei deiner Gemahlin Grab
970 Angesehen; zu ihm, wie zu den Göttern,
Betend, ehr' es der Wanderer!
Und Mancher, die Pfade seitwärts wandelnd, redet das Wort:
„Sie starb, den Gemahl zu retten;
Nun ward sie sel'ge Göttin.
975 Heil, Holde, dir! Glück gewähr' uns!"
Also wird man sie einst begrüßen.
Doch siehe, dort kommt, wie mich dünkt, Alkmene's Sohn
Zu deinem Herd, Admetos, wiederum zurück.

(Herakles tritt auf, ein verschleiertes Weib führend.)

Herakles.

Zum Freunde reden muß man frei das freie Wort,
980 Admetos, und den Tadel nicht im Herzen still
Bewahren. Als ich jüngst in deinem Leide dir
Mich nahte, hätt' ich gerne mich als Freund erprobt;
Doch du verschwiegst mir deiner Gattin Tod und nahmst
Mich hier im Hause gastlich auf, als wären es
985 Nur fremde Leiden, welche dich bekümmerten.
Und ich bekränzt' in deinem Unglückshause mir
Das Haupt, und goß den Göttern froh Trankopfer aus.
Und dieses tadl' ich, tadle, daß mir das geschah;
Doch nicht betrüben will ich dich in deinem Leid.
990 Weßhalb ich komme, wiederum hierher gewandt,
Vernimm, Admetos: dieses Weib bewahre mir,
Bis ich den König mordet' im Bistonerland,
Und wiederkehre mit den Rossen Thrakia's.
Doch trifft mich, was fern bleibe, (gern ja kehrt' ich heim,)
995 So geb' ich deinem Hause sie zur Dienerin.

Mit großer Mühe bracht' ich sie in meine Hand.
Denn einen Kampfpreis fand ich dort im ganzen Volk,
Werth eines Streites, ausgesezt für Kämpfende;
Und also hab' ich diese mir als Siegespreis
1000 Davongetragen. Wer gesiegt im leichten Kampf,
Den lohnten Rosse; wer im größern Sieger war,
Faustkämpfer oder Ringer, führte Rinder heim;
Auch eine Jungfrau folgte; nun ich die gewann,
So wär' es schmählich, ließ' ich solch ruhmvollen Preis.
1005 Doch, wie gesagt, Admetos, nimm des Weibes wahr;
Denn nicht geraubt, in schwerem Kampfe hab' ich sie
Errungen; einst auch lobst du mich vielleicht darum.

Admetos.

Nicht aus Verachtung oder weil ich dich gehaßt,
Verbarg ich meiner Gattin unglückselig Loos.
1010 Nein, neues Leid nur fügte sich zum alten Leid,
Zogst du davon in eines andern Freundes Haus;
Und mir genügte, jammert' ich um mein Geschick.
Doch dieses Weib, ich bitte, wenn es möglich ist,
Laß einen Andern, welcher nicht mein Leid erfuhr,
1015 Bewahren, König; haft du doch der Freunde viel
In Pherä; nicht an meinen Kummer mahne mich.
Ich könnte niemals dieses Weib im Hause sehn,
Und ohne Thränen bleiben; drum geselle mir
Nicht Leid zu Leide; mich beschwert mein Gram genug.
1020 Und wo beherbergt' ich im Haus das junge Weib?
Denn daß sie jung ist, zeigt Gewand und Schmuck mir an.
Sie sollte wohnen, wo das Männervolk verkehrt?
Wie wird sie schuldlos bleiben unter Jünglingen?
Schwer ist es, jugendlichen Troz zu bändigen,
1025 Herakles, und ich wahrte gern des Freundes Gut.

Doch räum' ich wohl der Todten Schlafgemach ihr ein?
Wie führ' ich sie zu meines Weibes Lagerstatt?
Zwiefachen Tadel fürcht' ich: erst von Pherä's Volk,
Daß Einer schilt, ich habe meine Retterin
1030 Verrathen, ruh' in eines andern Weibes Arm;
Und viele Rücksicht schuld' ich dann der Todten auch;
Denn meiner Achtung ist sie werth. Du aber, Frau,
Alkesten gleichst du, wisse, wer du immer seist,
An Körperbildung, Ebenmaß der Wohlgestalt.
1035 O, bei den Göttern! Schaffe mir dies Weib hinweg
Aus meinen Augen, quäle mich Gequälten nicht!
Denn wenn ich so sie sehe, glaub' ich mein Gemahl
Zu sehn; das Herz wallt über, und ein Thränenstrom
Bricht aus den Augen. Wehe mir Unseligen!
1040 Welch herber Kummer, den ich wieder kosten muß!

Der Chor.
Zwar glücklich nennen kann ich niemals dein Geschick;
Doch trage muthig, was dir auch ein Gott verhängt.

Herakles.
O hätt' ich solche Macht von Zeus, um dein Gemahl
Aus Hades' Hause wieder an das Sonnenlicht
1045 Zu führen, diesen Liebesdienst an dir zu thun!

Admetos.
Ich weiß, du thätest's gerne; doch wie könntest du's?
Die Todten kehren nimmermehr an's Licht zurück.

Herakles.
So traure nicht unmäßig, trag' es mit Geduld.

Admetos.
Leicht ist, ermahnen, doch im Leid ausharren, schwer.

Herakles.
1050 Doch was gewinnst du, wenn du immer seufzen willst?

Admetos.
Das weiß ich selber; doch ein Sehnen reißt mich hin.
Herakles.
Die Liebe zur Verstorb'nen preßt dir Thränen aus.
Admetos.
Sie machte mich elender, als ich sagen kann.
Herakles.
Ein edles Weib verlorst du: wer bestritte das?
Admetos.
1055 Daß ich des Lebens nimmermehr mich freuen mag.
Herakles.
Die Zeit besänftigt: jezt noch ist dein Kummer neu.
Admetos.
Ja, sie besänftigt, ist der Todestag die Zeit.
Herakles.
So heilt ein Weib und neuer Ehe Lust den Gram.
Admetos.
Still! Welche Rede! Nimmer hätt' ich das gedacht.
Herakles.
1060 Wie? Willst du nie mehr freien, ewig Wittwer sein?
Admetos.
Nie soll ein Weib an meiner Seite ruhn hinfort.
Herakles.
Und hoffst du wohl, der Hingeschiednen nüze dies?
Admetos.
Sie, wo sie sei, zu ehren, mahnt mich fromme Pflicht.
Herakles.
Das lob' ich, lob' ich; aber thöricht thust du doch.
Admetos.
1065 Mich sollst du niemals Bräutigam mehr nennen, nie!

Herakles.
Ich lobe dich: du bist der Gattin treuer Freund.

Admetos.
O stürb' ich, werd' ich ungetreu der Todten selbst!

Herakles.
So nimm das edle Mädchen hier an deinen Herd.

Admetos.
Niemals! Bei deinem Vater Zens beschwör' ich dich.

Herakles.
1070 Schwer wirst du dich verfehlen, thust du dieses nicht.

Admetos.
Und wenn ich's thue, nagt der Gram am Herzen mir.

Herakles.
Gewähre mir die Liebe: das frommt dir gewiß!

Admetos.
O daß du niemals diese dir im Kampf gewannst!

Herakles.
Doch, nun ich einmal siegte, siegtest du mit mir.

Admetos.
1075 Ganz wohl geredet! Doch das Weib entferne sich!

Herakles.
Nun, wenn sie gehn muß, geht sie; doch erwäg' es erst.

Admetos.
Sie muß, wofern du mir darob nicht zürnen willst.

Herakles.
Ich weiß um Etwas; dies erweckt mir solchen Wunsch.

Admetos.
So siege; doch gefallen will dein Thun mir nicht.

Herakles.
1080 Du wirst dereinst uns loben; darum folge mir.

Admetos.
(zu den Dienern)
Ihr führt hinein sie, weil ich denn sie nehmen muß!

Herakles.
Nein, deinen Dienern überlass' ich nicht das Weib.

Admetos.
So führe sie denn selbst hinein, wenn dir's beliebt.

Herakles.
In deine Hände, König, übergeb' ich sie.

Admetos.
1085 Ich rühre sie nicht an: sie trete nur in's Haus!

Herakles.
Ich werde sie nur deiner Rechten anvertraun.

Admetos.
O Herr, du zwingst mich, wider Willen muß ich's thun.

Herakles.
Streck' aus die Hand, Admetos, kühn berühre sie!

Admetos.
(das Gesicht abwendend)
So will ich sie berühren, wie der Gorgo Haupt.

Herakles.
1090 Du hast sie?

Admetos.
Ja.

Herakles.
So wahre sie; du rühmst dereinst,
Ein edler Gastfreund dünke dir der Sohn des Zeus.
Sieh an das Mädchen, ob sie deinem Weibe gleicht,
Und so verbanne deinen Gram, des Glückes froh!

Admetos.
Was sag' ich, Götter? Unverhoffte Wunderschau!

1095 Erblick' ich wahrhaft mein Gemahl hier, oder hat
Mit eitler Wonne täuschend mich ein Gott erschreckt?

Herakles.

Mitnichten! Wahrhaft siehst du deine Gattin hier.

Admetos.

O daß es mir kein Schattenbild des Hades sei!

Herakles.

Admetos, keine Geister führt dein Freund an's Licht.

Admetos.

1100 So seh' ich wahrhaft mein Gemahl, das ich begrub?

Herakles.

Gewiß. Du glaubst nicht an dein Glück, mich wundert's
nicht.

Admetos.

Berühr' ich, red' ich mein Gemahl als lebend an?

Herakles.

Sprich nur! Du hast nun Alles, was du dir gewünscht.

Admetos.

O meiner Liebsten Aug' und Leib! Ich habe dich,
1105 Dich wieder, die ich nimmermehr zu sehn gehofft.

Herakles.

Du hast sie; fern nur bleibe dir der Götter Neid!

Admetos.

O du, des allerhöchsten Zeus erhabner Sohn,
Sei glücklich, und der Vater, der dich zeugte, sei
Dein Schuz! Du hast mich aufgerichtet, du allein.
1110 Wie brachtest du die Todte nur an's Licht zurück?

Herakles.

Ich rang im Kampfe mit dem Herrn der Todtenwelt.

Admetos.

Sprich, wo bestandst du diesen Streit mit Thanatos?

Herakles.
Am Grabeshügel faßt' ich ihn im Hinterhalt.
Admetos.
Warum so lautlos aber steht mir diese da?
Herakles.
1115 Noch darfst du nicht vernehmen ihrer Stimme Ruf,
Bevor die Todesweihe wiederum von ihr
Genommen, und das dritte Tageslicht erscheint.
Wohlan denn, führe sie hinein, und übe stets
Gerechtigkeit, Admetos, sei den Fremden hold!
1120 Nun lebe wohl! Ich muß den anbefohlnen Kampf
Vollziehn dem Herrscher, Sthenelos' erhabnem Sohn.
Admetos.
O bleibe bei uns, weile noch an meinem Herd!
Herakles.
Das wird dereinst geschehen: nun ziemt Eile mir.
Admetos.
So lebe glücklich, kehre bald zu mir zurück!
1125 Die Bürger heiß' ich und das ganze Königreich
Chortänze feiern ob des uns gewordnen Heils,
Und auf Altären dampfe froh der Opferduft!
Denn umgewandelt hat sich aus dem Leide mir
Zur Lust das Leben: ja, mein Glück, ich läugn' es nicht!
Der Chor.
1130 Vielfache Gestalt hat der Götter Geschick;
Gar Vieles verhängt unerwartet ihr Rath,
Und was du gewähnt, vollendet sich nicht;
Zum Unmöglichen findet die Bahn ein Gott.
So endete dieses Begegniß.

Anmerkungen zu Alkestis.

Vers 3. Zeus erschlug den Asklepios, den Sohn Apollons, mit dem Blitzstrahl, weil er die Todten durch seine Kunst wieder zum Leben erweckte.

- 12. Die Schicksalsmächte, die Moiren, die Göttinnen des Schicksals. Vgl. V. 32.

- 23. Der Anblick von Sterbenden und Todten verunreinigte die Götter.

- 24. Thanatos, der Todesgott, ward mit schwarzen Flügeln und mit einem Schwerte in der Hand gebildet.

- 36. Alkestis war die Tochter des Pelias, Königs von Jolkos in Thessalien.

- 55. L. γηραιοὶ φανεῖν.

- 66. Diomedes, der Sohn des Ares, König der Bistonen in Thrakia, fütterte seine Rosse mit Menschenfleisch. Herakles warf ihn selbst den Ungeheuern vor, und führte sie dann, zum Zeichen des Sieges, mit sich hinweg.

- 90. Päan, Beiname des Apollon, als des rettenden Gottes.

- 98. Man stellte an die Thüre Gestorbener ein Gefäß mit Wasser, damit die durch ihre Nähe Verunreinigten davon nähmen und sich so wieder weihten. Bothe.

- 113. Zu Patara im Lykierlande hatte Apollon ein Orakel, ebenso Zeus Ammon in Libyen.

- 121. S. die Anmerkung zu V. 3. Des Phöbos Sohn, Asklepios.

Anmerkungen zu Alkestis.

Vers 157. Auf dem Herde jedes Hauses stand das Bild der Hestia, die als die Geberin alles häuslichen Glückes verehrt ward und der römischen Vesta entspricht.

- 213. S. die Anmerkung zu V. 90.
- 244. In Jolkos, der Hauptstadt Thessaliens, herrschte Pelias, der Vater der Alkestis. S. zu V. 36.
- 247. Der Todten Fährmann, Charon.
- 318. Ich lese nach eigener Vermuthung (s. die Anmerkung in der ersten Ausgabe von 1841): ὑμῖν δ' ἀρίστης μητρὸς ἐκπεφυκέναι.
- 338. Das Barbiton, ein vielsaitiges, der Laute ähnliches, Tonwerkzeug.
- 339. In Libyen (Afrika) wuchs der Lotosbaum, aus dessen Holze man Flöten verfertigte.
- 351. Demeter's Kind, Persephone, die Gemahlin des Schattenherrschers.
- 420. Herodotos berichtet (9, 24), die Perser hätten, als sie den Tod des Masistios vernommen, sich selbst und ihre Rosse und ihr Lastvieh geschoren. Ebenso beschor Alexander seine Rosse bei dem Tode des Hephästion, und die Theber bei der Bestattung des Pelopidas.
- 437. Das Fest des Apollon Karneios wurde zu Sparta im April (Thargelion), der deßhalb der karneiische Monat heißt, neun Tage lang, zur Zeit des Vollmondes gefeiert. (Apollon hatte den Beinamen von einem berühmten Sänger Karnos, des Zeus und der Europa Sohn.) Die Dichter sangen bei diesem Fest ihre Hymnen ohne Begleitung der Lyra. Bothe.
- 474. Die Bistoner waren eine Völkerschaft Thrakia's, über welche Diomedes herrschte. Vgl. zu V. 66.
- 480. Dem Herrn von Tiryns, dem Könige von Argos, Eurystheus.
- 506. Othrys, ein Berg in Thessalien.
- 574. Unweit dem See, auf dessen südlichem Ufer die Stadt Böbe erbaut war, lag Pherä am Fuße des Ossa.

Anmerkungen zu Alkestis.

Vers 665. L. κάθρεψ' ὀφείλων, οὐχ ὑπερθνήσκειν οἴσθεν, d. i. καὶ ἔθρεψα ὀφείλων τρέφειν σε, οὐκ ὀφείλων ὑπερθνήσκειν σ.

- 715. Pelias, der König Thessaliens, hatte drei Töchter, unter welchen Alkestis die jüngste war, und einen Sohn, Akastos. Dieser war selbst ein Theilnehmer der Argonautenfahrt; er bestattete seinen Vater, den auf Veranlassung Medeia's seine Töchter getödtet hatten, trieb den Jason zugleich mit Medeia aus dem Lande, und nahm den Thron seines Vaters in Besitz.

- 794. L. λίαν γ' ὀθνεῖος ἦν. Aus ὀθνεῖος konnte wohl οἰκεῖος entstehen.

- 821. Elektryon, der Vater Alkmene's, Sohn des Perseus und der Andromeda, herrschte in Mykenä.

- 822. Herakles wohnte eine Zeit lang in Tiryns, einer Stadt in Argos, die dadurch so berühmt ward, daß später Argeier, argeiische Fürsten und Fürstinnen, wie hier Alkmene, mit dem Namen Tirynther bezeichnet wurden.

- 527. L. μελάμπεπλον.

- 862. L. πρόσωπον λυπηρὸν ὄντα.

- 901. Pelische Fakeln, vom Pelion, dem Berge Thessaliens. Jolkos, die Vaterstadt der Alkestis, lag in der Nähe.

- 950. Thrakische Tafeln, Schriften, die man dem Orpheus beilegte, der in Thrakia geboren war, namentlich über Heilkunde.

- 959. Die Chalyber, ein Volk in Pontos am schwarzen Meere, verfertigten den besten Stahl: weßhalb auch der Stahl selbst Chalybs genannt wurde.

- 1116.- Alkestis war den Göttern der Unterwelt geweiht worden (V. 73 ff.), und diese Weihe mußte durch Darbringung von Sühnopfern und andere Gebräuche wieder von ihr genommen werden.

VIII.

Iphigenia in Aulis.

Personen.

Agamemnon, König von Argos, Heerführer der Hellenen.
Menelaos, sein Bruder, Gemahl der entführten Helena.
Klytämnestra, Gemahlin Agamemnons.
Iphigenia, Tochter Agamemnons und der Klytämnestra.
Achilleus, Sohn des Peleus und der Meergöttin Thetis.
Ein Greis.
Ein Bote.
Der Chor: Frauen von Chalkis.

Der Schauplaz ist Aulis in Böotien.

Agamemnon. Ein Greis.
Agamemnon.
Komm, Alter, hervor aus deinem Gemach.
Der Greis.
Ich komme. Was sinnst du Neues im Geist,
Agamemnon, mein Herr?
Agamemnon.
    Du vernimmst es sofort.
Der Greis.
Ich eile. Mein Alter besucht kein Schlaf,
5 Und es hält mir den Blick stets offen und wach.
Agamemnon.
Wie nennt sich der Stern, der dort hinzieht?
Der Greis.
Seirios; er schwebt noch im Mittel der Bahn,
Bei'm Siebengestirn, an der Bärin zunächst.
Agamemnon.
Auch schallt weitum kein Vogelgesang,
10 Kein Meeresgeräusch; und die Winde, verstummt,
Ruh'n hier um den Sund des Euripos.
Der Greis.
Doch was stürmt dich aus deinem Gezelt,
Agamemnon, mein Herr?
Noch stumm liegt Alles um Aulis hier,

15 Und die Wachen der Burg, sie rühren sich nicht.
So gehn wir hinein?

Agamemnon.
Ich beneide dich, Greis,
Und beneide den Mann, der, frei von Gefahr,
Sein Leben verlebt, namlos, ruhmlos:
Doch Männer in Würden beneid' ich nicht.

Der Greis.
20 Nun, hierin liegt ja des Lebens Glanz.

Agamemnon.
Ein betrüglicher Glanz; wohl reizend und süß,
Doch, wann er erreicht ist, ängstet er mir.
Bald weckt dir im vielfach wähnenden Volk
Mißfälliges Urtheil bitteren Schmerz;
25 Bald trübt dir das Glück
Ein Versehn in dem Dienste der Götter.

Der Greis.
Ungern hör' ich das Wort von dem Könige:
Nicht ja zu Freuden allein, Agamemnon,
Zeugte dich Atreus.
30 Du sollst dich freun, und dich härmen in Leid;
Denn du wurdest ein Mensch; und sträubst du dich auch
Doch Himmlische fügten es also. —
Da nährst du das Licht an der Leuchte, beschreibst
Dies Täfelchen hier,
35 Das jezo du noch in den Händen bewahrst,
Und löschest darauf gleich wieder die Schrift,
Und siegelst und lösest von neuem das Band,
Und wirfst auf die Erde das Holz, warm thaun
Dir die Zähren im Blick.
40 Zur Verzweifelung fehlt nur Wahnsinn noch:

Iphigenia in Aulis.

So geberdest du dich. Was drückt dich, o Herr?
Was ist dir, o sprich, so Besonderes geschehn?
Auf, rede das Wort, und vertraue dich uns!
Du vertraust es dem Mann, der bieder und treu;
45 Denn deinem Gemahl gab Tyndaros mich
In der Mitgift einst
Als redlichen Diener der Braut zu.

Agamemnon.
Der Leda, Thestios' edlem Kind, erblühten drei
Jungfrauen, Phöbe, Klytämnestra, mein Gemahl,
50 Und Helena. Um diese werbend, fanden sich
Die reichsten Fürstensöhne rings aus Hellas ein.
Und grause Drohung wurde laut, und Jeder schwur
Den Tod dem Andern, führ' er nicht das Mädchen heim.
In bangen Zweifeln schwebte da Tyndareos,
55 Sollt' er sie geben oder nicht, um ungekränkt
Das Glück zu fesseln. Und er sann dies endlich aus:
Die Freier alle sollten sich durch hohen Schwur,
Durch treuen Handschlag binden, und in heil'ge Glut
Trankopfer gießen unter Fluchbetheurungen:
60 Vereint zu helfen jenem, der sich Helena
Erringe, wenn ihm Einer sie vom Haus entführt,
Und ihn verdrängt vom Lager, der die Braut gewann,
Gewaffnet wider ihn zu zieh'n und seine Stadt
Zu schleifen, ob er fremden Stamms, ob Grieche sei.
65 Nachdem sie das verheißen und Tyndareos,
Der Greis, die Werber wohl berückt mit schlauem Sinn;
Läßt er die Tochter wählen aus der Freier Zahl,
Zu wem der Liebe süßer Hauch hinneig' ihr Herz.
Sie wählt — o daß er nimmermehr sie heimgeführt! —
70 **Menelaos.** Nun kam Troja's Sohn, er, jener drei

Göttinnen Richter, wie der Menschen Sage spricht,
Nach Lakedämon, strahlend in der Gewande Pracht,
Von lauterm Golde blitzend, im Barbarenprunk,
Und führte, liebend und geliebt, zur Rindertrift
75 Des Ida Tyndars Tochter fort: Menelaos war
Auswärts. Verlassen stürmte der durch Hellas nun,
Vom alten Eide zeugend an Tyndareos,
Daß Hülfe werden müsse dem Beleidigten.
Da stürzten Hellas' Völker ungesäumt zum Kampf,
80 In Wehr sich hüllend, und vor Aulis' Engen hier
Erscheinen sie, mit Schiffen, Schilden allzumal,
Mit Rossen viel und Wagen ohne Zahl bewehrt.
Und mich, Menelaos' halber wohl, erkoren sie
Zum Oberhaupt, den Bruder. Dieses Ehrenamt,
85 O hätt' ein Andrer es erlangt an meiner Statt!
Und nun das Heer versammelt und geordnet ist,
Nun liegen wir vor Aulis, weil uns grollt der Wind.
Der Seher Kalchas aber sprach in dieser Noth,
Wir müßten Iphigenia, mein geliebtes Kind,
90 Der Tochter Leto's opfern, die dies Land beherrscht:
Dann wehe Fahrwind, Troja stürz' in Trümmer ein;
Doch blute sie nicht, würde Nichts von dem geschehn.
Ich, das vernehmend, wollte durch Talthybios
Mit lautem Ruf abdanken Argos' ganzes Heer,
95 (Denn meine Tochter morden konnt' ich nimmermehr,)
Bis, alle Gründ' aufbietend, mich der Bruder zwang,
Den Gräul zu dulden. Und sofort vertraut' ich es
Des Briefes Falten, und gebot der Königin,
Mein Kind zu senden als Achilleus' junge Braut.
100 Den Werth des Mannes rühm' ich hoch und wende vor,
Er weigre sich, mit Argos' Heere fortzuziehn,

Iphigenia in Aulis.

Folg' ihm von uns nicht eine Braut nach Phthia heim.
So täuscht' ich überredend mein Gemahl, indem
Ich ihr der Tochter Ehebund vorspiegelte.
105 Um dies Geheimniß wissen Drei im Heere nur,
Menelaos, Kalchas und Odysseus: aber was
Ich dort nicht gut berathen, mach' ich wieder gut
In diesem Briefe, den du mich in dunkler Nacht
Aufbrechen und von neuem siegeln sahst, o Greis.
110 Doch auf, und gehe, nimm den Brief, und flugs damit
Nach Argos! Was in seinen Falten sich verbirgt,
Ich will dir Alles sagen, wie's geschrieben ward;
Denn meiner Gattin bist du treu und meinem Haus.

Der Greis.
So sprich und bezeichn' es, damit mein Wort
115 Einstimme zu dem, was die Tafel verbirgt.

Agamemnon.
(liest)
„Zu dem vorigen Schreiben empfängst du
Dies andere, Tochter der Leda.
Nicht sende dein Kind
Zu dem schirmenden Busen Euböa's, wo
120 Am Gestade von Aulis die See nicht wogt.
Denn in anderen Zeiten begehn wir
Die Vermählungsfeier der Jungfrau."

Der Greis.
Doch wird der Pelid', um die Ehe getäuscht,
Nicht wild aufflammen in Wuth? Auch hier
125 Droht Unheil dir
Und deinem Gemahl. Sprich aus, was du meinst.

Agamemnon.
Nur den Namen, die That nicht, leiht er dazu,

Der Pelid'; er weiß um die Hochzeit nicht,
Nicht, was ich betrieb, noch, daß ich gelobt,
130 Zu bräutlicher Wonn' und Umarmung
Ihm beizugesellen die Jungfrau.

Der Greis.

Agamemnon, du spielst ein entsezliches Spiel:
Du verlobst sie zum Scheine der Göttin Sohn,
Und führtest dem Heer als Opfer sie zu.

Agamemnon.

135 Weh, weh! Mich verließ die Besinnung!
Ich versank in die Tiefen des Elends!
Doch rühre dich, auf! und beflügle den Fuß,
Und des Alters vergiß.

Der Greis.
Ich spute mich, Herr.

Agamemnon.
Nicht lagre dich heut an den Quellen des Hains,
140 Noch laß dich vom Schlafe verlocken.

Der Greis.
Sprich so nicht, Herr!

Agamemnon.
Und kommst du vorbei, wo sich scheidet der Weg,
Sieh spähend umher, daß nicht unbemerkt
Vorüber an dir mit geflügeltem Rad
145 Das Gespann hinrollt, das die Tochter hieher
Zu den Danaern trägt.
Denn begegnetest du den Geleitern der Braut,
Dann schüttle die Zügel, und lenke sie flugs
Zu der heiligen Burg der Kyklopen zurück.

Der Greis.
150 So sei's!

Agamemnon.
Nun eile zur Pforte hinaus!
Der Greis.
Doch, meld' ich ihr das, wie find' ich Vertraun
Bei der Königin, wie bei der Jungfrau dort?
Agamemnon.
Dies Siegel bewahr' hier, welches du trägst
Auf die Tafel geprägt! Nun gehe! Bereits
155 Glänzt Eos am Himmel, und färbt ihn weiß,
Und der Sonne Gespann steigt flammend empor.
Nimm mir die Last ab!

(Der Greis geht.)

Kein Sterblicher lebt, dem bis an das Ziel
Hold lächelt das Glück;
160 Schmerzfrei ward Keiner geboren.

(Agamemnon zurück in sein Zelt.)

Der Chor.
Erste Strophe.

Eben kam ich an Aulis'
Sandigen, meerumwogten Strand;
Ueber Euripos' schäumenden Sund
Sezt' ich, Chalkis verlassend,
165 Meine Stadt mit der schmalen Furth,
Welche die Flut Arethusa's, die
Nachbarin des Meeres, hegt.
Denn mich drängt' es, die Heerschaaren Achäa's,
Die schnellrudernden Meerschiffe der Halbgötter zu schaun,
170 Welche zum Land Troja's in dichtwimmelndem Zuge
(So verkünden es unsre
Gatten) der blonde Held
Menelaos und Fürst Agamemnon hinaus
Führt, Helena wiederzufordern, die

175 Vom schilfreichen Eurotasstrand
Paris, der Hirt auf Ida, geraubt,
Dem sie geschenkt Aphrodite,
Als an des Quelles thauendem Born
Kypris rang, um der Schöne Preis
180 Rang mit Pallas und Hera.
    Erste Gegenstrophe.
Durch den opferberühmten
Hain der Artemis eilt' ich her,
Von jungfräulich blühender Scham
Meine Wange geröthet,
185 Um der ehernen Schilde Wehr
Und der Gewaffneten Zelte, der
Rosse streitbares Heer zu schaun.
Und hier sah ich die zween Ajas vereinigt,
Oeleus' Sprößling, und dich, Telamon's Sohn, Salamis'
                Kranz;
190 Ihnen gesellt, lagerte sich Protesilaos;
Er vergnügt' an des Bretspiels
Wechselnden Bildern sich,
Palamedes mit ihm, den Poseidons Sohn
Erzeugt. Diomeden auch sah ich dort
195 Sich erfreun an des Diskos Lust,
Dann Meriones, Ares' Sohn,
Ihn, ein Wunder den Menschen;
Dich von den Inselbergen zugleich,
Sohn des Laertes, sah ich und dich,
200 Nireus, Schönster in Hellas!
    Schlußgesang.
Ihn, schnell, wie das Wehen des Windes,
Den flüchtigen Renner Achilleus,

Den Nereus' Tochter gebar,
Cheiron bildete, sah ich,
205 Als er über die Kiesel
Am Gestade dahin
Hurtig flog in den Waffen.
Dem vierspännigen Wagen
Schwang er sich nach um die Wette,
210 Schwang sich stürmend dem Sieg nach.
Doch der Wagenführer rief,
Pheres' Enkel, Eumelos; ich sah,
Wie die schönsten Rosse der,
Wunderwürdig prangend mit goldnen Zäumen,
215 Trieb mit geißelndem Schwung:
Die zweie mitten am Joch
Mit weißscheckigem Haar gefleckt,
Die äußern, die sich am Seil
Gleich hin drehten auf krümmender Bahn,
220 Bräunlich von Haar und am Hufe mit farbigen
Flecken gesprenkelt. An ihnen vorüber schwang
Sich der Pelid' in den Waffen am Kranze des
Wagens und der Räder Naben.

Zweite Strophe.

Auch der Schiffe Zahl erblickten wir,
225 Sahn den unaussprechlichen
Wunderanblick, daß unser Auge sich
An dem holden Zauber sättigte.
Rechts der Flotte Plan
Nahm mit fünfzig stürmenden
230 Schiffen, von Phthiotis ausgesandt,
Ein der Myrmidonen Kriegesgott.
Und in goldhellen Bildern thronten hoch,

Als Achilleus' Heeresmal,
Nereus' Töchter auf dem Hinterschiff.

Zweite Gegenstrophe.

235 Argos' schnelle, wohlgeruderte
Schiffe standen nah dabei;
In den Streit führte sie Mekistes' Sohn,
Den sein Ahnherr Talaos erzog,
Und des Kapaneus
240 Sprößling, Sthenelos. Sofort
Hatte sechzig Schiff' aus Attika
Theseus' Sohn am Ufer hingereiht;
Pallas, hoch stehend auf geflügeltem
Wagen, ist der Schiffe Bild,
245 Heilverkündend auf der Meeresfahrt.

Dritte Strophe.

Auch Böotia's Kriegerflotte dann,
Fünfzig Meeresschiffe, sahen wir,
Mit edlen Bildern wohl geschmückt;
Kadmos, Thebe's Ahn,
250 Stand mit goldner Schlange dort
Auf der Schiffe hohem Steuer.
Leïtos, der Erdensohn,
War des Schifferheeres Fürst.
Aber aus der Phoker Land
255 Und Lokris kam des Oeleus Sohn
Mit der gleichen Zahl von Schiffen her,
Aus dem hehren Thronion.

Dritte Gegenstrophe.

Aus Mykene's Stadt, die Kyklopen einst
Bauten, sendet Krieger, wohl geschaart

260 In hundert Schiffen, Atreus' Sohn.
   Wie der Freund dem Freund,
   War Adrastos ihm gesellt,
   Daß er sie, die der Heimat
   Um die fremde Lieb' entfloh,
265 Wiederfordre mit Gewalt.
   Nestor's auch, des Pyliers,
   Geschwader sah ich, das am Steuer
   Alpheos, den nachbarlichen Gott,
   Mit des Stieres Füßen trug.

Schlußgesang.

270 Dann die zwölf Aenianenschiffe noch
   Sah ich, deren Führer Guneus war;
   Und an diese wiederum
   Reihten sich von Elis' Flur
   Fürsten, die das ganze Volk Epeier nennt;
275 Eurytos beherrschte diese.
   Kriegsvolk der Taphier
   Mit weißen Rudern führt' heran
   Ihr Herrscher Meges, Sohn des Phyleus,
   Aus der Echinaden Bucht,
280 Wo der Schiffer nie zu landen wagt.
   Ajas, welchen Salamis gebar,
   Schloß den rechten Heerflügel an den linken an,
   In dessen Näh' er die lezten
   Ruder hielt, in Hellas' Flotte zwölf
285 Leichtgewandte Schiffe flechtend.
   So hört' ich, also sah ich selbst
   Dort das Schifferheer.
   Welcher Kahn vom fremden Land
   Diesem kühn entgegentreibt,

290 Kehrt zur Heimat nicht zurück.
Solch gewaltige Segelmacht,
Als ich hier gesehen,
Dies vereinte Kriegesheer, nimmermehr wird es mir
Aus der Erinnerung daheim entschwinden.

Menelaos. Der Greis. Der Chor.

Der Greis.
295 Menelaos, Arges wagst du, was dir nicht geziemt.

Menelaos.
Geh doch! Du handelst allzutreu an deinem Herrn.

Der Greis.
Mich ehrt der Vorwurf, den du mir zum Schimpfe sagst.

Menelaos.
Du sollst mir heulen, thust du, was dir nicht gebührt.

Der Greis.
Du darfst den Brief nicht öffnen, den ich trage, Herr.

Menelaos.
300 Und du nicht tragen, was dem Volk Verderben bringt.

Der Greis.
Mit Andern had're darum; doch mir laß den Brief!

Menelaos.
Das werd' ich niemals.

Der Greis.
Aber ich auch lass' ihn nicht.

Menelaos.
So soll dein Haupt gleich bluten unter meinem Stab!

Der Greis.
Für seinen Herrn zu sterben, traun, ist ehrenvoll.

Menelaos.
305 Gib her! Für einen Sklaven schwazest du zu viel.

(Er entreißt ihm den Brief.)

Der Greis.
(laut rufend)

Mein König, Unrecht thut man uns! Sieh, deinen Brief,
Aus meinen Händen reißt er mir ihn mit Gewalt,
Agamemnon! Nichts vom Rechte hören will der Mann.

Agamemnon.
(aus seinem Zelte vortretend)

Welch ein Lärm vor meiner Thüre? Welch ein ungebührlich
Schrein?

Der Greis.

310 Meinem Wort, und nicht dem seinen, leihe, Herr, zuerst
das Ohr.

Agamemnon.

Du, was haderst du mit diesem, Menelaos, und zerrst ihn fort?

Menelaos.

Sieh zu mir her! Denn an dieses knüpf' ich meine Reden an.

Agamemnon.

Zitternd wohl das Auge senken soll ich, Atreus' Sohn, vor dir?

Menelaos.

Siehst du diesen Brief, das Werkzeug unerhört ruchloser
That?

Agamemnon.

315 Leider seh' ich ihn: vor Allem gib ihn weg aus deiner Hand!

Menelaos.

Nicht, bevor ich seinen Inhalt offenbart dem ganzen Volk.

Agamemnon.

Wie? Die Siegel lösend, weißt du, was dir nicht zu
wissen ziemt?

Menelaos.

Was du Böses sannst im Stillen, deckt' ich dir zum Aerger
auf.

Agamemnon.

Wo bekamst du ihn? O Götter! Welch ein schamvergess'ner Sinn!

Menelaos.

320 Deines Kind's aus Argos harrend, ob sie käm' in Argos' Heer.

Agamemnon.

Was bewachst du meine Schritte? Bist du nicht schamlos und frech?

Menelaos.

Weil der Wille mich gekizelt; bin ich doch dein Sklave nicht.

Agamemnon.

Unerhört! Frei schalten soll ich nicht im eignen Hause mehr?

Menelaos.

Weil du stets Verkehrtes sinnest, heut und ehmals und hinfort.

Agamemnon.

325 Wie du fein bist! Weh der Zunge, die verschmizt nur Haß gebiert!

Menelaos.

Ungerecht, untreu den Freunden, ist ein unstät eitler Sinn.
Doch ich will dich überführen; aber du verschmähe nicht,
Uebermannt von Zorn, die Wahrheit, wenn dich auch mein Wort verdrießt.
Weißt du noch, als um den Heerstab du nach Troja dich bewarbst,
330 Wohl dem Schein nach Nichts erstrebend, doch in Wünschen still entbrannt,
Wie du voll Demuth dich schmiegtest, alle Hände schütteltest,
Und in unverschlossnen Thüren offnes Ohr der Reihe nach

Iphigenia in Aulis.

Allen aus dem Volke gönntest, wer es wünscht' und wer auch nicht,
Daß du dir im Volk die Ehre kauftest durch Geschmeidigkeit?
335 Doch nach kaum errungner Würde nahmst du neue Sitten an,
Warest nicht den alten Freunden mehr der Freund von ehedem,
Schwer daheim zugänglich, außen kaum zu sehen. Doch der Mann
Edler Art, der groß geworden, ändert sein Betragen nicht;
Nein, er sei grad' am meisten dann dem Freunde treugesinnt,
340 Wenn er selbst im Glücke wohnend ihm am meisten nüzen kann.
Also schalt ich schon zuvor dich, als ich schwach zuvor dich fand.
Wie du drauf gen Aulis kamest mit Achäa's ganzem Heer,
Warst du Nichts, unmännlich zitternd bei dem gottverhängten Loos,
Als die Wind' ungünstig wehten; alles Volk verlangte laut,
345 Heimzusegeln, nicht in Aulis sich vergebens abzumühn.
Wie verstört, wie kläglich blickte da dein Auge, daß du nicht,
Tausend Maste führend, Troja solltest überziehn mit Krieg!
Und du riefst mich: „Was beginnen? Welchen Ausweg find' ich? Wo?"
Daß du nicht, beraubt der Herrschaft, auch verlörst den schönen Ruhm.
350 Kalchas hieß dich, laut des Opfers, nun auf Artemis' Altar
Deine Tochter tödten; „Fahrwind wehe dann!" du warst erfreut,
Und verhießest froh des Kindes Opferung, und schriebest gern,

Nicht gezwungen, (sage das nicht!) deinem Weib, die Toch-
  ter dir
Herzusendend, zur Vermählung mit Achilleus, gabst du vor.
355 Aber dann umlenkend schriebest du geheim den andern Brief,
Weil du nicht des Kindes Mörder werden willst: der bist
  du, ja!
Dieser Himmel ist derselbe, der das Wort von dir vernahm.
Aber tausend Andern ging es, so wie dir: aus freier Wahl
Streben sie rastlos nach Ehren, treten dann schmachvoll zurück,
360 Oft durch blöden Wahn des Volkes fortgescheucht, oft auch
  mit Recht,
Weil, den Staat aufrecht zu halten, ihnen Kraft und Sinn
  gebricht.
Hellas nur, das schwerbedrängte, jammert mich am meisten,
  das
Wider Troja's nichtig Volk zu hoher That sich angeschickt,
Jezt um dich und deine Tochter, ihm ein Spott, es ziehen
  läßt.
365 Keinen wählt' ich seines Vortheils wegen je zum Krieges-
  herrn,
Noch zum Landeshaupt; mit Einsicht sei der Heeresfürst
  begabt;
Denn im Staat zu herrschen taugt wohl Jeder, wenn Verstand ihm ward.

Der Chor.
Wie schrecklich, wenn bei Brüdern Zank und Streit ent-
  brennt,
Nachdem die Zwietracht unter sie getreten ist!
Agamemnon.
370 Milde denk' ich dich zu strafen, kurz, und nicht mit frecher
  Stirn,

Noch in schamlos stolzen Lauten, nein, mit edler Mäßigung;
Denn du bist mein Bruder; Scham auch liebt ein wohl-
gesinnter Mann.
Sage mir: was schnaubst du zornig, und das Auge blutigroth?
Wer verletzt dich? Was begehrst du? Dein vortrefflich Weib
zurück!
375 Ich vermag dir's nicht zu schaffen: die du hattest, hast du
schlecht
Dir bewahrt: nun soll ich büßen, was nicht ich, was du
gefehlt?
Oder quält dich so mein Ehrgeiz? Nein, im Arme wün-
schest du
Nur ein schönes Weib zu haben, achtest nicht Vernunft und
Recht,
Höhnst die Zucht. Des schlechten Mannes Freuden sind
gemeine Lust.
380 Wenn ich schlimm zuvor gewählt, und dann zum Bessern
mich besann,
Ras' ich darum? Eher du, der, eines schnöden Weibes los,
Sie zurückzuführen trachtest, da's ein Gott dir wohl gefügt!
Liebentbrannte Freier schwuren unbedacht dem Tyndareus
Ihren Eid; sie trieb die Hoffnung, eine Göttin, mein' ich,
wohl;
385 Sie hat dieses ausgerichtet, weder du noch deine Macht.
Nimm sie denn, zieh' aus mit ihnen; deine Thorheit
büßest du.
Nicht verstandlos ist die Gottheit, und sie kennt die Schwüre
wohl,
Die, gewaltsam aufgedrungen, nicht auf festem Grunde
ruhn.

Meine Kinder werd' ich niemals morden, und dein eignes Wohl
390 Wehrt es, daß du widerrechtlich Rache für die Schnöde nimmst.
Aber ich verzehrt' in heißen Thränen Tag' und Nächte mich,
Wenn ich ruchlos ungesezlich freveln wollt' am eignen Blut.
Hier vernahmst du meine Meinung, kurz und klar und leicht gefaßt;
Willst du nicht das Beßre wählen, ordn' ich doch das Meine wohl.

Der Chor.
395 Von dem verschieden, was zuvor verheißen ward,
Klang dies, und wohl ihm, daß er nun des Kindes schont.

Menelaos.
Weh! Also Freunde hab' ich Armer keine mehr?

Agamemnon.
Wohl, wenn du nicht des Freundes Untergang begehrst.

Menelaos.
Wo zeigst du mir, daß Eines Vaters Sohn du bist?

Agamemnon.
400 Gern theil' ich Weisheit, aber nie Wahnsinn mit dir.

Menelaos.
Vereint zu trauern mit dem Freund, ist Freundespflicht.

Agamemnon.
Gewinne mich durch Liebe, nicht, indem du kränkst.

Menelaos.
So willst du nicht um Hellas diesen Kampf bestehn?

Agamemnon.
In dir und Hellas rast ein Gott, der euch bethört.

Iphigenia in Aulis.

Menelaos.

405 Stolz auf den Heerstab, opf're denn den Bruder auf!
Ich gehe, mich nach andern Mitteln umzusehn,
Nach andern Freunden.

Ein Bote.
(tritt auf)

Du, der Panhellenen Fürst!
Agamemnon, Herr, dir führ' ich deine Tochter zu,
Die du zu Hause nanntest Iphigenia.
410 Ihr folgt die Mutter, deine Klytämnestra, folgt
Dein Sohn Orestes, daß du dich des Wiedersehns
Erfreust, der Heimat ferne schon die lange Zeit.
Doch, nach so weiter Wanderung, erfrischen sie
An eines klaren Baches Rand den zarten Fuß,
415 Und losgebunden lassen wir die Rosse frei
Umgeh'n, in grüner Wiese sich zu sättigen.
Ich aber eilte, daß du dich bereitetest,
Voraus; denn alles Heer vernahm's, und schnell durchflog
Der Ruf das Lager, daß dein Kind gekommen sei.
420 Rings drängt in Schaaren eilend sich das Volk herbei,
Will deine Tochter sehen; denn die Glücklichen
Sind hochgerühmt von Allen, Alle sehn auf sie.
Sie fragen: gibt es eine Hochzeit? Oder was
Wird hier bereitet? Rief der Fürst sein Kind hieher,
425 Nach ihr verlangend? Und von Andern hört man dies:
Sie weihn das Mädchen Artemis, der Herrscherin
Von Aulis, als Verlobte. Wer wohl führt sie heim?
Wohlan denn, eilt, und bringet Opferkörb' heran,
Bekränzt die Häupter! Ordne du, Menelaos, uns
430 Das Fest der Hochzeit, und umher im Saale laßt

Den Klang der Flöte schallen und der Füße Tritt,
Weil heut der Jungfrau Wonnetag erschienen ist.

Agamemnon.
Wohl, Alter! Aber gehe nun in's Zelt hinein;
Das Andre wird wohl enden nach des Glückes Lauf.

(Der Bote geht ab.)

435 Was sag' ich Armer? Wo beginn' ich? Wehe mir!
In welche Netze, Schicksal, hast du mich verstrickt!
Mich überschlich ein Dämon, der, weit listiger,
Als meine Listen alle, mich belistete.
O Niedrigkeit, wie manchen Vortheil hast du doch!
440 Das Recht, sich auszuweinen, wird dir leicht gegönnt,
Und Alles frei zu sagen; doch den edlen Mann
Drückt dies vor Allem: immer will der Sitte Zwang
Sein Leben regeln, und dem Volke fröhnen wir.
Ich scheue mich, zu weinen eine Thräne nur,
445 Und nicht zu weinen wieder scheu' ich Armer mich,
Nachdem das schwerste Misgeschick mich heimgesucht.
Was sag' ich meinem Weibe doch? Wie soll ich ihr
Entgegentreten? Wie begegn' ich ihrem Blick?
Denn sie vollendet unser Leid, vernichtet mich,
450 Kommt ungerufen! Schicklich zwar geleitet sie
Ihr Kind zur Hochzeitfeier, um ihr Theuerstes
Zu geben, wo sie meine Falschheit kennen lernt.
Und dann der unglücksvollen Braut, — was sag' ich Braut?
Der Hades, ahnt mir, wird sie bald als Braut umfahn! —
455 Wie jammert ihr mich, wenn sie weinend also fleht:
„Mein Vater, du mich tödten? Daß du selbst und wer
Dir theuer ist, ein solches Brautfest feiertest!"
Orestes, nahestehend, wird aufschrein zugleich,
Wird unverständlich lallen, ich werd' ihn versteh'n!

460 Ha, wie verdarb mich Helena's Ehbund mit ihm,
Dem Priamiden Paris, der mir das gethan!
Der Chor.
Auch ich beklag' es; muß doch auch die fremde Frau
Das Ungemach bejammern, das die Fürsten traf.
Menelaos.
Mein Bruder, laß mich deine Hand ergreifen!
Agamemnon.
Hier!
465 Dein ist der Sieg; ich bin der Unglückselige.
Menelaos.
Bei'm Vater meines Vaters und des deinigen,
Pelops, und Atreus, unserm Vater, schwör' ich es,
Dir offen frei zu sagen, wie's vom Herzen kommt,
Und nichts Verstelltes, sondern wie's mein Innres meint.
470 Als ich die Thränen deinem Aug' entstürzen sah,
Da fühlt' ich Mitleid, weinte selbst in deinen Gram,
Und widerrufe, was ich sprach, will gegen dich
Nicht grausam sein; zu deiner Meinung stimm' ich nun,
Und rathe dir, die Tochter nicht zu tödten, nicht
475 Mein Glück dem deinen vorzuziehn; denn wär' es recht,
Daß mir's nach Wunsch erginge, wenn du jammertest,
Die Deinen stürben, während wir die Sonne säh'n?
Was will ich aber? Kann ich auserlesne Frau'n
Nicht sonst erlangen, wenn nach Frau'n mein Herz sich sehnt?
480 Den Bruder soll ich, soll ihn gar um Helena
Verlieren, Böses tauscht' ich mir für Gutes ein?
Ein Thor, ein Knabe war ich erst; nun näher es
Erwägend, fand ich, was es heiße, Kindesmord!
Und innig jammert mich der unglückseligen
485 Jungfrau, bedenk' ich, daß sie meines Stammes ist,

Die meiner Lieb' hier aufgeopfert werden soll.
Was hat mit dieser Helena dein Kind zu thun?
Nein, mag von Aulis aufgelöst abziehn das Heer!
Doch, Bruder, du laß ab, in Thränen deinen Blick
490 Zu baden, und mir Thränen abzunöthigen.
Gibt Theil an deinem Kinde mir das Seherwort,
Ich will ihn nicht; dir überlaff' ich meinen Theil.
Doch daß ich, früher heftig, umgewandelt ward,
Es ist die Regung der Natur, ich wandte mich
495 Zur Bruderliebe wieder; denn des Edeln Art
Ist die, dem besten Rathe stets sein Ohr zu leihn.

Der Chor.
Großherzig sprachst du, wie's geziemt dem Tantalos,
Zeus' Sohne; deiner Ahnen Stamm entehrst du nicht.

Agamemnon.
Ich lobe dich, Menelaos, daß du wider mein
500 Verhoffen wacker sprachest, wie's dein würdig ist.

Menelaos.
Durch Frauenliebe soll entstehn ein Bruderzwist
Und durch der Häuser Habbegier? Wie haff' ich doch
Verwandte, die sich gegenseitig bitter sind!

Agamemnon.
Doch, ach! des Schicksals unerbittlich Wort gebeut:
505 Ich muß der Tochter blutigen Mord vollziehn.

Menelaos.
                              Du mußt?
Wer wird zu deines Kindes Mord dich nöthigen?

Agamemnon.
Der Danaiden ganzes hier vereintes Heer.

Menelaos.
Nicht, wenn du sie nach Argos wieder senden wirst.

Agamemnon.
Das ließe sich verbergen, doch das Andre nicht —
Menelaos.
510 Und was? Man muß nicht allzusehr die Menge scheun.
Agamemnon.
Kalchas enthüllt Achäa's Heere seinen Spruch.
Menelaos.
So mag er vorher sterben: dieses macht sich leicht!
Agamemnon.
Die ganze Brut der Seher giert nach Ehre nur.
Menelaos.
Nichts Gutes schafft sie, stiftet Unheil überall.
Agamemnon.
515 Doch fürchtest du nicht jenes, was mir Furcht erweckt?
Menelaos.
Du mußt es nennen; denn errathen kann ich's nicht.
Agamemnon.
Des Sisyphos Gezüchte weiß um Alles schon.
Menelaos.
Nie kann Odysseus dir und mir gefährlich sein.
Agamemnon.
Stets hinterlistig war er und des Volkes Freund.
Menelaos.
520 Ehrsucht, ein Uebel grauser Art, beherrscht ihn wohl —
Agamemnon.
Drum, glaube mir, vor Argos' Heere stehend wird
Er laut des Kalchas Seherspruch verkündigen,
Daß ich das Opfer angelobt der Artemis,
Nun aber lüge; seine Red' entflammt das Heer,
525 Daß dich und mich sie tödten, und auf sein Geheiß
Mein Kind ermorden. Flöh' ich auch nach Argolis,

Sie kämen, samt den Mauern unsrer Königsstadt
Uns fortzuraffen, und zerstörten unser Land.
So schweres Leid umfängt mich: Unglückseliger!
530 In welche Drangsal stürzte mich der Götter Zorn!
Eins, wenn du kommst in's Lager, Eins verhüte mir,
Menelaos, daß die Mutter Nichts davon erfährt,
Bis ich dem Hades meine Tochter opferte,
Daß mit der Thränen kleinster Zahl ich elend sei.
535 Und ihr bewahrt uns, fremde Frau'n, Verschwiegenheit!

(Menelaos ab.)

Der Chor.
Strophe.

Selig, wer in besonnener
Scheu mit Mäßigung deine Lust
Kostet, göttliche Kypris!
Ruhig fließt sein Leben dahin,
540 Nimmer getrübt von stürmender Wuth.
Der goldlockige Liebesgott
Hält zwei Bogen der Huld gespannt;
Einer bringt ein seliges Loos,
Der zertrümmert des Lebens Glück.
545 Diesen, reizende Kypria,
Halte fern von unserm Gemach!
Mir sei bescheidener Liebreiz
Gegönnt und heilige Lust,
Auch Aphrodita's keuscher Genuß;
550 Doch unmäßigen haß' ich.

Gegenstrophe.

Ungleich sind die Bestrebungen,
Sind die Geister der Menschen; doch
Wahrhaft Edles bewährt sich

Allzeit selbst; auch bildende Zucht
555 Lenkt mit Macht zur Tugend hinan.
Denn Scheu tragen ist weise sein,
Und die sinnig erkannte Pflicht
Trägt vergeltenden Dank zum Lohn;
Denn der Ruhm, nachfolgend, verleiht
560 Ihr den niemals alternden Preis.
Nach der Tugend ringen ist groß,
Die still in Liebe das Weib übt;
Doch hoher männlicher Sinn,
Strahlend in tausendfältiger That,
565 Mehrt die Größe des Volkes.

Schlußgesang.

Wärst du doch nie zum Ida gelangt,
Paris, und nicht erwachsen als Hirt
Bei weißschimmernden Rindern,
Phrygische Weisen tönend, und kühn
570 Auf einheimischem Rohr dem Olympos
Nacheifernd im Spiele!
Blühende Kinder weidetest du,
Als die Göttinnen deines Spruchs
Harrten, welcher nach Hellas
575 Vor die Paläste von Elfenbein
Dich geführt, wo Helena du
Mit holdanlächelnden Blicken
Zur Liebe verlocktest,
Von Liebe selbst bezwungen glühtest,
580 Daß Streit, daß Streit
Hellas mit Speeren und Schiffen heran
Wider Troja's Zinnen führt.

Erster Halbchor.

Ha, schaut!
Groß ist der Gewaltigen glückliches Loos.
Seht Iphigeneia,
585 Die gebietende Tochter des Königs,
Und Klytämnestra, Tyndareos' Kind!
Wie herrlich von Herrlichen stammen die Zwei,
Und wandeln im Glanz weitstrahlenden Glücks!
Die Gewaltigen, traun, sind Götter, verleihn
590 Unglücklichen Sterblichen Wohlstand.

Zweiter Halbchor.

Ihr Töchter von Chalkis, tretet heran
Zu der Königin, hebt sie vom Wagen herab,
Daß nicht an der Erd' ausgleite der Fuß;
Sanft reichet die Hand mit freundlichem Sinn,
595 Daß Bangen die kaum Anlangende nicht
Aufreg', Agamemnons herrliches Kind;
Denn Kummer und Unruh dürfen wir nicht
Den argeiischen Frau'n,
Wir Fremden den Fremden, bereiten.

Klytämnestra mit Iphigenia und Orestes. Agamemnon. Der Chor.

Klytämnestra.

600 Ein heilbedeutend glücklich Zeichen nehm' ich mir
Aus eures Wortes holdem, wohlgemeintem Gruß.
So hab' ich Hoffnung, daß ich Brautgeleiterin
Zu schönem Bund erscheine. Hebt vom Wagen denn
Die Morgengaben, die der Braut ich mitgebracht,
605 Und tragt sie wohlbedächtig dort in's Zelt hinein.
Du, meine Tochter, steige mir vom Wagen ab,
Den Fuß zur Erde sezend, zart und schwach zugleich.

Und ihr empfangt in jugendlichen Armen sie,
Und aus dem Wagen hebt sie mir, o fremde Frau'n!
610 Auch reiche Jemand mir den Arm zur Stütze dar,
Daß ich gemächlich steig' herab vom Wagensitz.
(Sie steigen ab.)
Ihr Andern stellt euch vor den Zug der Rosse hin;
Denn schwer gezügelt wird der Rosse scheuer Blick.
Und hier den Knaben, Agamemnons kleinen Sohn,
615 Nehmt auf, Orestes; denn ein Säugling ist er noch.
Mein Söhnchen, schläfst du? Hat die Fahrt dich eingewiegt?
Erwache froh zu deiner Schwester Freudentag;
Ein edles Bündniß, edles Kind, erwartet dich
Mit ihm, der Nereïde göttergleichem Sohn.
620 Hieher zu mir, an meine Seite tritt, o Kind,
Zur Mutter, Iphigeneia, daß die fremden Frau'n
Mich selig preisen, wenn du so mir nahe stehst;
Hieher, und beut dem theuren Vater deinen Gruß!
(gegen Agamemnon gewandt)
Du, meines Lebens höchster Ruhm, Agamemnon, Fürst!
625 Nicht ungehorsam deinem Ruf, erschienen wir.

Iphigenia.

O Mutter, eil' ich entgegen ihm, (ach, zürne nicht!)
Dem Vater, drück' ich meine Brust an seine Brust?

Klytämnestra.

Der Lust genieße; liebtest du den Vater doch
Stets mehr als alle Kinder, die mein Schooß gebar.

Iphigenia.

630 Wie freut mich's, Vater, dich zu sehn nach langer Zeit!

Agamemnon.

Und mich — die Tochter! Was du sagst, uns beide gilt's.

Iphigenia.
Willkommen! Schön war's, daß du mich zu dir beriefst!
Agamemnon.
Schön oder nicht schön, Tochter, wie man's nehmen mag!
Iphigenia.
Du blickst so traurig und verstört, und siehst mich gern?
Agamemnon.
635 Ein Fürst, ein Feldherr hat der Sorgen mancherlei.
Iphigenia.
Sei jezt bei mir nur, denke nicht an Sorgen mehr.
Agamemnon.
Auch bin ich eben ganz bei dir, nicht anderswo.
Iphigenia.
Verbanne denn die Falten, sieh mich heiter an.
Agamemnon.
Mich freut es, dich zu sehen, wie mich's freuen kann.
Iphigenia.
640 Und dennoch strömen Zähren aus dem Auge dir?
Agamemnon.
Wohl; eine Trennung, lang und schwer, steht uns bevor.
Iphigenia.
Ich weiß, ich weiß nicht, liebster Vater, was du meinst.
Agamemnon.
Verständig redend stimmst du mich noch trauriger.
Iphigenia.
So red' ich unverständig, wenn's dich heiter stimmt.
Agamemnon.
645 Ha, schweigen kann ich länger nicht! — Ich lobe dich.
Iphigenia.
Daheim bei deinen Kindern bleib, o Vater, bleib!

Agamemnon.
Gern wollt' ich; daß ich's nicht vermag, bekümmert mich.

Iphigenia.
Fluch allem Krieg und Uebel, das Menelaos schuf!

Agamemnon.
Fluch bringt es erst noch Andern, was mir Fluch gebracht.

Iphigenia.
650 Wie lange warst du ferne schon in Aulis' Bucht!

Agamemnon.
Und immer hemmt noch Etwas unsre Weiterfahrt.

Iphigenia.
Wo, sagt man, Vater, wohnt es denn, das Phrygervolk?

Agamemnon.
Wo Paris sollte nimmermehr geboren sein.

Iphigenia.
Du schiffst so weit weg, Vater, und verlässest mich?

Agamemnon.
655 Zum gleichen Ziel mit deinem Vater kommst auch du.

Iphigenia.
Wie glücklich, könnt' ich deiner Fahrt Genossin sein!

Agamemnon.
Auch deiner harrt noch eine Fahrt, wo du mein gedenkst.

Iphigenia.
Mit meiner Mutter, oder reis' ich dann allein?

Agamemnon.
Allein, getrennt vom Vater und der Mutter fern.

Iphigenia.
660 In andre Häuser bringst du mich, o Vater, wohl?

Agamemnon.
Laß solches; das zu wissen, ziemt Jungfrauen nicht.

Iphigenia.
Komm bald von Troja, wenn du dort es wohl bestellt.
Agamemnon.
Ein Opfer opfern muß ich noch vor Allem hier.
Iphigenia.
Mit Priestern überlege denn den frommen Brauch.
Agamemnon.
665 Du wirst's erfahren, bei dem heiligen Wasser stehn.
Iphigenia.
Wir werden Reigen tanzen am Altare dann?
Agamemnon.
Du bist so glücklich, mehr als ich; Nichts ahnest du.
Doch tritt hinein, Kind, daß die Mädchen dort dich seh'n;
Gib mir die Hand noch, biete mir den Schmerzenskuß,
670 Nun du vom Vater scheiden sollst auf lange Zeit.
O Busen und ihr Wangen und o blondes Haar,
Wie schweren Jammer lud auf euch die Phrygerstadt
Und Helena! Doch ich schweige; denn schnell dringt ein Strom
Aus meinen Augen, wenn dich so mein Arm umfängt.
675 So geh' ins Zelt nun!
(Iphigenia geht ab.)
　　　　　　　　　Du vergib es meinem Schmerz,
O Tochter Leda's, fandst du mich zu tief bewegt,
Weil unser Kind mit Thetis' Sohne ziehen soll.
Zwar glücklich ist ein Vater, dennoch schmerzt es ihn,
Kommt nun die Trennung, wenn hinaus in fremdes Haus
680 Er gibt die Töchter, die er mühevoll erzog.
Klytämnestra.
Nicht so gefühllos bin ich; glaube mir, auch mich
Wird gleicher Schmerz ergreifen, ohne daß du mahnst,
Wann ich zum Brautfest unser Kind geleiten soll;

Doch Zeit und Sitte werden ihn besänftigen.
685 Den Namen kenn' ich dessen, dem du sie versprachst;
Doch seine Heimat, sein Geschlecht erführ' ich gern.

Agamemnon.
Aegina ward Asopos' Tochter einst genannt.

Klytämnestra.
Und wer der Menschen, welcher Gott umarmte sie?

Agamemnon.
Zeus selbst, und zeugt' Oenone's Herrscher, Aeakos.

Klytämnestra.
690 Wer seiner Söhne folgt' im Reich dem Aeakos?

Agamemnon.
Peleus; und Peleus hatte Nereus' Kind gefreit.

Klytämnestra.
Nach Wunsch des Gottes? Oder troz der Götter Schluß?

Agamemnon.
Der Vater übergab sie, Zeus verlobte sie.

Klytämnestra.
Wo ward die Göttin ihm vermählt? In Meeres Flut?

Agamemnon.
695 Wo Cheiron wohnt, auf heiligen Höhen Pelions.

Klytämnestra.
Da, wo Kentauren wohnen, wie man sagen hört?

Agamemnon.
Dort fei'rten Peleus' Ehrentag die Himmlischen.

Klytämnestra.
War's dieser, oder Thetis, die den Sohn erzog?

Agamemnon.
Cheiron, damit er fliehe böser Menschen Art.

Klytämnestra.
700 Ein Meister, weise, weiser, der ihn diesem gab!

Agamemnon.
Ein solcher Mann wird Gatte deiner Tochter sein.
Klytämnestra.
Ein Mann, untadlich; wo in Hellas waltet er?
Agamemnon.
Im Reiche Phthia's um den Strom Apidanos.
Klytämnestra.
Dorthin entführt er dein und mein geliebtes Kind?
Agamemnon.
705 Dafür hat er zu sorgen, der die Braut erringt.
Klytämnestra.
Sie seien glücklich! Welches Tags vermählst du sie?
Agamemnon.
Sobald des Mondes segenvoller Kreis sich füllt.
Klytämnestra.
Vermählungsopfer brachtest du der Here schon?
Agamemnon.
Ich werd' es; eben ordnen wir das Opfer an.
Klytämnestra.
710 Und also nachher feierst du das Ehrenmahl?
Agamemnon.
Wenn ich geopfert, was ich Göttern opfern muß.
Klytämnestra.
Wir aber, wo bereiten wir den Frau'n das Mahl?
Agamemnon.
An Hellas' schöngebognen Ruderschiffen hier.
Klytämnestra.
Schlimm, doch die Noth gebietet; also mag es sein!
Agamemnon.
715 Frau, was du thun sollst, höre nun und folge mir.

Klytämnestra.
Was ist es? Dir zu folgen, war ich stets gewohnt.

Agamemnon.
Ich werd' am Orte, wo der Bräutigam verweilt, —

Klytämnestra.
Was ohne mich, die Mutter? Was, das mir geziemt —?

Agamemnon.
Ihm deine Tochter geben vor den Danaern.

Klytämnestra.
720 Und wo verweilen sollen wir zu dieser Zeit?

Agamemnon.
Geh' heim nach Argos, und der Mädchen warte dort.

Klytämnestra.
Mein Kind verlassen? Wer erhebt die Fackel dann?

Agamemnon.
Ich will die Leuchte tragen, die der Braut gebührt.

Klytämnestra.
Das ist der Brauch nicht; achtest du denn das für Nichts?

Agamemnon.
725 Nicht ziemen will sich's, daß du weilst im Heergewühl.

Klytämnestra.
Wohl ziemt der Mutter, daß sie selbst ihr Kind vermählt.

Agamemnon.
Auch, daß die Mädchen nicht allein zu Hause sind.

Klytämnestra.
In festen Frauenzimmern sind sie wohl verwahrt.

Agamemnon.
Gehorche!

Klytämnestra.

Nein, bei Argos' Götterkönigin!
730 Du geh' und ordne draußen dein Geschäft; daheim
Will ich bestellen, was der Braut zu reichen ziemt.
(ab.)

Agamemnon.

Weh!
Ich rang umsonst, und meine Hoffnung ward getäuscht,
Aus meinen Augen mein Gemahl entfernt zu sehn.
Ich sinn' und klügle, wider meine Theuersten
735 Arglist erdenkend; doch erlieg' ich überall.
Ich eile nun zu Kalchas, will vom Seher noch,
Was lieb der Göttin und für mich so traurig ist,
Das Leid von Hellas, näher auszuforschen gehn.
Wohl muß ein folgsam edles Weib der weise Mann
740 Im Hause hegen, oder nehm' er lieber keins!
(ab.)

Der Chor.
Strophe.

Ziehn denn wird zu des Simois
Silberglänzenden Strudeln,
Hellas, deine versammelte Macht
Auf Meerschiffen, mit Waffen und Wehr,
745 Ilion zu, nach Troja,
Des Phöbos heiligem Grund;
Wo, wie wir vernommen, Kassandra
Läßt flattern goldenes Haar,
Prangend in grünendem Lorbeerkranz,
750 Wenn machtvoll des prophetischen
Gottes begeisternder Hauch sie fortstürmt.

Gegenstrophe.

Und stehn werden auf hoher Burg
Troja's und um die Mauern

Troër, wann mit dem ehernen Schild
755 Ares in schöngeschnäbeltem Schiff
Ueber die See mit Rudern
Der Flut des Simoïs naht,
Aus Priamos' Lande die Schwester
Der Aethersöhne des Zeus,
760 Helena, heimzugeleiten nach
Hellas' Gauen mit streitbaren
Lanzen und Schilden der Söhn' Achäa's.
    Schlußgesang.
Pergamos, die phrygische Burg,
Rings um steinerne Thürme,
765 Schließt er ein mit blutigem Speer;
Häupter, vom Nacken gelöst,
Entrafft er, wieder stürzt er
Die Feste Troja's in Staub,
Weckt viele Thränen den Jungfrau'n
770 Und Priamos' edlem Gemahl.
Helena, Tochter des Zeus,
Wird trauernd in Zähren sich baden,
Daß sie dem Gatten entflohn. O mögen mir
Und den Kindern der Kinder nie
775 Solche Ahnungen kommen,
Wie goldschimmernde Lyderfrau'n
Und der Phryger Gattinnen bald
Aufschrecken am Webstuhl,
Wenn dort eine zur andern spricht:
780 „Wer wird uns am lockigen Haar,
Uns in Thränen schwimmend dahin
Schleppen und trennen vom sinkenden Vaterland?
Deine Schuld ist's, Tochter des Schwans mit hohem Hals,

Wenn die Sage wahr erzählt,
785 Daß der geflügelte Vogel
Liebend Leda berückt,
Da sich Zeus gewandelt in ihn,
Und eitle Dichtungen nicht
Auf piërischen Tafeln uns
790 Sterbliche täuschten zur bösen Stunde."

Achilleus.
(tritt auf)

Wo find' ich ihn, der Argos' Heeren hier gebeut?
Wer seiner Diener sagt ihm an, daß, suchend ihn,
Der Sohn des Peleus, daß Achilleus weilt am Thor?
Denn harrt man am Euripos nicht in gleichem Sinn?
795 Die Einen, nicht gebunden durch der Ehe Band,
Verließen öde Zimmer dort und sitzen hier
Am Strand mit Andern, die Gemahl und Kind daheim
Gelassen: solch ein unerhörter Drang befiel
Nach diesem Heerzug Alle, wohl erregt von Gott.
800 Was ich für recht erkenne, sag' ich also wohl;
Ein Andrer, hat er's nöthig, rede selbst für sich.
Vom Vaterhause schied ich, aus Pharsalos' Land,
Und am Euripos harr' ich hier bei schwachem Wind,
Die Myrmidonen haltend, die mich immerdar
805 Bestürmend fragen: „was, Achilleus, zögern wir?
Wie lange währt's noch, bis wir ziehn nach Ilion?
Thu, was du thun willst, oder führ' heimwärts das Heer,
Und warte nicht mehr, zaudern Atreus' Söhne noch."

Klytämnestra.

O Sohn der Nereïde, deiner Worte Laut
810 Vernahm ich innen im Gemach und trat heraus.

Iphigenia in Aulis.

Achilleus.
O heilige Scham! Was seh' ich? Welch ein Frauenbild
In würdevoller Schöne Glanz erblick' ich hier?

Klytämnestra.
Mich wundert dein Verkennen nicht; du sahst mich nie
Zuvor, und schön ist, daß du fromme Scheu bewahrst.

Achilleus.
815 Wer bist du? Was erscheinst du hier in Argos' Heer,
Die Frau vor Männern, die der Eisenschild bedeckt?

Klytämnestra.
Ich bin der Leda Tochter, Klytämnestra ist
Mein Name, König Agamemnon mein Gemahl.

Achilleus.
In kurzem Worte sagst du schön, was schicklich ist;
820 Doch ungeziemend wäre mir Gespräch mit Frau'n.

Klytämnestra.
Seltsam! Warum entfliehst du? Gib zu glücklichem
Beginn des neuen Bundes dein' in meine Hand.

Achilleus.
Wie sagst du? Dir ich meine Hand? Ich müßte wohl
Agamemnon scheun, berührt' ich, was mir nicht geziemt.

Klytämnestra.
825 Gar wohl geziemt es, da du dich mit meinem Kind
Vermählst, o Sohn der Thetis, die das Meer bewohnt.

Achilleus.
Vermählen? Ich? Lautloses Staunen faßt mich, Frau,
Wenn nicht im Irrwahn etwa du so seltsam sprichst.

Klytämnestra.
Uns alle pflegt, sobald wir neue Freunde sehn,
830 Scheu anzuwandeln, wenn die Red' auf's Freien kommt.

Achilleus.
Ich freite nie um deine Tochter, Königin,
Noch sprachen Atreus' Söhne mir davon ein Wort.
Klytämnestra.
Was mag doch das sein? Wundre du dich wiederum
Ob meinem Wort; mir lautet deines wunderbar.
Achilleus.
835 Bedenk' es; nachzudenken ziemt uns beiden hier;
Vielleicht betrog uns beide nur ein leer Geschwäz.
Klytämnestra.
Schmachvolle Kränkung! Eine Hochzeit stift' ich da,
An welcher Nichts ist, scheint es; wie beschämt bin ich!
Achilleus.
Wohl trieb ein Schalk nur seinen Spott mit mir und dir;
840 Doch achte das nicht, nimm es hin mit leichtem Sinn.
Klytämnestra.
Leb wohl! Dich anschaun kann ich nicht mit offnem Blick,
Nachdem ich, Schnödes duldend, ward zur Lügnerin.
Achilleus.
Ich rufe dir das Gleiche zu. Nun deinen Herrn
Zu suchen, geh' ich ungesäumt in dieses Zelt.

Der Greis öffnet das Zelt; die Vorigen.
Der Greis.
845 Edler Fremdling, Aeakide, bleibe noch! Dich red' ich an,
Den der Göttin Schooß geboren, und, o Leda's Tochter, dich.
Achilleus.
Wer, das Thor halb öffnend, ruft hier? Ruft er doch,
                          wie außer sich.
Der Greis.
Sklave bin ich, kann darauf nicht trozig thun; mein Stand
                          verwehrt's.

Achilleus.

Wessen? Nicht der meine; fremd sind Agamemnons Diener mir.

Der Greis.

850 Dieser Frau; vom Vaterhause gab mich ihr Tyndareos.

Achilleus.

Nun, wir stehn. Sprich, was begehrst du? Wozu hältst du mich zurück?

Der Greis.

Aber seid ihr beide wirklich auch allein an diesem Thor?

Achilleus.

Rede; wir sind ganz allein hier. Tritt heraus zum Königszelt!

Der Greis.

Hohes Glück und meine Vorsicht, rette, die ich retten will!

Achilleus.

855 Lange dehnt sich seine Rede, gar gewichtig thut der Mann.

Klytämnestra.

Zögre nicht, bei deiner Rechten, wenn du was entdecken willst!

Der Greis.

Wer ich sei, wie zugethan dir und den Kindern, weißt du ja.

Klytämnestra.

Wohl; ich weiß, von alter Zeit her dienst du meinem Hause schon.

Der Greis.

Weißt auch, daß in deiner Mitgift Agamemnon mich empfing.

Klytämnestra.

860 Ja, du kamst mit uns nach Argos, und der Meine warst du stets.

Der Greis.
Also war's, und dir ergeben bin ich, mehr als deinem Herrn.
Klytämnestra.
Nun enthüll' uns endlich Einmal, was du mitzutheilen hast.
Der Greis.
Morden will dein Kind der Vater, der's gezeugt, mit eigner Hand.
Klytämnestra.
Was? Entsezen weckt dein Wort mir; bist du nicht bei Sinnen, Greis?
Der Greis.
865 O der Armen! Mit dem Mordstahl trifft er ihr den weißen Hals.
Klytämnestra.
Ueber mich Elende! Rasend also wäre mein Gemahl?
Der Greis.
Ganz bei Sinnen, rast er gegen dich und deine Tochter nur.
Klytämnestra.
Und warum denn? Welcher unheilschwangre Geist hat ihn berückt?
Der Greis.
Götterspruch' aus Kalchas' Munde, daß Achäa's Heere ziehn —
Klytämnestra.
870 Ziehn wohin? Weh mir und weh ihr, die der Vater morden will!
Der Greis.
Troja zu, dem Arm des Gatten zuzuführen Helena.
Klytämnestra.
Also bringt Iphigeneien Helena's Rückkehr den Tod?
Der Greis.
Alles weißt du: deine Tochter opfert er der Artemis.

Klytämnestra.
Doch die Heirat, die von Haus mich lockte, was erlog er die?

Der Greis.
875 Daß du gern die Tochter brächtest als Achilleus' junge Braut.

Klytämnestra.
Kind, du selbst und deine Mutter, weh, zum Tode kamen wir!

Der Greis.
Kläglich, was ihr beide duldet, gräßlich, was der König that!

Klytämnestra.
Hin ich Arme! Länger birgt mein Auge nicht die Thräne mehr.

Der Greis.
Bittre Thränen, wenn die Mutter um verlorne Kinder weint!

Klytämnestra.
880 Doch woher, Greis, kam von diesem dir so sichre Kunde zu?

Der Greis.
Bringen sollt' ich dir ein andres Schreiben nach dem ersten Brief.

Klytämnestra.
Welches abrieth oder nochmals sie zum Tode führen hieß?

Der Greis.
Das dir abrieth; umgestimmt war dein Gemahl zur Milde nun.

Klytämnestra.
Doch warum denn, Alter, gabst du nicht an mich das Schreiben ab?

Der Greis.
885 Mir entriß es Menelaos, welcher all' dies Leid erweckt.

Klytämnestra.
Edles Kind der Nereide, Sohn des Peleus, hörst du das?
Achilleus.
Ja, du bist unglücklich, hört' ich; auch das Meine drückt mich schwer.
Klytämnestra.
Einen Bund mit dir erlügend, morden sie die Tochter mir.
Achilleus.
Ich auch grolle deinem Gatten, und so leicht hin nehm' ich's nicht.
Klytämnestra.
(fällt ihm zu Füßen)
890 Ohn' Erröthen dir zu Füßen fall' ich, eine Sterbliche,
Dir, dem Sprößling einer Göttin. Doch worauf denn troz' ich auch?
Könnte mir wohl Etwas theurer als des Kindes Leben sein?
Rette denn, du Sohn der Göttin, mich in meinem Leid und sie,
Die noch eben deine Braut hieß, zwar mit Unrecht; aber doch
895 Hab' ich sie für dich bekränzt, als deine Braut hierhergeführt;
Und zum Tode ging die Fahrt nun! Ew'ge Schmach kommt über dich,
Wenn du sie nicht rettest. Wird sie nicht als Gattin dir vereint,
Wardst du doch der armen Jungfrau süßer Bräutigam genannt.
Bei dem Kinn, bei dieser Rechten, bei der Mutter fleh' ich dir;
900 Uns verdarb dein Name, dieser werde nun auch unser Schuz!

Iphigenia in Aulis.

Kein Altar, in dessen Hut ich fliehen kann, als diese Knie,
Auch kein Freund ist uns zur Seite. Meines Gatten grau-
sames
Unterfangen ward dir kund; ich stehe, wie du siehst, ein
Weib,
Unter meisterlosen Banden, die zu bösen Thaten frech,
905 Wacker sind, sobald sie mögen. Breitest du kühn deinen Arm
Ueber mich, sind wir gerettet; ohne dich verderben wir.

Der Chor.
Hart sind die Weh'n der Mütter; doch der Liebe Reiz
Treibt alle, daß sie gerne sich für Kinder mühn.

Achilleus.
Erhabnen Sinnes schwingt sich hoch mein Geist empor;
910 Mit Maße lernt' er traurig sein im Ungemach,
Mit Maß sich freuen, wenn das Glück die Segel schwellt.
Denn solches ist bedächtig weiser Menschen Art,
Die sichern Schrittes ungeirrt durch's Leben gehn.
Wohl Fälle sind, wo's frommt, nicht allzuweise sein,
915 Und andre wieder, wo die Weisheit nützlich ist.
Ich, einst im Haus des frömmsten Mannes großgenährt,
Des Cheiron, ward zu schlichter Sinnesart gewöhnt,
Und bin des Atreus Söhnen, wo sie Rühmliches
Gebieten, folgsam, aber nie zu schnöder That;
920 Nein, hier, und dort in Troja, will ich freien Sinns,
So viel an mir ist, Ares' Ruhm verherrlichen.
Dir aber, die von ihren Liebsten Grauses litt, —
Was dir ein Jüngling geben kann, gewähr' ich dir,
Und schlinge voll Erbarmen meinen Arm um dich;
925 Nie soll die Jungfrau sterben durch des Vaters Hand,
Die mein genannt ward; nimmermehr, um solchen Trug
Zu flechten, geb' ich deinem Gatten mich dahin.

Mein Sohn', obwohl er keinen Stahl geschwungen hat,
Wird deines Kindes Mörder. Zwar dein Gatte trägt
930 Die Schuld; indeß nicht ohne Schuld erschein' ich selbst,
Wird meinethalb, um meinen Ehebund, das Kind
Geopfert, die das gräßlich Ungeheure trägt,
Zu grauser, unverdienter Schmach entwürdiget.
Ich wär' in Argos' Heere wohl der feigste Mensch,
935 Ich wäre Nichts, Menelaos wäre, traun, ein Mann,
Sohn eines Unholds, nicht des Peleus Sohn, bin ich,
Wenn dein Gemahl auf meinen Namen morden darf.
Bei Jenem, der in feuchtem Wellengrunde wohnt,
Nereus, der Thetis Vater, welche mich gebar,
940 Anrühren soll Agamemnon deine Tochter nicht,
Nicht ihr Gewand mit seines Fingers Spitze nur;
Sonst hieße Sipylos eine Stadt, dies Fleckchen im
Barbarenlande, wo der Feldherrn Ahn gewohnt,
Und Phthia wäre namenlos, mein Name Nichts!
945 Herb soll das Salzschrot werden und die Weiheflut
Dem Seher Kalchas! Was denn ist ein Seher auch,
Der wenig Wahres unter viel Unwahrem sagt
Im guten Falle? Trifft er fehl, ihm geht es hin.
Nicht dieser Hochzeit wegen (denn nach meiner Hand
950 Sind tausend Jungfrau'n lüstern) hab' ich das gesagt,
Nein, weil der Fürst Agamemnon Schmach auf uns gehäuft.
Erbitten mußt' er meinen Namen sich von mir,
Sein Kind hieher zu locken. Wenn die Mutter dann,
Sie mir zu geben, vom Gemahl sich stimmen ließ,
955 So gab ich sie für Hellas, wenn nur so die Fahrt
Nach Troja möglich wurde; nicht versagt' ich es
Dem Wohl des Volkes, das mit mir zu Felde zog.
Nun aber bin ich diesen Heergebietern Nichts;

Gleich gilt es ihnen, ob sie recht thun oder schlecht.
960 Bald soll das Schwert entscheiden, das ich röthen will
Mit Blut, des Mordes Flecken, eh's nach Troja kommt,
Wenn deine Tochter Einer mir entreißen will.
Sei ruhig! Sichtbar kam ich dir ein starker Gott;
Und bin ich kein Gott, werd' ich doch für dich es sein.

Der Chor.

965 O Sohn des Peleus, deiner würdig war das Wort,
Und werth der hohen Göttin, die im Meere thront.

Klytämnestra.

Wie lobt dich meine Rede nicht zu sehr und nicht
Zu spärlich, daß du deine Huld mir nicht entziehst?
Denn edlen Männern, die man lobt, sind Lobende
970 Wohl gar zuwider, wenn sie loben ohne Maß.
Auch trag' ich Scheu, den Jammer, der nur mich berührt,
Dir vorzuklagen, dem ja fremd mein Leiden ist.
Doch ziemt's dem wackern Manne wohl, des Leidenden
Sich anzunehmen, wenn er ihm auch ferne steht.
975 So fühle Mitleid; wohl bin ich mitleidenswerth:
Dich Sohn zu nennen wähnt' ich erst und täuschte mich
Mit leerer Hoffnung; dann vielleicht auch schreckt dir einst
Mit schwarzer Vorbedeutung mein gemordet Kind
Dein künftig Hochzeitbette: davor hüte dich!
980 Nein, schön beginnend sprachst du, schön auch endige!
Du darfst nur wollen, und gerettet ist mein Kind.
Sprich, soll sie flehend deine Knie' umschlingen? Das
Ziemt nicht für Jungfrau'n; aber wenn du's also willst,
So wird sie kommen, züchtig und mit offnem Blick.
985 Doch, wenn sie nicht kommt, werd' ich auch von dir er=
hört?

Achilleus.
Sie bleibe drinnen! Rühmlich ist ihr solche Zucht.
Klytämnestra.
Doch ziemt Verschämtheit nur so weit es thunlich ist.
Achilleus.
Nein, führe deine Tochter nicht heraus zu mir,
Daß uns, o Frau, kein schnöder Vorwurf treffen mag.
990 Ein Heer, versammelt und des Hauses Sorgen fern,
Liebt üble Reden, faul Geschwäz aus bösem Mund.
Zu gleichem Ziele kommt ihr, ob du flehend nahst,
Ob aller Bitten dich entschlägst; mir ist es ja
Der höchste Kampfpreis, kann ich euch von Leid befrein.
995 Eins höre noch und wisse: Lügen red' ich nicht;
Doch, red' ich Lügen, spott' ich dein mit eitlem Wort,
So mög' ich sterben, — leben, lebt dein Kind durch mich!
Klytämnestra.
Sei glücklich allzeit, wenn du schirmst Unglückliche!
Achilleus.
Nun höre, daß sich Alles wohl vollenden mag.
Klytämnestra.
1000 Was wirst du sagen? Hören muß ich wohl auf dich.
Achilleus.
Nochmals zum Bessern stimmen wir den Vater um!
Klytämnestra.
Er ist ein Feigling, fürchtet allzusehr das Heer.
Achilleus.
Doch Gründe werden Gründe wohl bewältigen.
Klytämnestra.
O kalte Hoffnung! Aber sprich: was soll ich thun?
Achilleus.
Bitt' ihn vor Allem, daß er seines Kindes schont,
Und widerstrebt er, eile gleich zu mir zurück.

Denn rühren deine Bitten ihn, bedarf es mein
Nicht weiter; so ja würde sie gerettet sein.
Auch ich erscheine besser vor dem Freunde dann,
1010 Und schelten kann mich nicht das Heer, vollend' ich's mehr
Mit Ueberlegung und Vernunft als mit Gewalt.
Und geht es wohl von statten, wird es dich erfreun
Und deine Lieben, ohne daß ihr mein bedürft.

Klytämnestra.

Du sprachst besonnen: thu' ich denn, wie dir's gefällt!
1015 Doch wenn ich nicht erreiche, was mein Herz begehrt,
Wo seh' ich dann dich wieder? Wohin muß ich gehn,
Um deine Hand zu finden, die mich schirmt in Noth?

Achilleus.

Ich hüte dich als Hüter, wo du deß bedarfst.
Doch daß dich Niemand aufgeregt durch Argos' Heer
1020 Hinstürzen sehe, daß du nicht dein Vaterhaus
Entwürdigst! Wahrlich, Tyndaros verdient es nicht,
Beschimpft zu werden, der so groß in Hellas ist.

Klytämnestra.

So sei's; gebiete! Dir gehorchen muß ich wohl.
Und gibt es Götter, wartet dein, gerechter Mann,
1025 Ein schöner Lohn; gibt's keine, weßhalb müh'n wir uns?

(Beide gehen ab zu verschiedenen Seiten.)

Der Chor.

Strophe.

Welchen Gesang, Hymen, vereint libyscher Flöt',
Und von der tanzliebenden Laut'
Und von Rohrschalmeien umtönt,
Erhobest du jubelnd,
1030 Da zu dem Göttergelag' auf Pelions Höhn
Die schönlockigen Musen, mit

Goldenen Sohlen im Tanze
Sich schwingend, erschienen,
Zum Brautfeste des Peleus,
1035 In tonreichem Gesang Thetis und ihn, Aeakos' Sohn,
Auf kentaurischem Gebirge feiernd
Und durch Pelions Haine.
Und Dardanos' Enkel, den
Sich Zeus zum Geliebten erkor,
1040 Goß himmlischen Trank des Nektar
In den goldenen Bauch des Pokals,
Der Phryger Ganymedes.
Neben in schimmerndem Sande, sich rasch
Umdrehend im Kreis, feierten
1045 Alle die fünfzig Töchter des Nereus
Hochzeitliche Reigen.

Gegenstrophe.

Fichten im Arm, grünende Laubkronen im Haar,
Kamest du, gaultummelnder Schwarm,
Ihr Kentauren, zum Göttermahl
1050 Und Bacchos' Pokalen.
Und die thessalischen Jungfrau'n sangen im Chor:
„Nereus' Tochter, ein hohes Licht
Kündigte, der die Geschlechter
Von den Musen erforscht hat,
1055 Cheiron dir an und Apollon,
Das zum herrlichen Land Troas die speerschwingende Schaar
Führt, schildtragende Myrmidonen,
Troja mit Glut zu verheeren,
Um den Leib mit der goldnen Wehr,
1060 Dem Werk des Hephästos, geschmückt,
Das der göttliche Held sich anlegt,

Ein Geschenk der Erhabenen, die
Den Glücklichen geboren!"
Also begingen die Götter das Fest
1065 Der Ersten aus Nereus' Stamm,
Thetis, der edeln Tochter, Vermählung
Mit des Aeakos Sohne.

Schlußgesang.

Doch dir, o Kind, drückt Argos' Heer auf das Haupt
Einen Kranz, in's lockige Haar,
1070 Wie dem Rind, das, unberührt vom Joch, aus felsiger
Bergkluft
Sich an den Strand verirrt; sie tauchen
In der Jungfrau Nacken den Stahl,
Die nicht bei der Syring' erwuchs,
Noch bei' sugenden Hirten, nein,
1075 Still aufblüht' in der Mutter Schooß,
Helden zur Braut bestimmt!
Wo vermag die Scham, wo der Tugend Antliz
Irgend hinfort machtvoll zu gebieten,
Wenn das Laster die Uebermacht
1080 Siegend errang, und der Tugend Gesez
Von den Menschen verhöhnt wird,
Unrecht über das Recht gebeut,
Und nicht Alle vereint sich mühn,
Den Zorn der Götter zu meiden?

Klytämnestra. Agamemnon. Iphigenia. Der Chor.
Klytämnestra.

1085 Ich trat heraus, nach meinem Gatten umzuspähn,
Der sein Gemach hier lange schon verlassen hat.
Und drinnen schwimmt in Thränen mein unselig Kind,

Und bricht in tausend Jammertön' abwechselnd aus,
Seitdem sie weiß vom Tode, den der Vater droht.
(Agamemnon tritt auf)
1090 Doch, den ich eben nannte, sieh, er kommt heran,
Dieser Agamemnon, der am eignen Kinde so
Unmenschlich frevelt, wie sich bald enthüllen wird.

Agamemnon.
Gelegen treff' ich außerhalb des Zeltes dich,
O Tochter Leda's, dir ein Wort, dem Mädchen fern,
1095 Zu sagen, das für Bräute nicht zu hören ziemt.

Klytämnestra.
Was ist's, wozu dir günstig scheint der Augenblick?

Agamemnon.
Entsende mit dem Vater aus dem Zelt das Kind:
Denn wohlbereitet steht ja schon das heilige
Weihwasser, Salzmehl, das der Sühnungsflamme harrt,
1100 Und Färsen, welche schwarzes Blut ausdampfen, die
Vor unserm Brautfest Artemis als Opfer heischt.

Klytämnestra.
Schön lauten deine Worte; doch wie deine That
Ich schön bezeichnend nennen soll, ich weiß es nicht.
(Sie ruft in das Zelt hinein)
Tritt nun heraus, o Tochter, (was der Vater will,
1105 Du weißt es Alles,) und gehüllt in dein Gewand
Bring' auch Orestes, deinen Bruder, mit heraus.
(Iphigenia tritt mit Orestes aus dem Zelte)
Sieh, Vater, dir gehorchend steht die Tochter hier.
Das Andre sag' ich alles selbst für mich und sie.

Agamemnon.
Was weinst du, Tochter, siehest nicht mehr heiter aus,
1110 Und senkst den Blick zur Erde, hältst den Schleier vor?

Iphigenia.

Ach!
Wo heb' ich in der Fülle meiner Leiden an?
Beginnen kann ich überall, wo mir's beliebt,
Beim lezten und beim mittlern, wie beim ersten Leid.

Agamemnon.

Was gibt es, daß ihr alle so zusammenstimmt?
1115 Unmuth, Bestürzung, Trauer spricht aus eurem Blick!

Klytämnestra.

Antworte wahr auf meine Fragen, mein Gemahl.

Agamemnon.

Wozu die Mahnung? Frage nur; ich bin bereit.

Klytämnestra.

Dein Kind und meines wolltest du dem Tode weihn?

Agamemnon.

Unselig Wort! Du ahnest, was du nicht gesollt.

Klytämnestra.

Sei ruhig,
1120 Und gib zuerst auf jene Frage mir Bescheid.

Agamemnon.

Sobald du schicklich fragtest, hörst du Schickliches.

Klytämnestra.

Nicht anders frag' ich, rede du nicht anders mir.

Agamemnon.

Erhabne Schicksalsmächte, du, mein böser Geist!

Klytämnestra.

Auch mein, auch ihr Geist! Drei Verlorne theilen ihn.

Agamemnon.

1125 Wem that ich Leides?

Klytämnestra.
Wissen willst du das von mir?
Du, kaum so schlau noch, zeigst dich hier nicht eben schlau.
Agamemnon.
Ich bin verloren! Mein Geheimniß ist entdeckt!
Klytämnestra.
Wohl weiß ich, hört' ich Alles, was du mir bestimmst.
Dies Schweigen selbst und deine vielen Seufzer sind
1130 Der Schuld Bekenntniß. Mühe dich mit Worten nicht.
Agamemnon.
Sieh doch, ich schweige; füg' ich doch Schamlosigkeit
Durch Lügenreden nimmermehr zu meiner Noth!
Klytämnestra.
So höre nun! In offner Rede will ich dir
Entgegentreten, nicht versteckt in Räthseln mehr.
1135 Erst nahmst du — dieses rück' ich dir am ersten vor —
Mich wider Willen zum Gemahl, und raubtest mich,
Nachdem du mir den frühern Gatten Tantalos
Erschlugst, und meinen Säugling, den du meiner Brust
Entrafft gewaltsam, auf dem Grund zerschmettertest.
1140 Für mich, die Schwester, zogen dann Zeus' Söhne wohl,
Auf Rossen schimmernd, wider dich zum Kampf hinaus;
Doch Tyndareus, mein grauer Vater, schirmte dich —
Du flehtest knieend — und ich wurde wieder dein.
Mit dir versöhnt nun, war ich dir und deinem Haus,
1145 Auch du bezeugst es, eine tadellose Frau,
In Liebe treu und züchtig, und des Hauses Glanz
Dir mehrend, daß dich Wonne, wenn du tratst herein,
Und Seligkeit durchzückte, wenn du weiter gingst.
Ein selt'nes Glück ist's, wenn der Mann ein solches Weib
1150 Erringt; die bösen Frauen sind nichts Seltenes.

Iphigenia in Aulis.

Den Sohn gebar ich außer drei Jungfrauen dir,
Wovon du eine jammervoll mir rauben willst,
Und fragt man dich, weßhalb du diese tödten willst.
Was wirst du sagen? Oder soll ich's thun für dich?
1155 „Daß Menelaos Helenen gewinne." Schön,
Sein Kind als Preis zu geben für ein schnödes Weib!
Mit unserm Liebsten kaufen wir das Häßlichste.
Sieh, wenn du fortziehst und daheim mich lässest, Herr,
Und dort die lange, lange Zeit abwesend bist:
1160 Wie wird im Hause, glaubst du, mir zu Muthe sein,
Erblick' ich alle Stühle leer, wo diese saß,
Und leer die Frauenzimmer, siz' in Thränen stets
Allein, und singe dieses Klagelied von ihr:
„Ermordet hat dich, Tochter, der dir Leben gab,
1165 Dein Vater selbst, kein Andrer, nicht durch fremde Hand,
Und ließ für dich dem Hause solchen Lohn zurück."
Geringen Vorwand wahrlich nur bedarf es da
Für mich und meine Töchter, die mir blieben sind,
Dich, kehrst du heim, zu grüßen, wie du's würdig bist.
1170 Bei allen Göttern, zwinge mich doch nicht, an dir
Zur Frevlerin zu werden, noch sei du's an uns.
Wohlan!
Du wirst die Tochter opfern; dann wie betest du?
Was wirst du Gutes dir erflehn bei Kindesmord?
Schmachvolle Heimkehr, wie du schlecht vom Hause zogst?
1175 Doch mir geziemt wohl, Gutes dir herabzuflehn?
Traun, unverständig müßten mir die Götter dann
Erscheinen, wär' ich Mördern liebevoll gesinnt.
Heimkehrend drückst du deine Kinder wohl an's Herz?
Du darfst es nimmer! Welches Kind auch möchte dich
1180 Anblicken, wenn du eines kalt ermordetest?

Dies hatt' ich dir zu sagen. Oder gilt bei dir
Allein das Zepter, mußt du blos Heerführer sein?
Nein, vor dem Heere ziemte dir ein wackres Wort:
„Achäer, wollt ihr schiffen nach dem Phrygerland?
1185 So werft das Loos denn, wessen Tochter sterben soll."
Das wäre billig, aber nicht, daß du dein Kind
Als auserlesnes Opfer botst den Danaern.
Menelaos, ihm gilt euer Zug, er opfere
Die Tochter für die Mutter! Was soll ich, die treu
1190 Den Gatten liebte, mich beraubt des Kindes sehn,
Und sie, die schnöde Buhlerin, zu Sparta sich,
Heimkehrend, ihrer Tochter freun und glücklich sein?
Antworte hierauf, wenn ich unrecht redete;
Doch wenn ich wohl gesprochen, o dann wirst du nicht
1195 Dein Kind und meines morden, wirst besonnen sein.

Der Chor.
O gib ihr nach! Die Kinder retten ist so schön,
Agamemnon; dieses widerspricht kein Sterblicher.

Iphigenia.
Besäß' ich Orpheus' Liedermund, o Vater, nur,
Um Felsen mir durch seine Zauber nachzuziehn,
1200 Und, wen ich wollte, durch mein Wort zu bändigen:
Versucht' ich's also. Nun besteht all meine Kunst
In Thränen, diese geb' ich; das vermag ich ja.
Statt eines Oelzweigs heft' ich an dein Knie mich selbst,
Dein Kind, o Vater, welches diese dir gebar:
1205 Nicht opfre meine Blüthe, (süß ist Leben ja!)
Noch stoße mich in ewig finstre Nacht hinab!
Zuerst hab' ich dich Vater, du mich Kind genannt,
Zuerst an deine Kniee schmiegt' ich meinen Leib,
Und gab und nahm der Liebe süßen Zoll von dir.

1210 Da pflegtest du zu sagen: „Tochter, werd' ich auch
Dich glücklich einst in eines Mannes Hause sehn,
In Lebenskraft und Blüthe, wie's mein würdig ist?"
Ich aber sprach dann, um das Knie dir angeschmiegt,
An das ich flehend rühre nun mit dieser Hand:
1215 „Werd' ich den alten Vater, werd' ich dich dereinst
Gastfrei bewirthend unter meinem Dache sehn,
Die Mühn vergeltend, die du pflegend mir geweiht?"
Ich denke noch an diese Reden; aber du
Vergaßest Alles, gibst dem Tode mich dahin.
1220 Beim Vater Atreus, bei dem Ahn Pelops und ihr,
Der Mutter, die mit Schmerzen mich geboren einst,
Und nun von Neuem diesen Schmerz erdulden soll!
Was gehen mich denn Paris an und Helena?
Warum, o Vater, brachte mir ihr Bund den Tod?
1225 Sieh her, o gönn' uns deinen Blick und einen Kuß,
Damit ich sterbend dieses Denkmal doch von dir
Empfange, wenn dich meine Rede nicht bewegt!
Mein Bruder, zwar ein schwacher Helfer bist du nur
Den Deinen, dennoch weine mit und fleh' ihn an,
1230 Den Vater, deine Schwester nicht zu tödten. Traun,
Ein Mitgefühl der Leiden spricht aus Kindern auch.
O siehe! Schweigend, Vater, fleht dein Sohn zu dir;
So laß dich denn erbitten, laß mein Leben mir.
Zwei deiner Lieben flehn dich an bei deinem Kinn:
1235 Unmündig noch ist Einer; ich, herangereift,
Gedrängt in Ein Wort faß' ich aller Gründe Kraft:
Dies Licht der Sonne schauen ist das Süßeste,
Der Tod so graunvoll. Rasend, wer zu sterben wünscht!
Ein traurig Leben besser, als ein schöner Tod!

Der Chor.

Weh, Helena!
1240 Durch dich und deine Liebe sind in schwerem Kampf
Die Kinder Atreus' wider ihr Geschlecht entbrannt.

Agamemnon.

Ich kenne Mitleid, wo das Mitleid mir geziemt,
Und liebe meine Kinder; denn ich raste sonst.
Entsezlich ist mir's, diese That zu wagen, Frau,
1245 Entsezlich, sie zu lassen; doch ich muß sie thun.
Ihr seht des Schiffheers große hier vereinte Macht,
Der Fürsten Hellas' große Zahl im Erzgewand;
Zur Veste Troja's finden sie niemals die Bahn,
Erobern niemals Ilion's gepriesnen Siz,
1250 Wofern ich dich nicht opf're, wie der Seher spricht.
Ein wild Verlangen sezt' in Wuth Achäa's Heer,
In Eile hinzusteuern nach dem Phrygerland,
Zu wehren, daß man Hellas' Frau'n hinfort entführt.
Sie morden, widerstreb' ich diesem Gottesspruch,
1255 Die Töchter mir in Argos, morden euch und mich.
O Tochter, nicht Menelaos unterjochte mich,
Und nicht in seinen Willen hab' ich mich gefügt;
Nein, Hellas zwingt mich, dem ich, wollend oder nicht,
Dich opfern muß, an Hellas scheitert unsre Macht.
1260 Denn frei, so viel, o Tochter, du vermagst und ich,
Muß Hellas werden, — nicht Barbaren unterthan,
Sich seine Frauen mit Gewalt entreißen sehn.

(ab.)

Klytämnestra.

Mein Kind! Ihr Frau'n!
Ich Elende, weh! Du stirbst! Er entflieht,
1265 Dein Vater, und gibt dich dem Tode dahin.

Iphigenia.

Weh mir! O Mutter, o Mutter! Das nämliche
Klaglied stimmt ein zu Beider Geschick;
Nicht mehr ist es mein,
Dies Licht und die Strahlen der Sonne.
1270 Wehe, wehe dir.
Schneebedeckter Phrygerwald,
Und euch, Ida's Berge, wo den zarten Sohn
Priamos, von Mutterbrust
Weggerafft, zu grausenvollem Tode hingeworfen einst,
1275 Dich, o Paris, der Idäer
Hieß, Idäer in der Stadt der Phryger hieß!
Hätt' er ihn, der unter Rindern
Dort erwuchs ein Rinderhirt,
Alexandros, nie verbannt
1280 An die krystallene Flut, wo die Bäche der Nymphen
Sich ergießen und rings
Grün auf Wiesen und Au'n Blumen erblühn, rosige und
Hyacinthene, zu pflücken von der Göttinnen Hand!
Dorthin kam Pallas einst, es kam
1285 Die verschlagene Kypris
Und Here; Hermes auch,
Des Zeus Bote, kam,
(Kypris, stolz auf ihren Liebeszauber,
Auf die Lanze Pallas, Here
1290 Auf des Herrschers Zeus königliches Bett,)
Zu dem verhaßten Spruch, der Schön' unseligem Streit,
Der mir den Tod bringt, aber Ruhm,
O Frau'n, den Danaïden.

Der Chor.

Dich empfängt
Als erstes Opfer Artemis für Ilion.

Iphigenia.

1295 Der mich Jammervolle zeugte,
O Mutter, er entflieht, verläßt, verräth mich.
Ich Arme, daß ich sie gesehn, die falsche, falsche Helena!
Nun mordet, nun vernichtet mich
Des frevelhaften Vaters frevelhafter Stahl.

1300 Ach, hätte doch nimmer die Schiffe
Mit den ehernen Schnäbeln, die Fichten,
Nach Troja zu segeln bestimmt,
In der Bucht hier Aulis empfangen!
O sandte doch nie

1305 Zeus widrigen Wind am Euripos,
Zeus, der Anderen mildere Hauche
Wehn läßt, daß sie der Segel sich freuen,
Andern die Bängniß, Andern Bedrängniß,
Glückliche Abfahrt Diesen und Eile,

1310 Jenen die Weile!
Ach, vielduldend ja schon, vielduldend ja
Sind die Söhne des Tages! Wozu noch neues Leid
Für die Menschen erfinden?

Der Chor.

Weh, großes Unheil, große Noth
1315 Brachte Tyndars Tochter über Hellas' Volk!
Mich jammert dein, daß dieses unheilvolle Loos
Auf dich hereinbrach; hätt' es dich niemals ereilt!

Iphigenia.

Mutter, du, die mich geboren! Männerschaaren seh' ich dort.

Klytämnestra.

Kind, es ist der Sohn der Göttin, dem ich dich hierher gebracht.

Iphigenia.

1320 Oeffnet mir das Thor, ihr Diener, daß ich mich verbergen
kann.

(sie will fort.)

Klytämnestra.

Was entfliehst du, Kind?

Iphigenia.

Achilleus, ihn zu sehen trag' ich Scheu.

Klytämnestra.

Und warum?

Iphigenia.

Erröthen macht mich dieser segenlose Bund.

Klytämnestra.

Solches Zartgefühl zu nähren, ziemt in deiner Lage nicht;
Bleibe denn; weg, eitler Anstand, wo der Schmerz uns
niederdrückt!

Achilleus.
(tritt mit einigen Bewaffneten auf)

1325 Armes Weib, o Tochter Leda's!

Klytämnestra.

Keine Lügen sagst du da.

Achilleus.

Wüster Lärm durchtobt das Lager —

Klytämnestra.

Lärm worüber? Sage mir!

Achilleus.

Deine Tochter —

Klytämnestra.

Böses weissagt dieses Wort, Verderben uns.

Achilleus.
Daß sie sterben soll —

Klytämnestra.
Und Niemand widersprach und wehrte dem?

Achilleus.
Ich gerieth darüber selbst auch in Gefahr —

Klytämnestra.
In welche, Freund?

Achilleus.
1330 Daß ich fast gesteinigt wurde —

Klytämnestra.
Wohl sie retten wolltest du?

Achilleus.
Dieses war's.

Klytämnestra.
Wer unterfing sich, legt' an dich die kühne Hand?

Achilleus.
Alle Griechen.

Klytämnestra.
Und es halfen dir die Myrmidonen nicht?

Achilleus.
Sie bedrohten mich am ersten —

Klytämnestra.
Kind, verloren sind wir denn!

Achilleus.
Schalten mich den Liebeskranken.

Klytämnestra.
Was versezteſt du darauf?

Achilleus.
1335 Daß ich nicht die mir Verlobte morden laſſe —

Iphigenia in Aulis.

Klytämnestra.
                         Ganz mit Recht.
Achilleus.
Die der Vater mir verheißen —
Klytämnestra.
                         Und von Argos dir entbot.
Achilleus.
Doch mich überschrie der Aufruhr.
Klytämnestra.
                         Furchtbar ist des Pöbels Wuth.
Achilleus.
Dennoch helf' ich dir.
Klytämnestra.
                         Und kämpfest, Einer mit den Tausenden?
Achilleus.
Siehst du diese hier in Waffen?
Klytämnestra.
                         Fromme dir dein edler Sinn!
Achilleus.
1340 Wohl, er wird mir frommen.
Klytämnestra.
                         Also wird sie nicht geopfert mehr?
Achilleus.
Nicht mit meinem Willen.
Klytämnestra.
                         Kommt denn Einer, der sie mir entreißt?
Achilleus.
Tausend' und voran Odysseus.
Klytämnestra.
                         Wohl der Sohn des Sisyphos?

Achilleus.
Eben der.

Klytämnestra.
Aus eignem Willen, oder angestellt vom Heer?

Achilleus.
Auserwählt, und willig.

Klytämnestra.
Schnöde Wahl zu frevelhaftem Mord!

Achilleus.
1345 Doch ich werd' ihm wehren.

Klytämnestra.
Reißt er fort die Widerstrebende?

Achilleus.
An des Hauptes blonden Locken.

Klytämnestra.
Aber ich — was thu' ich dann?

Achilleus.
Halte fest im Arm die Tochter.

Klytämnestra.
Hindert dieses ihren Tod?

Achilleus.
Freilich dahin wird es kommen.

Iphigenia.
Höret meine Reden an,
Mutter; ohne Grund ja seh' ich wider deinen Gatten dich
1350 Grollen: nimmermehr erkämpfen können wir Unmögliches.
Wohl gebührt um seinen Eifer diesem Freund ein großes
Lob;
Aber du mußt auch verhüten, daß das Heer dich nicht be=
schimpft,

Und wir doch Nichts weiter schaffen, während ihn Verderben trifft.
Was ich ruhig überlegend, Mutter, ausfann, höre nun:
1355 Sterben ist mein fester Vorsaz, und vollenden will ich es
Auch mit Ruhm, unedle Regung tilgend aus der edlen Brust.
Drum erwäge du mit uns jezt, Mutter, ob ich's wohl bedacht:
Mir hat Hellas' ganzes großes Volk die Blicke zugewandt,
Und auf mir ruht seiner Schiffe Fahrt und Troja's Untergang;
1360 Mir verdankt es, wenn der Fremdling künftig buhlt um seine Frau'n,
Daß er sie nicht mehr von Argos' sel'gem Land entführen darf,
Wann um Helena's Entführung Ilion Verderben traf.
Dieses Alles werd' ich sterbend schirmen, und mein Name lebt,
Weil ich Hellas' Volk befreite, selig fort in Ruhmesglanz.
1365 Denn warum sollt' auch das Leben mir vor Allem theuer sein?
Allen hast du mich geboren, allem Volk, nicht dir allein.
Viele tausend Männer werden, mit dem Schild am Arm bewehrt,
Tausend, die das Ruder schwingen, für's gekränkte Vaterland
Muthig auf den Feind sich stürzen, in den Tod für Hellas gehn:
1370 Sollte da mein einzig Leben allem Dem im Wege sein?
Wäre das gerecht, und welches Wort erwiedern könnt' ich hier?
Dieses auch noch laß mich sagen: nicht des Weibes wegen darf
Er zum Kampf mit allem Volke schreiten und zu Grunde gehn;

Eines Mannes Leben wiegt ja tausend Frauenleben auf.
1375 Und wofern als blutend Opfer Artemis mein Leben will:
Soll ich ihr entgegentreten, Göttern ich, die Sterbliche?
Nein! Unmöglich! Hellas geb' ich meinen Leib zum Opfer hin.
Tödtet mich, verwüstet Troja! Denn ein Denkmal ist mir dies
Ewig, das sind meine Kinder, meine Hochzeit und mein Ruhm.
1380 Hellas' Volke sei der Fremdling unterthan, doch, Mutter, nie
Fröhne Hellas' Volk den Fremden; Knechte sind sie, Freie wir!

Der Chor.
Wohl zeugt, o Jungfrau, dein Entschluß von edlem Sinn;
Doch grausam ist das Schicksal, grausam Artemis.

Achilleus.
Kind Agamemnons, selig machte mich ein Gott,
1385 Der dich in froher Ehe mir vereinigte.
Um dich beneid' ich Hellas, und um Hellas dich;
Denn edel sprachst du, sprachst des Vaterlandes werth,
Entsagst dem Kampf mit überlegner Göttermacht,
Und wählst das Schöne dir im Unabwendbaren.
1390 Noch größre Sehnsucht lebt in mir nach deiner Hand,
Seitdem ich, Hochgesinnte, schaut' in dein Gemüth.
Bedenk' es wohl; mich drängt es, Liebes dir zu thun,
Dich heimzuführen; Thetis weiß, tief schmerzt es mich,
Wenn ich im Kampf mit Argos dich nicht retten kann.
1395 Erwäge, Kind: ein furchtbar Uebel ist der Tod.

Iphigenia.
Nein, frei erklär' ich ohne Scheu vor Jedermann:
Durch ihre Schönheit weckte Männerkampf und Mord
Die Tyndaride schon genug; so darfst du denn
Um mich, o Freund, nicht sterben, Niemand tödten auch;
1400 Nein, laß mich Hellas retten, wenn ich's retten kann!

Iphigenia in Aulis.

Achilleus.
Erhabne Seele! Gegen dieses kann ich Nichts
Erwiedern, weil dir's so gefällt. Du denkst so groß!
Was sollt' ich nicht die lautre Wahrheit eingestehn?
Doch möglich, daß du diesen Schritt einmal bereust.
1405 So merke dieses lezte Wort aus meinem Mund:
Mit diesen Kriegern stell' ich beim Altar mich auf,
Nicht zuzulassen, nein, zu wehren deinen Tod.
Vielleicht, du machst von meinen Worten noch Gebrauch,
Wann deinem Nacken nahe du das Schwert erblickst.
1410 Nicht dulden werd' ich, daß du stirbst aus Unbedacht;
Mit diesen Kriegern eil' ich denn zum Heiligthum
Der Göttin, dort zu harren deiner Gegenwart.
(mit den Bewaffneten ab.)

Iphigenia.
Was nezen Thränen, Mutter, still das Auge dir?

Klytämnestra.
Ich habe Grund zu trauern, ich Unglückliche.

Iphigenia.
1415 Laß ab, mich weich zu stimmen; eins gewähre mir.

Klytämnestra.
Sprich; denn die Mutter, liebes Kind, versagt dir Nichts.

Iphigenia.
Von deinem Haupthaar schneide nicht die Locken ab,
Noch hüll' um deine Glieder dir ein schwarz Gewand.

Klytämnestra.
Was sagst du da, o Tochter? Wenn ich dich verlor?

Iphigenia.
1420 Das wirst du nicht; ich lebe, kröne dich mit Ruhm!

Klytämnestra.
Wie sagst du? Nicht betrauern soll ich deinen Tod?

Iphigenia.
Mit nichten: kein Grabhügel thürmt sich über mir.

Klytämnestra.
Wie das? Empfängt kein Grab den Hingeschiedenen?

Iphigenia.
Mein Hügel ist der zeusgebornen Göttin Herd.

Klytämnestra.
1425 Nun, Kind, ich will dir folgen; denn du sprachest schön.

Iphigenia.
Wohl bin ich selig, meines Land's Erretterin.

Klytämnestra.
Was soll ich deinen Schwestern noch verkündigen?

Iphigenia.
Auch diese, Mutter, hülle nicht in schwarz Gewand.

Klytämnestra.
Sag' ich von dir den Mädchen nicht ein freundlich Wort?

Iphigenia.
1430 Ein Lebewohl. Oresten zieh zum Manne groß!

Klytämnestra.
Zum leztenmale siehst du den; umarm' ihn noch.

Iphigenia.
Nach Kräften, Liebster, standest du den Deinen bei.

Klytämnestra.
Kind, kann ich dir in Argos etwas Liebes thun?

Iphigenia.
Dies: hasse meinen Vater, deinen Gatten nicht.

Klytämnestra.
1435 Der muß um dich noch manchen schweren Kampf bestehn.

Iphigenia.
Er gab mich ungern in den Tod für Hellas hin.

Klytämnestra.
Ehrlos, mit Trug, nicht wie's des Artreus würdig war.

Iphigenia.
Wer geht mich führen, eh man mich an den Locken faßt?

Klytämnestra.
Ich gehe mit dir —

Iphigenia.
Nimmermehr: das wäre schlimm!

Klytämnestra.
1440 An dein Gewand mich hängend.

Iphigenia.
Mutter, folge mir,
Und bleibe: schöner stände dies uns beiden an.
Von meines Vaters Dienern hier mag Einer mich
Zur Au der Göttin führen, wo ich bluten soll.

Klytämnestra.
Du gehst, o Kind?

Iphigenia.
Und kehre nimmermehr zurück.

Klytämnestra.
1445 Verlässest deine Mutter?

Iphigenia.
Ruhmvoll, wie du siehst.

Klytämnestra.
Halt, nicht verlaß mich!

Iphigenia.
Mutter, weinen darfst du nicht.

Doch ihr, o Jungfrau'n, stimmet an um mein Geschick
Zeus' hoher Tochter, Artemis, ein fröhliches
Loblied; ein Segenszeichen sei's den Danaern!
1450 Heran mit Opferkörben! Laßt um läuterndes
Salzmehl die Glut auflodern, und mein Vater soll
Rechtshin den Herd umwandeln: denn siegreiches Heil
Zu bringen geh' ich, Hellas, dir, mein Vaterland!
So führt mich hin, Ilion's,
1455 Phrygia's Bezwingerin!
Reicht Blumenkronen, mich zu kränzen;
Diesem Haare ziemt ein Kranz.
Sprenget heilig Wasser,
Schlingt Reigen um den Tempel,
1460 Um den Altar, Artemis,
Artemis, die selige
Herrscherin besingend, daß ich, wenn es gilt,
Tilge das Gottesorakel
Durch mein Blut, mein Opfer.

Der Chor.

1465 O würdige, würdige Mutter, sieh, wir bringen hier
Unsere Thränen dir dar;
Denn beim Opfer ziemt es nicht.

Iphigenia.

Wohlauf, ihr Jungfrauen, preist Artemis mit mir,
Die Chalkis gegenüber thront,
1470 Wo die Kriegesspeere noch um meinetwillen
In Aulis' engen Buchten hier verweilen.
Heil, Heil dir, Mutterland, Pelasgia,
Und dir, Mykenä, meine Heimat!

Iphigenia in Aulis.

Der Chor.
Die Burg des Perseus nennst du, die
1475 Kyklopenarme gründeten.

Iphigenia.
Ihr zogt mich auf zu Hellas' Heil,
Und nicht zu sterben weigr' ich mich.

Der Chor.
Drum lebst du stets im Ruhme fort.

Iphigenia.
Wohlauf! Fackelträger Tag, und du,
1480 Lichtstrahl des Zeus! Ein andres Leben,
Ein andres Loos thut sich uns leuchtend auf.
Fahre wohl, du süßes Licht!

Der Chor.
Wohlauf! O seht sie hier, Ilion's,
Phrygia's Bezwingerin,
1485 Hingehn, mit Kränzen geschmückt ihr jugendlich Haupt,
Und besprengt mit Weihflut,
An der Göttin blutigem
Altar in Blut ihr Leben auszuströmen,
Wann der Mordstahl ihr den schönen Nacken fällte!
1490 Quellen, dargereicht vom Vater,
In heiligen Strömen harren dein,
Und Argos' Heer, das zur Stadt
Ilion's zu kommen strebt.
Aber laßt der Tochter Zeus'
1495 Uns flehen, Artemis, der Götterfürstin,
Daß sie sende günstig Loos.
Ehrwürdige, die der Menschenopfer sich
Erfreut, geleit' in's Phrygerland
Hellas' Heer, geleite sie

1500 Nach dem verschlagnen Sitz Ilion's,
Und laß Agamemnon für
Hellas' Speere den herrlichsten Kranz
Und seinem eignen Haupt
Dauernden Ruhm sonder End' erringen!
(Ein Bote tritt auf.)
Der Bote.
1505 O Tyndaride, Klytämnestra, tritt hervor
Aus deinem Zelte, daß du hörst des Boten Wort.
Klytämnestra.
Vernehmend deiner Stimme Laut, erschien ich hier,
Ich Arme, zitternd und betäubt in banger Furcht.
Du kommst, ein neues Ungemach zum alten Leid
1510 Mir kundzuthun.
Der Bote.
Von deinem Kinde will ich nur
Dir Wunderbares melden, nie Gesehenes.
Klytämnestra.
So säume nicht, und ohne Zögern sage mir's.
Der Bote.
Geliebte Fürstin, deutlich hörst du Jegliches.
Von Anbeginn erzähl' ich, wenn mein wirrer Sinn
1515 Nicht beim Erzählen etwa mir die Zunge lähmt.
Sobald im opferreichen Hain der Artemis
Wir angekommen und den blumenreichen Au'n,
(Wo rings Achäa's Heeresmacht versammelt stand,)
Dein Kind geleitend; augenblicks umdrängten uns
1520 Argeierschaaren. Als der Fürst Agamemnon jetzt
Sein Kind zum Opfer in den Hain herwandeln sah;
Da seufzt' er und ergoß sich, abgewandt das Haupt,
In Thränen, bergend in's Gewand der Augen Licht.

Doch jene trat an ihres Vaters Seite nun,
1525 Und sprach die Worte: „Vater, sieh, da bin ich schon,
Und biete froh zu meines Vaterlandes Wohl,
Für alles Land von Hellas biet' ich meinen Leib
Freudvoll zum Opfer am Altar der Artemis
Den Führern, wenn es also will der Gottesspruch.
1530 So viel an mir ist, seid beglückt, und Siegesdank
Erringend, kehrt zum Vaterlande froh zurück.
Darum berühre Keiner mich von Argos' Heer;
Ich biete schweigend ohne Furcht den Nacken dar."
Und also sprach sie; Jeder, der das Wort vernahm,
1535 Staunt' an der Jungfrau Tapferkeit und Heldensinn.
Talthybios, vortretend, wie sein Amt es war,
Gebot sofort andächtig Schweigen allem Volk.
Der Seher Kalchas legte dann den Opferstahl,
Den scharfen, den er blinkend aus der Scheide zog,
1540 In goldnen Korb, und kränzte deiner Tochter Haupt.
Der Sohn des Peleus aber nahm den Korb, zugleich
Das heilige Wasser, und umlief den Festaltar.
Er sprach: „O Göttin Artemis, Thiertödterin,
Die klares Licht hinschlängelt durch die dunkle Nacht,
1545 Empfange dieses Opfer, das wir spenden dir,
Achäa's Heer und Agamemnon, unser Fürst,
Des schönen Jungfraunackens unentweihtes Blut,
Und gib den Schiffen unversehrte Fahrt, und laß
Die Zinnen Troja's untergehn durch unsern Speer!"
1550 Zur Erde blickend standen Atreus' Söhn' und wir;
Da nahm der Priester seinen Stahl und betete,
Und spähte nach dem Halse, wohl zu treffen ihn.
Mich überfiel schmerzvolle Wehmuth, und ich stand
Nachsinnend; plötzlich bot sich uns ein Wunder dar;

1555 Denn deutlich hörte Jeder wohl des Schlages Fall,
Doch schaute Niemand, wo hinab das Mädchen schwand.
Da schrie der Opferpriester, schrie das ganze Heer,
Als wider Hoffen ihrem Aug' ein Bild erschien,
Ein gottgesandtes, das, gesehn, nicht Glauben fand.
1560 Denn bange zappelnd lag ein Hirsch am Boden da,
Von hohem Wuchs und herrlich, dessen frisches Blut
In Strömen rings der Göttin Opferherd benezt.
Und Kalchas nun — mit welcher Freude, meinst du? — rief:
„O Fürsten ihr von Hellas' hier vereinter Macht,
1565 Erblickt ihr dort das Opfer, das zum Festaltar
Gesandt die Göttin, einen Hirsch der Bergeshöhn?
Anstatt der Jungfrau wählt sie den zum Opfer sich,
Daß nicht den Altar edles Blut entheilige.
Freudvoll empfing sie dieses, sendet guten Wind
1570 Zur Fahrt, vergönnt uns Ilion's Eroberung.
Drum fasset Muth, ihr Schiffsgefährten all', und geht
Zu Schiffe; denn an diesem Tage müssen wir
Von Aulis' hohler Winkelbucht abziehen und
Aegäermeer durchsegeln." Und als völlig nun
1575 Das Opferthier Hephästos' heller Strahl verzehrt:
Da fleht' er ziemend, daß die Seefahrt glücklich sei.
Mich sendet Fürst Agamemnon, das dir kundzuthun,
Zu sagen, welch ein Schicksal ihr vom Himmel ward,
Und daß ihr Ruhm in Hellas unvergänglich sei.
1580 Ich war zugegen, sah es, und verkünde dir's:
Gewiß, zum Siz der Götter ist dein Kind entschwebt.
Laß denn die Trauer, und dem Gatten zürne nicht.
Unvorgesehn kommt über Menschen Gottes Rath;
Er rettet, wen er lieb hat. Dieser Tag, o Frau,
1585 Sah deine Tochter sterben und zum Lichte fliehn.

Iphigenia in Aulis.

Der Chor.
Wie freut es mich zu hören, was der Bote sagt,
Daß deine Tochter lebend bei den Göttern weilt!

Klytämnestra.
Kind, welcher Unsterbliche hat dich entrückt?
Wie red' ich dich an?
1590 Was sag' ich? Die Botschaft wurde doch nicht,
Mich zu trösten, erdacht, mir den traurigen Gram
Um dich aus der Seele zu bannen?

Der Chor.
Sieh doch, hier kommt der Gebieter heran,
Agamemnon selbst;
1595 Er kann dir das Gleiche verkünden.

Agamemnon.
Der Tochter wegen sind wir hochbeglückt, o Frau;
Denn wahrlich unter Göttern ist ihr Aufenthalt.
Jezt nimm in deinen Armen auf dies junge Reh,
(auf seinen Sohn Orestes zeigend)
Und eile heimwärts; denn das Heer gedenkt der Fahrt.
1600 Leb wohl! Nach langen Monden red' ich wiederum
Zu dir, von Troja kommend; mögst du glücklich sein!

Der Chor.
Freudvoll zieh' hin in der Phryger Gebiet,
Sohn Atreus'; freudvoll kehre zurück
Mit der herrlichsten Beute von Troja!

Anmerkungen zu Iphigenia in Aulis.

Vers 7. Im ersten Anapäst ist die Länge in zwei Kürzen aufgelöst, so wie statt der beiden Kürzen im Anfang eine Länge gesezt.

8. L. Ἑλένης ἥσσων.

11. Euripos heißt die Meerenge, welche die Insel Euböa von Böotien scheidet; dort lagen die Hafenstädte Chalkis und Aulis, nur durch eine Brücke gesondert, einander gegenüber.

14. Aulis, eine Stadt in Böotien, wo die nach Troja bestimmte Hellenenflotte vor Anker lag.

22. Wir tilgen mit Hermann τό τε φιλότιμον und beziehen die folgenden Worte auf τὸ καλόν.

34. Dies Täfelchen hier. Eine Schreibtafel aus Fichtenholz, die mit Wachs überzogen war, und worauf man mit einem eisernen Griffel schrieb.

45. Tyndaros (Tyndareos, Tyndareus), König von Sparta, Gemahl der Leda, Vater der Helena und der Klytämnestra.

Anmerkungen zu Iphigenia in Aulis.

Vers 56. L. ἄψαιτ᾽ ἄθραυστα.

70. Troja's Sohn, Paris oder Alexandros.

75. Ida, ein Berg in Troas, auf dem Paris in seiner Jugend als Hirte gelebt hatte.

83. Für κᾴτα l. κάρτα.

90. Die Tochter Leto's und des Zeus, Artemis.

93. εἶπον drückt die Absicht, den Willen, den Versuch aus. „Ich wollte dem Herold Talthybios gebieten, das ganze Heer abzubanken." Ebenso ist V. 1330 zu fassen: μῶν κόρην σώζων ἐμήν; „Wohl, indem du meine Tochter zu retten beabsichtigtest?"

119. Zu dem Busen Euböa's, zu der Landzunge von Euböa, auf welcher Chalkis lag.

123. Der Pelide, des Peleus Sohn, Achilleus.

126. Die Worte: σοὶ σῇ τ᾽ ἀλόχῳ ziehen wir zu τόδε καὶ δεινόν.

133. Der Göttin Sohn, Achilleus, der Sohn der Meergöttin Thetis.

149. Die Kyklopen sollten die Mauern von Mykenä erbaut haben.

166. Arethusa, eine Quelle, die durch Chalkis floß.

175. Eurotas, ein Strom bei Sparta, wo Menelaos herrschte.

182. In Aulis hatte Artemis einen Tempel mit heiligem Haine.

190. Protesilaos, einer von den vielen Freiern der Helena, war der erste Hellene, der gleich nach der Landung vor Troja getödtet ward.

Vers 193. Palamedes, ein Sohn des Nauplios, welchen Poseidon mit Amymone erzeugt hatte: er soll das Schachspiel erfunden haben.

— 196. Meriones zog mit dem Kreterfürsten Idomeneus vor Troja.

— 199. Der Sohn des Laertes, Odysseus.

— 200. Nireus, Sohn des Charopos und der Aglaja, war nächst Achilleus der schönste unter den Hellenen, die vor Troja zogen.

— 230. In Phthiotis herrschte Peleus, der Vater des Achilleus.

— 231. Die Myrmidonen, Unterthanen des Achilleus.

— 237. Der Sohn des Melisteus, Euryalos.

— 242. Sonst führen die Alten zwei Söhne des Theseus an, Akamas und Demophon. Homer nennt als Führer der Athener den Menestheus und nur fünfzig Schiffe.

— 252. Leïtos war aus den von Kadmos gesäten Schlangenzähnen entsprossen.

— 270. Die Aenianen oder (wie Homer sie nennt) Enienen bewohnten Kyphos in Thessalien.

— 274. Epeier, so genannt von Epeios, einem König in Elis.

— 280. Die Bewohner von Taphos, einer der echinadischen Inseln, waren durch Seeräuberei berüchtigt.

— 320. **Deines Kind's aus Argos harrend.** Die Synkope in dem zweiten Worte entschuldigt sich durch den Vokal, mit welchem das folgende Wort anhebt.

— 346. L. συγχναίτ' ι', εἰ μὴ νεῶν und im folgenden Verse ἐμπλήσεις.

— 355. L. λέλησαι f. λέληψαι.

— 384. Sie trieb die Hoffnung zu dem Eide, indem jeder von ihnen die Helena zu gewinnen hoffte.

Anmerkungen zu Iphigenia in Aulis.

Vers 409. Die vorletzte Sylbe in „Iphigenia" hier verkürzt!

— 426. Man pflegte die Bräute durch ein der Artemis als Geburtsgöttin dargebrachtes Opfer zur Hochzeit einzuweihen.

455. ihr (Genitiv.) und ihrer, wie sein und seiner.

517. Odysseus war nach einer Sage nicht des Laertes, sondern des Sisyphos Sohn.

566. L. mit Hermann: $ἔμολες, ὦ Πάρι, μήτε σύ γε$ cet. utinam ne venisses illuc, neve armenta pavisses cet. Das dem zweiten Zeitworte vorangestellte $μήτε$ ist bei dem ersten Zeitworte zu ergänzen.

570. Olympos, ein alter Flötenspieler aus Phrygien, Schüler des Marsyas.

657. L. $ἔτ᾽ ἔστι καὶ σοὶ πλοῦς, ἵνα μνήσῃ πατρός$.

665. In dem heiligen Wasser reinigte man die Hände, bevor das Opfer geschlachtet ward.

— 689. Oenone, alter Name der Insel Aegina.

709. Vor dem Vermählungsfeste brachte man der Here als Vorsteherin der Ehen Opfer dar.

722. Die Mutter der Braut trug dem Brautzuge die Fackel vor.

724. L. $ἐχ ὁ νόμος οὗτος ἤ σὺ ταῦτ᾽ ἡγεῖ τάδε;$

— 731. Simois, ein Fluß bei Troja.

746. Phöbos hatte mit Poseidon die Mauern Troja's erbaut.

767. Für $πόλιν$ ist wohl $πάλιν$ zu lesen, mit Rücksicht auf die frühere Eroberung Ilions durch Herakles.

789. Pierische Tafeln, auf welche die Pieriden (die Musen) ihre Dichtungen schreiben.

— 798. L. $καὶ παῖδας$.

— 836. L. $ἄμφω γὰρ ἐψευδόμεθα$.

Anmerkungen zu Iphigenia in Aulis.

Vers 850. L. τῆςδε, τῶν πάροιθεν οἴκων Τυνδάρεω δόντος πατρός. Hujus: e domo prioro Tyndareus detit pater.

911. μετρίως ist auch zu dem ersten Infinitiv (ἀσχαλᾶν) zu ziehen.

923. Die Wortfolge ist: ἃ δὴ κατ' ἄνδρα γίγνεται νεανίαν, (ταῦτα) καταστελῶ, τοσοῦτον οἶκτον περιβαλών quae quidem per adolescentem fieri possunt, ea parabo, tantam induens tui commiserationem, oder (mit einem hier ganz entsprechenden Ausdrucke des Tacitus Annal. 14. 53) tantam tibi misericordiam circumdans.

942. In Sipylos, einer kleinen Stadt auf der Gränze Lydiens und Phrygiens, wohnte Tantalos, der Ahn der Feldherren Agamemnon und Menelaos.

944. L. Φθία δὲ τοὐμόν τ' οὐδαμοῦ κεκλήσεται.

945. Das Salzschrot, welches man den Opferthieren auf die Stirn streute. Die Weiheflut, das heilige Wasser, in welchem man vor dem Opfer die Hände wusch.

980. Für τέλη l. τέλει.

985. L. ἢ μὴ παρούσης ταὐτὰ τεύξομαι σέθεν;

1001. Nochmals, sagt Achillens mit Rücksicht auf die Worte des Greises V. 883.

1035. Des Aeakos Sohn, Peleus.

1051. Die thessalischen Jungfrauen, die Musen auf dem Pindos in Thessalien.

1063. L. καὶ μὴ κοινὸς ἀγὼν βροτοῖς.

1096. Wörtlich: „Was ist es, wozu die günstige Zeit von dir wahrgenommen wird?"

1137. Tantalos, der erste Gemahl der Klytämnestra, war ein Sohn des Thyestes, der ein Bruder des Atreus und Agamemnons Oheim war.

1140. Zeus' Söhne, Kastor und Polydeukes, die Brüder der Klytämnestra.

Anmerkungen zu Iphigenia in Aulis.

Vers 1157. L. τάχιστα τοῖσι φιλτάτοις ἀνώμεθα.

= 1166. L. πρὸ σῶ δόμοις.

= 1210 f. L. ἀρά σ', ὦ τέκνον, εὐδαίμον' ἀνδρὸς ἐν δόμοισιν ὄψομαι;

= 1272 ff. Als Hekabe mit dem Paris (oder Alexandros) schwanger ging, träumte ihr, sie gebäre eine Fackel. Dies sah man als eine Vorbedeutung an, daß Troja durch ihn sollte in Brand gesteckt werden; er wurde deßhalb von seinem Vater Priamos auf dem Ida ausgesezt; dort fand ihn ein Hirt und erzog ihn.

= 1291. Zu dem verhaßten Spruch, dem Ausspruche des Paris über die drei B. 1288 ff. genannten Göttinnen, welche von ihnen die schönste sei.

= 1292. θάνατον ist Apposition zu ἔριν, so wie φέροντα als Prädikat zu θάνατον gehört; μὲν bezeichnet hier „freilich", und deutet auf einen nicht ausgesprochenen und in Gedanken zu ergänzenden Nachsaz, wie V. 1316 (ἐγὼ μὲν οἰκτείρω) und V. 523 (φιλοτιμίᾳ μὲν ἐ. δ. κ. wo wir in der Uebersezung durch den Gedankenstrich andeuteten, daß Etwas zu ergänzen ist). Sinn: „den Streit, der aber mein Tod ist, welcher (Tod) freilich den Danaern Ruhm bringt." — In der Uebersezung ist eine andere Wendung gewählt worden.

= 1294. Artemis, die Schwester Apollons, der mit Poseidon die Mauern Ilions erbaut hatte, war, wie Apollon, den Troern geneigt.

= 1313. L. ἄνδρεσσι.

= 1324. L. ἵν' ὀδυνώμεθα.

= 1330. σώζων f. σώζειν βουλόμενος. S. zu V. 93.

= 1423. L. τί δαί; τὸ θνῆσκον οὐ τάφους κομίζεται;

= 1424. Die zeusgeborne Göttin, Artemis.

= 1445. L. ὡς ὁρᾷς γ' εὖ κἀξίως.

Vers 1476. L. ἰθρέψασθ' Ἑλλάδι με φάος. ἰθρέψατε steht mit Beziehung auf die beiden V. 1472 f. angeredeten Subjekte.

1479. Der fackeltragende Tag, der leuchtende Tag, der die Sonne heraufführt.

1490. Gemeint ist das von Agamemnon der Iphigenia vor der Opferung zum Händewaschen dargereichte Wasser.

IX.

Iphigenia in Tauri.

Personen.

Iphigenia, Tochter Agamemnons und der Klytämnestra.
Orestes, ihr Bruder.
Pylades, des Orestes Freund.
Thoas, König der Taurier.
Ein Hirt.
Ein Bote.
Pallas Athene.
Der Chor: hellenische Frauen und Jungfrauen, Dienerinnen der Iphigenia.

Der Schauplatz ist in Tauri.

Iphigenia.

Pelops, der Tantalide, kam in Pisa's Au'n
Mit schnellen Rossen, und gewann Hippodame:
Sie ward des Atreus Mutter: Atreus' Söhne sind
Menelaos und Agamemnon; dieser zeugte mich,
5 Der Tyndaride Tochter, Iphigenia,
Die bei den Strudeln, wo mit endlos düsterm Hauch
Euripos kräuselnd ewig thürmt die blaue Flut,
Der Vater wegen Helena's der Artemis
(So meint er) einst in Aulis stolzer Bucht erschlug.
10 Denn Agamemnon hatte dort zum Heereszug
Vereint der tausend Schiffe Macht aus Hellas' Reich,
Auf daß Agäa's Männer schönen Siegeskranz;
Von Troja sich erkämpften und der Helena
Beschimpftes Lager rächten nach Menelaos' Wunsch.
15 Doch als in grauser Stille rings verstummt der Wind,
Da bringt er Opfer, und vor ihm spricht Kalchas dies:
„Du, der du Hellas' Heereszug befehligest,
Agamemnon, eher segelt dir kein Schiff hinaus,
Als Artemis zum Opfer Iphigenia,
20 Dein Kind, empfangen; denn die schönste Frucht des Jahrs
Gelobtest du der Strahlengöttin einst zu weihn.
Und nun gebar im Hause Klytämnestra dir
Die Tochter: (also gab er mir der Schöne Preis;)

Sie mußt du opfern." Und Odysseus' Trug entriß
25 Zum Bund mit Peleus' Sohne mich der Mutter Arm.
Und als ich kam gen Aulis, ward (ich Elende!)
Auf hohem Holzstoß über mir der Stahl gezückt:
Doch mich entraffte Leto's Kind, an meiner Statt
Die Hindin sendend, durch des Aethers lichten Raum,
30 Und ließ mich hier im Taurerlande nieder, wo
Barbarenhorden ein Barbar Geseze schreibt,
Der, Flügeln gleich, die raschen Füße schwingt, und dem
Den Namen Thoas seine Schnelligkeit verlieh.
Er sezt in diesem Tempel mich zur Priesterin,
35 Wo nach dem Festgebrauche, dessen Artemis
Sich freut, die Göttin, welche schön von Namen nur,
(Vom Andern schweig' ich, hege vor der Göttin Scheu!)
Ich Jeden opfre, nach der Stadt uraltem Brauch,
Der aus Achäa's Volke dieses Land betritt.
40 Ich weihe nur das Opfer, Andre schlachten es
(O grause Pflicht!) im Innern dieses Heiligthums.
Welch neues Traumbild aber mir die Nacht gesandt,
Zum Aether will ich's rufen, bringt mir solches Trost.
Mir träumte, daß ich, fern' entrückt von diesem Land,
45 Daheim in Argos unter meinen Frau'n entschlief;
Der Erde Rücken unter mir erbebt', ich floh;
Und außen stehend, sah ich, wie des Hauses Sims
Einfiel, und alle Decken, ringsher eingestürzt,
Aus hohen Pfeilern auf den Grund hinschmetterten.
50 Nur Eine Säule blieb zurück vom Vaterhaus,
So träumte mir, und blondes Haupthaar floß hinab
Vom Knauf der Säule, die mit Menschenstimme sprach.
Und ich, gedenkend meines menschenmordenden
Geschäfts, begoß die Säule, wie zum Tod bestimmt,

55 Und weinte laut. Dies Traumgebilde deut' ich so:
Orestes starb, ich weihte selbst zum Opfer ihn.
Denn Säulen unsrer Häuser sind die Söhne ja,
Und Tod erdulden alle, die mein Bad besprengt.
Auf Anverwandte deuten kann ich nicht den Traum:
60 Denn Strophios hatte keinen Sohn, als ich verschwand.
So will ich nun dem Bruder Todtenopfer weihn,
Dem Fernen, Abgeschiednen, (dies vermag ich ja)
Mit Dienerinnen, die der Fürst uns beigesellt,
Hellenenfrauen. Aber was hält diese wohl
65 Noch immer ferne? — Geh' ich denn in's Haus hinein,
In dem ich wohne, meiner Göttin Heiligthum.

(ab.)

Orestes und Pylades,
(vom Meere her kommend)

Orestes.
Schau, sieh dich vor, ob Keiner auf dem Wege weilt.

Pylades.
Ich schaue, spähe, werfe ringsumher den Blick.

Orestes.
Dünkt das der Göttin Tempel dir, o Pylades,
70 Zu welchem wir von Argos über's Meer geschifft?

Pylades.
Mir wohl, Orestes; zweifle du auch nicht daran.

Orestes.
Und dies der Altar, dem Hellenenblut entströmt?

Pylades.
Von Blute wohl sind diese Seiten rothgefärbt.

Orestes.
Du siehst am Dachsims aufgehängt die Beute dort?

Pylades.

75 Siegesmale sind's von hingewürgten Fremdlingen.

Orestes.

Wohl muß man spähen, rings das Aug' umhergewandt. —
In welches Netz, o Phöbos, lockst du wieder mich
Durch dein Orakel, seit ich meines Vaters Blut,
Die Mutter mordend, rächte? Von den Erinnyen
80 Rastlos getrieben, flohen wir von Haus und Land,
Und manchen Irrlauf ohne Ruh vollendet' ich.
Ich ging dich fragen, wie das Ziel umschweifenden
Wahnsinns ich fände, wie das Ende meiner Mühn;
Und du gebotst mir, hinzuziehn in's Taurerland,
85 Wo deine Schwester Artemis Altäre hat,
Der Göttin Bild zu rauben, das (so sagt man hier)
In diesem Tempel einst herab vom Himmel fiel,
Und wenn ich das durch Listen oder Glück entwandt,
Und die Gefahr bestanden, es dem Volk Athens
90 Zu bringen: weiter wurde mir Nichts offenbart:
Und thät' ich also, würd' ich alles Leides los.
Ich kam, gehorsam deinem Wort, in dieses Land,
Das unbekannte, wilde. Doch — dich frag' ich nun,
Mein Pylades: (du theilst ja diese Noth mit mir)
95 Was sollen wir? Du siehst der Mauern ragende
Befestigungen. Suchen wir die Tempelwand
Hinanzuklimmen? Wie vermöchten wir's geheim?
So sprengen wir mit Hebeln eherne Riegel ein?
Hier, wo wir fremd sind? Aber öffnen wir das Thor,
100 Versuchen Einbruch, und ergreift man uns, so droht
Gewisser Tod uns. Eh wir sterben, fliehen wir
Zum Schiffe lieber, das uns trug an diesen Strand.

Pylades.

Flieh'n ist mir unerträglich, nicht in unsrer Art:
Nicht feig verachten dürfen wir des Gottes Spruch.
105 So bergen wir, vom Tempel abgewendet, uns
In Höhlen, die des Meeres dunkle Flut bespült,
Vom Schiffe fern, daß Keiner, der den Kahn erblickt,
Dem Herrn es meldet, und man uns gewaltsam greift.
Doch wenn das Auge schwarzer Nacht empor sich hebt,
110 So wage du's und rufe jede List heran,
Das stolze Bild zu rauben aus dem Heiligthum.
Sieh zwischen die Triglyphen durch, ob etwa Raum,
Dich dort hinabzulassen; denn Gefahren scheut
Der Tapfre nie, der Feige zittert überall.
115 Sind wir des Meeres lange Bahn nicht hergeschifft,
Und nun am Ziele lenkten wir die Fahrt zurück?

Orestes.

Wohl sprachst du; folg' ich deinem Wink! Nun geh' und sieh,
Wohin wir uns verbergen, heimlich, ungesehn.
Denn nicht am Gotte soll die Schuld erfunden sein,
120 Daß sein Orakel trüglich sei; so wagen wir's!
Beut doch dem Jüngling keine Noth Entschuldigung.

(Sie gehen ab.)

Der Chor.

Schweig' andachtvoll,
Du Volk am Euxeinos, das du die zwei
Sich begegnenden Felsanhöhen umwohnst!
125 O Geborene Leto's,
Bergliebende Jägerin,
Zu dem Vorhof deines Palastes
Mit der Säulen Gepräng' und den Zinnen von Gold
Setz' ich den heiligen jungfräulichen Fuß,

130 Dienend der heiligen Schlüsselbewahrerin,
Seitdem ich die Thürme von Hellas'
Roßreichem Gefild' und Europa, den Sitz,
Den unsere Väter bewohnten,
Voll prangender Bäume, verlassen. —
135 Hier sind wir; was gibt's? Was bekümmert dich so?
Was riefest du mich zu dem Tempel daher,
Du Tochter des Manns, der Ilions Höhn
Mit den Rudern genaht in gefeiertem Zug,
Mit der Schiff' Unzahl und von Kriegern umschaart,
140 Den gefeierten Söhnen Achäa's?

Iphigenia.

Ihr Sklavinnen, weh! Wie ward ich verstrickt
In unausweinbares Weinen,
In den Mislaut jammernder Klage,
Unholdes Gesangs,
145 Ach, ach, in dem Leide des Hauses,
Daß mich solch schweres Geschick traf,
Da die Zähre mir rinnt um den Bruder: er starb!
Solch schreckendes Traumbild wies mir die Nacht,
Die nun mit dem Dunkel dahinschwand!
150 Ich verging, ich verging; mein väterlich Haus
Ist nicht mehr, (wehe!) dahin mein Geschlecht!
Weh' über die Leiden in Argos!
Ach, unglückseliger Dämon, der
Du den Bruder mir raubst und den Einzigen mir
155 In den Hades entrückst! Ich bereite mich, ihm
Trankopfer zu weihn, und der Todten Pokal
Auf den Rücken der Erde zu gießen,
Und die Milch bergweidender Kühe,
Und den heiligen Trank des Lyäos,

160 Und das Werk hellschwirrender Bienen,
Was Sühnungen sind für die Todten.
So reiche das goldne Gefäß denn
Und die Spenden mir dar für den Hades!
Du, wohnend in Nacht, Agamemnons Kind,
165 Ich opfere dir, dem Geschiedenen, dies;
O empfang' es mit Gunst; ich kann auf das Grab
Nicht bräunliches Haar, nicht Thränen dir weihn.
Denn ich ward in die Ferne von deinem Gebiet
Und von meinem entrückt, wo, wie man gewähnt,
170 Ich Arme geschlachtet dahinsank.

Der Chor.

Ein Lied, antwortend dem Liede, Gesang
In barbarischem Ton, asiatischem Klang,
O Gebieterin, heb' ich dir an,
Die Gesänge der Trauer in Liedern,
175 Wie Hades ohne des Päans Laut
Anstimmt, den Entschlafnen geweiht.
Weh' über den Stamm der Atrejden! Das Licht
Einheimischer Zepter erloschen,
Und dahin dein Vatergeschlecht,
180 Und geschwunden die Macht
Der gesegneten Herrscher in Argos' Land!
Drangsal stürmt her auf Drangsal,
Da mit kreisendem Flügelgespanne,
Sein heiliges Aug' abwendend, der Gott
185 Die durchmessenen Bahnen zurückfloh.
Und zum anderen Leid kam anderes Leid
Um das goldene Lamm in der Herrscher Palast,
Mord auf Mord und Mühn auf Mühen.
Drum schreitet ihr Haus durch rächend der Geist

190 Der erschlagenen Tantalossöhne,
Und es stürzt in unheilbringendem Sturz
Sich ein Dämon auf dich.

     Iphigenia.

Mir grollt' er finster von Anfang,
Seitdem sich vermählte die Mutter,
195 Und seit der Nacht, da des Schicksals
Göttinnen das Loos strengbildender Zucht
In den werdenden Faden mir spannen,
Mir Erstlingssprossen von Atreus' Sohn,
Die Leda's Tochter, die arme,
200 Zum Morde dem frevelnden Vater,
Als grausenerregendes Opfer,
Gebar, erzog; da der Rosse Gespann
Das erkorene Mädchen im Wagen
Zu dem aulischen Sande dahintrug,
205 Als Braut, als unglückselige Braut
Dem erhabenen Enkel des Nereus.
Nun Gast ungastlicher Meere bewohn' ich die uneinladende
          Wildniß,
Ohne Kind und Gatten, ohne Freund und Heimat,
Ich, einst von hellenischen Freiern umschwärmt:
210 Nicht Argos' Hera besing' ich hier,
Noch wirk' ich der attischen Pallas Bild
Und titanischen Kampf auf buntes Gewand
Am lieblich ertönenden Webstuhl, nein,
Ich röthe den Grund der Altäre
215 Mit der Fremdlinge graunvoll blutigem Mord,
Die mit kläglichem Ton ausjammern ihr Leid,
Und in kläglichen Thränen zerfließen.
Doch nun ist dieses vergessen: um ihn,

Ich jammer' um ihn, der in Argos' erlag,
220 Um den Bruder allein, ach, den ich daheim
Als Säugling annoch, als Sprößling so zart,
In dem Arm und am Busen der Mutter verließ,
Mykenä's Herrscher, Orestes.

Ein Hirt. Iphigenia. Der Chor.
Der Chor.
Sieh da, vom Meergestade kommt ein Rinderhirt
225 Herangeeilt, dir Neues anzukündigen.

Der Hirt.
Tochter Agamemnons und der Klytämnestra Kind,
Vernimm das Neue, das ich dir zu melden kam.

Iphigenia.
Was weckt aus meiner Trauer mich erschütternd auf?

Der Hirt.
Im Lande sind, der Symplegaden blauem Fels
230 Zu Schiff entflohen, angelangt zwei Jünglinge,
Ein wohlgefällig Opfermahl der Herrscherin
Diktynna. Willst du nicht sofort Weihwasser ihr
Und Erstlingsopfer, wie's geziemt, beschleunigen?

Iphigenia.
Von wannen? Woher nennen sich die Fremdlinge?

Der Hirt.
235 Von Hellas; nur dies Eine weiß ich, weiter nicht.

Iphigenia.
Auch ihren Namen weißt du nicht uns kundzuthun?

Der Hirt.
Der Eine ward vom Andern Pylades genannt.

Iphigenia.
Der zweite Fremdling, sein Genoß, wie nennt sich der?

Der Hirt.
Das weiß dir Keiner; denn wir hörten nicht davon.
Iphigenia.
240 Wie sahet, fandet, griffet ihr die Fremdlinge?
Der Hirt.
Am fernsten Rand der wilden unwirthbaren See.
Iphigenia.
Was haben Rinderhirten mit dem Meer gemein?
Der Hirt.
Das Vieh zu baden gingen wir in Meeresthau.
Iphigenia.
Darauf zurück nun komme mir: wie grifft ihr sie,
245 In welcher Weise? Denn zu wissen wünsch' ich das.
Wohl ist es lange, daß der Göttin Opferherd
Von Blut der Hellassöhne nicht geröthet ward.
Der Hirt.
Wir trieben unsrer Rinder walddurchweidend Volk
In's Meer hinab, das durch die Symplegaden rauscht;
250 Da fand, von stetem Wogenschlag durchbrochen, sich
Ein hohler Fels, der Purpurfischer Aufenthalt.
Hier sah ein Hirte, der mit uns am Ufer stand,
Ein Jünglingspaar; er wandte seinen Schritt zurück,
Auf hohen Zehenspizen ihn beschleunigend,
255 Und rief den Andern: „Seht ihr nicht? Unsterbliche
Sind hier gelagert!" Und ein frommer Mann von uns
Erhob die Hände betend, als er sie gewahrt:
„O Sohn der Meeresherrscherin Leukothea,
Seegott Palämon, Schiffeshort, sei gnädig uns,
260 Auch ihr, o Dioskuren, wenn ihr weilt am Strand,
Und ihr, des Nereus Töchter, der mit Doris einst
Der fünfzig Nereïden edeln Chor gezeugt!"

Ein Andrer, eitel, trozig, voll Ruchlosigkeit,
Dies Flehn verhöhnend, meinte, daß Schiffbrüchige
265 In jener Schlucht sich bärgen, die von unserm Brauch
Gehört mit Schrecken, daß wir Fremde schlachteten.
Sein Wort gefiel den Meisten, und wir eilten schon,
Der Artemis ihr üblich Opfer einzufah'n.
Der eine Frembling tritt indeß zum Fels heraus,
270 Bleibt stehn, und schüttelt wild das Haupt hinab, hinauf,
Und Arm' und Hände zittern ihm, er stöhnt und seufzt,
Und schreit, von Wahnsinn umgestürmt, dem Jäger gleich:
„Erblickst du die da, Pylades? Gewahrst du nicht
Die dort, des Hades Schlange, die mich morden will,
275 Mit grausen Nattern wider mich zornvoll bewehrt?
Und Jene, schnaubend Glut und Mord, mit Flügeln am
Gewande, rudert, meine Mutter hoch im Arm,
Auf mich herabzuschmettern eine Felsenlast.
Sie wird mich tödten! Wie entfliehn?" Man konnte
Nichts
280 Von diesen Graungestalten sehn; er achtete
Der Rinder Brüllen und der Hunde dumpf Geheul
Für Laute, die der Eumeniden Zung' entströmt.
Wir, uns zusammenschmiegend, wie von Furcht betäubt,
Verharrten ruhig. Aber er entblößt das Schwert,
285 Stürzt auf die Rinder mitten los, dem Löwen gleich,
Und haut mit Stahl in die Weichen, stürmt in die Seiten ein,
Als wehr' er so der Eumeniden Wuth sich ab,
Daß hoch das Meer von rothem Blutschaum überwallt.
Und nun bewaffnet jeder Mann zum Streite sich,
290 Sobald er stürzen unsre Heerd' und sterben sieht,
Und bläst die Muscheln und beruft des Landes Volk;
Denn wider wohlgenährte, junge Fremblinge

Bedünkten Rinderhirten uns zu schwach im Kampf.
Und unser viele wurden wir in kurzer Frist.
295 Da stürzt der Fremdling nieder, frei vom Sturm der Wuth,
Sein Kinn von Schaume triefend. Als wir so nach Wunsch
Ihn liegen sahen, mühte sich ein Jeder ab
Mit Wurf und Stoße. Doch der Andre, sein Genoß,
Wischt ihm den Schaum ab, und bemüht sich viel um ihn,
300 Und hüllt in seines Mantels dicht Geweb' ihn ein,
Und merkt auf alle Wunden, die dem Freunde drohn,
Und nimmt mit jedem Dienste sich des Theuren an.
Nun rafft der Fremdling, wieder sein bewußt, sich auf,
Erkennt die Feindeswoge, die heran sich wälzt,
305 Das Ungewitter, das so nah' um beide schwebt,
Und stöhnt; wir Andern warfen Stein' ohn' Unterlaß,
Und hier und dort, auf allen Seiten drängten wir.
Da dröhnt der grausenvolle Ruf in unser Ohr:
„Wir sterben, Pylades; aber laß den schönsten Tod
310 Uns sterben! Mir nach, in der Hand das Schwert gezückt!"
Und als wir zwei geschwungne Feindesschwerter sahn:
Durch felsig Waldthal stürzten wir in jäher Flucht.
Doch, floh der Eine, drang ein Andrer rasch herbei,
Die Fremden werfend; wann sie den zurückgedrängt,
315 So warf mit Steinen wiederum, wer erst entwich.
Doch war es seltsam, daß von tausend Händen auch
Nicht Eine siegreich unsrer Göttin Opfer traf.
Kaum konnten wir sie zwingen, nicht durch Tapferkeit;
Sie rings im Kreis' umschließend, schlugen wir die Wehr
320 Aus ihrer Hand mit Steinen, und ermattet sank
Ihr Knie zur Erde. Wir geleiten sie darauf
Zum Landesherrscher. Dieser sieht und sendet sie
Sofort zum heiligen Wasser und als Opfer dir.

Du mußt, o Jungfrau, wünschen, daß du Solche stets
325 Zum Opfer findest; wenn dir solche Fremdlinge
Als Opfer bluten, büßt Achäa deinen Tod,
Und zahlt die Strafe deines Falls in Aulis' Bucht.
Der Chor.
Du meldest Wunder über ihn, wer's immer sei,
Der fern an's unwirthbare Meer aus Hellas kam.
Iphigenia.
330 Gut! (Gehe du nun, hole mir die Fremdlinge:
Was unser Amt uns hier gebeut, vollbringen wir.
(Der Hirte geht ab.)
Mein armes Herz, du warest immerdar zuvor
Sanftmüthig und mitleidig gegen Fremdlinge,
Und brachtest Stammverwandten gern der Thräne Zoll,
335 So oft ein Mann Achäa's fiel in deine Hand!
Nun, nach dem Traumgesichte, das mich aufgeschreckt,
Als weile mein Orestes nicht im Lichte mehr,
Sollt ihr mich grausam finden, wer mir immer naht!
Und ewig wahr bleibt dieses: (ich erfuhr's, o Frau'n:)
340 Der, den das Unglück beugte, pflegt dem Glücklichern,
Weil ihn das Glück verlassen, niemals hold zu sein.
Doch nie bis diese Stunde kam ein Wind von Zeus,
Kein Segel, das der Symplegaden Fels hindurch
Helenen hierher führte, die mich mordete,
345 Und Menelaos, daß sie meine Rache traf,
Daß dieses Aulis lohnte für das dortige,
Wo mich die Danaïden, einer Färse gleich,
Hinwürgten und mein eigner Vater Priester war!
Weh! Dieser Leiden bange Zeit vergeß' ich nie,
350 Wie oft zu meines Vaters Kinn ich flehentlich
Die Händ' emporwarf und an seinen Knieen hing,

Und rief: „o Vater, einem unglückseligen
Brautfest entgegen führst du mich: die Mutter stimmt
Hochzeitsgesänge mit Mykene's Frauen an,
355 Indeß du hier mich mordest, und das ganze Haus
Erschallt von Flöten; aber uns gibst du den Tod!
So war es Hades, dem du mich als Braut verlobt,
Und nicht Achilleus, Thetis' Sohn; zu blutigem
Brautfeste hat mich dein Gespann durch Trug entführt!"
360 Und ich, den Blick in zarte Schleier eingehüllt,
Empfing den theuren Bruder nicht auf meinem Arm,
Der nun dahin ist, küßte nicht der Schwester Mund,
Aus Scham; zu Peleus' Hause wähnt' ich fortzuziehn,
Und schob die Zärtlichkeiten all' auf andre Zeit
365 Hinaus, als kehrt' ich wieder heim in Argos' Land.
O wenn du starbst, Orestes, ach! von welchem Glanz
Des Vaterhauses schiedest du, von welchem Glück!
Doch unsre Göttin tadl' ich ob des Widersinns,
Sie, die den Mann, der eines Andern Blut vergoß,
370 Der Leichen anrührt oder Neugeborenes,
Ausschließt von ihrem Tempel, ihn als Gräuel flieht,
Und selbst der Menschenopfer sich, des Mordes freut.
Nein, nimmermehr erzeugte solchen Aberwiz
Die Braut Kronions, Leto! Darum acht' ich's auch
375 Als eitle Fabel, jenes Mahl des Tantalos,
Daß Götter sich an seines Sohnes Fleisch ergözt,
Wie dieses Volk hier, weil es selbst nach Blute giert,
Wohl eigne Schuld auf unsre Gottheit überträgt;
Denn kein unsterblich Wesen dünkt mich böser Art.

Der Chor.
Erste Strophe.

380 Bläuliches Meer, bläuliche, brandende Meeresenge,

Wo, von der Bremse gestachelt, im Fluge sich
Jo zum Euxeinosstrudel von Argos herschwang,
Zu des asischen Landes Gauen floh von Europa!
Wer sind die Männer, die dem rohrumgrünten Strom,
385 Eurotas' Flut, entschifft
Und den heiligen Wassern Dirka's,
Gekommen, gekommen zum grausen Lande, wo die hehre
Jungfrau den Altar
Und ihr säulenumringtes Haus
390 Nezt mit menschlichem Blute?

Erste Gegenstrophe.

Trieben sie wohl, rauschende tannene Doppelruder
Schwingend, durch wogende Fluten den schwimmenden
Wagen, (in die Segel bliesen die Winde schwellend,)
Um die Wette den Reichthum ihres Hauses zu mehren?
395 Denn süße Hoffnung ist es, die, den Sterblichen
Zum Leid, sich nicht erschöpft;
Aus ziehn sie, das Glück zu gewinnen,
Durchirren die Meere, besuchen fremder Menschen Städte,
Voll thörichten Wahns.
400 Harrst du still auf des Glückes Zeit,
Ungerufen erscheint es.

Zweite Strophe.

Wie den doppelten Fels hindurch,
Wie drangen sie durch des Phineus
Schlafloses Gestade,
405 In Amphitrite's Wogenreich am Seestrand
Mit den Wellen ringend,
(Wo die fünfzig Töchter des Meer-
greises sich mit Gesang
In frohen Reigen ergehn,)

410 Bei segelschwellendem Hauch,
Indeß am Steuer das Ruder,
Unthätig ruhend, erdröhnt,
Während südlicher Wind
Weht oder Zephyros' Hauch,
415 Und zu dem Eilande der Vögel,
Zu dem weißen Gestad', an Achilleus',
Des Renners, Bahnen sie trägt
Auf Euxeinos' Gewässern?

Zweite Gegenstrophe.

Daß doch Helena, Leda's Kind,
420 Auf unserer Herrin Flehen,
Vom Lande der Troër
An dieses Ufer käme, damit sie, das Haupthaar
Mit dem blut'gen Thaue
Benezt, stürbe von unserer
425 Herrin Händen entseelt,
Daß gleiche Strafe sie büßt!
Doch kläng' am lieblichsten uns
Die Botschaft, wenn von der Heimat,
Aus Hellas käm' ein Pilot,
430 Vom mühseligen Leid
Der Knechtschaft uns zu befrein.
Könnt' ich die Wohnstätte der Väter
Auch nur im Traume betreten,
Mich süßer Lieder zu freu'n,
435 Aller Glücklichen Wonne!
Doch siehe, da kommt, mit Fesseln die Händ'
Umwunden, ein Paar, Schlachtopfer, bereit
Für der Göttin Altar: ihr Geliebten, verstummt!
Dort schreiten sie schon, die Hellenen, geweiht

440 Der Unsterblichen, nahe dem Tempel.
Kein Lügenbericht war's, welchen der Hirt
Uns eben gebracht.
O Gewaltige, wenn dir wirklich gefällt,
Was unsere Stadt ausrichtet, so nimm
445 Dies Opfer mit Huld, das unser Gesetz
Darbringt, den Hellenen ein Gräuel!

Orestes und Pylades werden herbeigeführt. Iphigenia.
Der Chor.

Iphigenia.

Wohlan!
Der Göttin Brauch zu wahren, sei vor Allem mir
Die nächste Sorge. Laßt der Fremden Hände frei;
Geweihte dürfen nimmermehr gebunden sein.
450 Nun geht hinein zum Tempel, sorgt und ordnet an,
Was hier zu thun vonnöthen, was die Sitte will.

(Die Tempeldiener ab.)
(Zu den Gefangenen:)

Ach!
Wer ist die Mutter, deren Schooß einst euch gebar,
Der Vater und die Schwester, wenn euch eine ward,
Die, solches Bruderpaares, ach! beraubt, hinfort
455 Dasteht verlassen? Wer erkennt, daß sein Geschick
Ein solches sein wird? Was der Götter Rath beschließt,
Im Finstern schleicht es, Keiner sieht Unheil zuvor;
Denn unser Schicksal leitet uns in Dunkelheit.
Von wannen kommt ihr, jammervolle Fremdlinge?
460 Auf langen Bahnen schifftet ihr in dieses Land,
Und lang, der Heimat ferne, sollt ihr drunten sein.

Orestes.

Warum beklagst du solches und betrübst auch uns
Bei diesem drohenden Leide, wer du seist, o Frau?

Nicht weise dünkt mir wahrlich, wer, zum Sterben reif,
465 Durch Jammern überwinden will die Todesfurcht,
Noch wer sich abhärmt, wenn der Tod ihm nahe trat,
Und keine Hoffnung leuchtet; denn zwiefaches Leid
Aus Einem schafft er, zeigt sich thöricht schwach, und stirbt
Nicht minder. Nein, das Schicksal gehe seinen Gang!
470 Uns darfst du nicht beweinen; denn der Opfer Brauch
In diesem Lande kennen und verstehen wir.

Iphigenia.

Wer unter euch hier ist es, den sie Pylades
Mit Namen nennen? Wissen möcht' ich das zuerst.

Orestes.

Der, wenn dir dies zu wissen irgend Freude macht.

Iphigenia.

475 Und welche Stadt in Hellas nennt er Vaterland?

Orestes.

Was aber frommt dir's, wenn du das vernimmst, o Frau?

Iphigenia.

Seid ihr von Einer Mutter, seid ihr Brüder wohl?

Orestes.

Durch Liebe sind wir's, aber nicht durch's Blut, o Frau.

Iphigenia.

Und welchen Namen legte dir dein Vater bei?

Orestes.

480 Mit rechtem Namen hießen wir Unselige.

Iphigenia.

Nicht dieses frag' ich; rechne dies dem Schicksal zu.

Orestes.

Man kann mich nicht verhöhnen, sterb' ich namenlos.

Iphigenia.
Warum mir dies verschweigen? Hegst du solchen Stolz?
Orestes.
Mein Körper, nicht mein Name, soll das Opfer sein.
Iphigenia.
485 Und auch die Heimat nennst du nicht, die dich gebar?
Orestes.
Nichts frommt ja mir dein Fragen, nun ich sterben soll.
Iphigenia.
Doch diese Gunst zu gönnen, was verhindert dich?
Orestes.
Des stolzen Argos rühm' ich mich als Vaterstadt.
Iphigenia.
Bei Zeus, in Wahrheit stammst du, Freund, von Argos her?
Orestes.
490 Wohl, aus Mykenä, das vordem so glücklich war.
Iphigenia.
Vertrieb dein Volk dich, oder welch ein andres Loos?
Orestes.
Nicht wollend, wollend floh ich, wie du's nennen magst.
Iphigenia.
Nun, wirst du mir wohl sagen, was ich wissen will?
Orestes.
Das ist von meinem Leide nur ein Nebenwerk.
Iphigenia.
495 Erwünscht in Wahrheit kamest du von Argolis.
Orestes.
Für mich gewiß nicht: ob für dich, das siehe selbst!
Iphigenia.
Wohl kennst du Troja, das in Aller Munde lebt.

Orestes.
O hätt' ich's niemals, auch im Traume nie gesehn!

Iphigenia.
Es sei dahin, erzählt man, durch das Schwert zerstört.

Orestes.
500 Wohl ist es also; was geschehn, vernahmet ihr.

Iphigenia.
Kam Helena wieder in Menelaos' Haus zurück?

Orestes.
Sie kam, zum Unglück eines meiner Theuersten.

Iphigenia.
Wo weilt sie? Mir auch war sie Schuld an vielem Leid.

Orestes.
Zu Sparta wohnt sie bei dem frühern Ehgemahl.

Iphigenia.
505 Abscheu für Hellas' Söhne, nicht für mich allein!

Orestes.
Auch ich empfand sie bitter, ihre Buhlerei'n.

Iphigenia.
Kam Argos' Heer nach Hause, wie verkündet wird?

Orestes.
Du fragst mit Einmal Alles mich in Einem Wort.

Iphigenia.
Bevor du stirbst, erführ' ich dieses gerne noch.

Orestes.
510 So frage, wenn dich's lüstet; ich will Rede stehn.

Iphigenia.
Ein Seher, Kalchas, kam er heim von Ilion?

Orestes.
Er ward getödtet, wie der Ruf in Argos ging.

Iphigenia.
Schön, große Göttin! Wie ergeht's Laërtes' Sohn?
Orestes.
Noch kam er nicht nach Hause; doch man sagt, er lebt.
Iphigenia.
515 Er sterbe, komme nimmermehr in's Vaterland!
Orestes.
Kein Böses wünsch' ihm; alles Ueble kam auf ihn.
Iphigenia.
Der Nereïde Thetis Sohn, — lebt dieser noch?
Orestes.
Nicht mehr. Vergebens hat ihn Aulis frei'n gesehn.
Iphigenia.
Ein trüglich Frei'n! So nennt es, wer betheiligt war.
Orestes.
520 Wer bist du? Dir sind Hellas' Dinge wohlbekannt.
Iphigenia.
Ich stamme dorther; noch ein Kind, verschwand ich schon.
Orestes.
Recht hast du denn, zu forschen, wie's dort steht, o Frau.
Iphigenia.
Wie geht's dem Feldherrn, den man einst als glücklich pries?
Orestes.
Wem? Jener, den ich kenne, war kein Glücklicher.
Iphigenia.
525 Ein König war's, Agamemnon, Atreus' Sohn genannt.
Orestes.
Brich ab von dieser Sache, Frau; ich weiß es nicht.
Iphigenia.
Nein, bei den Göttern! Rede mir zum Trost, o Freund!

Orestes.
Todt ist er, zog auch Andre mit in seinen Tod.

Iphigenia.
Todt? Welcher Unfall traf ihn? Ich Unselige!

Orestes.
530 Was seufzest du darüber? War er dir verwandt?

Iphigenia.
Ich seufze nur um seines Glückes alten Glanz.

Orestes.
Graunvollen Todes kam er um durch Gattenhand.

Iphigenia.
O Thränenwerthe, Mörderin und Gemordeter!

Orestes.
Nun schweige, bitt' ich, frage mich nicht weiter mehr.

Iphigenia.
535 Nur Eines: lebt des armen Mannes Gattin noch?

Orestes.
Nicht mehr; der Sohn erschlug sie, den sie selbst gebar.

Iphigenia.
O Haus des Unglücks! Und warum erschlug er sie?

Orestes.
Des Vaters Tod zu rächen, gab er ihr den Tod.

Iphigenia.
Wie wacker übt' er, was gerecht und schändlich war!

Orestes.
540 Doch Gnade fand er troz dem Recht bei Göttern nicht.

Iphigenia.
Ließ Agamemnon noch ein andres Kind daheim?

Orestes.
Elektra, seine Tochter, noch als einziges.

Iphigenia.
Wie? Hört man nichts von jener, die geopfert ward?
Orestes.
Nichts, als sie sei gestorben, nicht im Lichte mehr.
Iphigenia.
545 Elend sie selbst und der Vater, der sie mordete!
Orestes.
Sie fand um schnöden Weibes Dank danklosen Tod.
Iphigenia.
Der Sohn des todten Vaters lebt in Argos noch?
Orestes.
Er lebt, in Elend, nirgendwo und überall.
Iphigenia.
Fahrt wohl, ihr Lügenträume! Nichts denn waret ihr.
Orestes.
550 Und auch die Götter, die der Mensch allweise nennt,
Sind lügenhaft, beschwingten Traumgebilden gleich.
In Allem, ob es göttlich, ob es menschlich sei,
Herrscht viel Verwirrung; überall ist Kummer nur.
Wer, wohlbedächtig, auf Prophetenworte baut,
555 Der endet, wie ihn endend weiß der Kundige.
Der Chor.
Wie geht's mit uns? Was ward aus unsern Aeltern? Ach!
Ach! Sind sie lebend? Sind sie todt? Wer sagt es uns?
Iphigenia.
Vernehmet! Eben kamen wir auf einen Punkt,
Der euren Vortheil fördert und den meinigen,
560 O Freunde. Gutes schafft sich wohl am besten so,
Wenn Allen Eine Sache frommt und wohlgefällt.
Ich will dich retten: willst du dann gen Argos ziehn,
Und eine Botschaft bringen an die Meinen dort

Auf einem Blatte, welches ein Gefangner schrieb,
565 Der, mich bedauernd, wähnte, daß nicht meine Hand
Den Mord verschulde, sondern daß Gesez und Brauch
Ihn tödte, weil's der Göttin also recht erschien?
Ich hatte Niemand, der es melden konnte, heim
Nach Argos kehrend, und gerettet meinen Brief
570 An einen meiner Theuern überlieferte.
Du nun, (du bist ja, scheint mir, nicht unedler Art,
Du kennst Mykenä, kennest, die mir theuer sind,)
Zieh' hin gerettet, nimm von mir für flüchtige
Schriftzüge keinen schnöden Lohn, dein Leben, hin.
575 Doch dieser falle, weil das Volk mir so gebeut,
Als Opfer unsrer Königin, getrennt von dir.

Orestes.
Wohl sprachest du dies Alles bis auf Eins, o Frau:
Daß er geopfert sterben soll, betrübt mich schwer.
Ich bin's ja, der in seinem Schiffe führt das Leid,
580 Und dieser zog um meiner Mühsal willen mit.
Drum wär' es unrecht, wollt' ich Dank durch seinen Tod
Für mich gewinnen, und mich selbst aus Noth befrein.
Nein, so gescheh' es: diesem übergib den Brief;
Er fördert ihn nach Argos, ganz nach deinem Wunsch:
585 Uns aber tödte, wer da will! Die größte Schmach
Ist wahrlich, wenn man Freunde stürzt in Ungemach,
Sich selbst errettet. Dieser ist mein edler Freund,
Und wie mir selber, wünsch' ich ihm der Sonne Licht.

Iphigenia.
Erhabne Seele! Hohem Stamme bist du wohl
590 Entsprossen, wie du redlich Freund der Freunde bist!
O wäre der ein Solcher, der als Bruder mir
Allein geblieben! Denn auch ich, o Freunde, bin

Nicht ohne Bruder, sieht ihn auch mein Auge nicht.
Doch, ist es so dein Wille, send' ich diesen fort,
595 Den Brief zu bringen, und du stirbst. Groß ist sie, traun,
Die Liebe, die dich gegen diesen Freund beseelt.
Orestes.
Wer wird mich opfern und bestehn das grause Werk?
Iphigenia.
Ich; denn die Göttin legte dies Geschäft mir auf.
Orestes.
Ein traurig Amt, o Mädchen, und kein glückliches.
Iphigenia.
600 Mich zwingt ein fremder Wille, dem ich folgen muß.
Orestes.
Selbst opfern willst du mit dem Schwert, das Weib den Mann?
Iphigenia.
Nein; deine Locken weih' ich nur besprengend ein.
Orestes.
Wer schwingt den Mordstahl, wenn ich dieses fragen darf?
Iphigenia.
Im Tempel hier sind, welchen dies obliegt zu thun.
Orestes.
605 Und wenn ich todt bin, welches Grab empfängt mich dann?
Iphigenia.
Ein heilig Feuer drinnen und ein Felsenschlund.
Orestes.
O daß der Schwester Hände mich bestatteten!
Iphigenia.
Vergeblich, Armer, wer du seist, war dieser Wunsch:
Denn ferne wohnt sie, ferne vom Barbarenland.
610 Indeß auch ich will, weil du stammst aus Argolis,

Dir Nichts verweigern, was ich dir gewähren kann.
Denn viel des Schmuckes leg' ich dir in deine Gruft,
Mit braunem Oel besprengen will ich deinen Leib,
Und gelben Saft dir, den die Bien' aus Blumen sog,
615 Die Bergesfreundin, auf den Scheiterhaufen streun.
Nun geh' ich, dir das Schreiben aus dem Heiligthum
Zu holen: doch verbanne jeden Groll auf mich.
Bewacht sie, Tempeldiener, laßt sie fessellos.
Wohl unverhoffte Kunde send' ich einem Freund,
620 Der mir vor Allen theuer ist, in Argos' Land;
Denn die er todt glaubt, nennt mein Blatt als lebend ihm,
Und regt in ihm unzweifelhafte Wonnen auf.
(ab in den Tempel.)

Der Chor.
O wie beklag' ich dich, wie sehr, daß nun bald
Des Weihwassers Flut dein Haupt 'blutig netzt!

Orestes.
625 Klagt nicht um dieses; freuet euch, o Freundinnen!

Der Chor.
Doch dich, Jüngling, dein Geschick preis' ich hoch:
Du kehrst wiederum zur Heimat zurück!

Pylades.
O bittrer Schmerz dem Freunde, stirbt der Freund dahin!

Erster Halbchor.
Weh, unselige Heimfahrt!
630 Weh, du bist des Todes Raub!

Zweiter Halbchor.
Wer wird des Todes?
Denn stets irrt mir noch zweifelnd umher der Geist,
Wen ich zuvor beklage, dich oder dich.

Orestes.
Mein Pylades, bei'm Himmel, denkst du gleich mit mir?
Pylades.
635 Weiß nicht, du fragst mich, was ich dir nicht sagen kann.
Orestes.
Wer ist die Jungfrau? Wie besorgt um Hellas' Volk
Sie mich nach seinen Kämpfen frug vor Ilion,
Nach seiner Heimkehr, nach dem vogelkundigen
Kalchas und Peleus' Sohne! Wie beklagte sie
640 Des Agamemnon traurig Loos, wie forschte sie
Nach seinem Weib und Kindern! Diese Fremde stammt
Gewiß von dort, aus Argos; sonst bestellte sie
Wohl nie das Schreiben, fragte nicht nach Allem so,
Als ob es ihr wohl ginge, geht es Argos wohl.
Pylades.
645 Du kamst um etwas mir zuvor, und sagtest, was
Ich sagen wollte; doch das Loos der Könige
Kennt Jeder, der mit Menschen aufmerksam verkehrt.
Indeß beschäftigt meinen Geist ein Andres noch.
Orestes.
Was? Offenbar' es, und du wirst es klarer sehn.
Pylades.
650 Schmach ist es mir, zu leben, fandest du den Tod.
Mit dir ja schifft' ich, sterben muß ich auch mit dir.
Denn feige werd' ich heißen und ruchlos zugleich
In Argos und der Phoker schluchtenreichem Land,
Und alle Welt wähnt, (denn die Welt ist böse ja)
655 Ich habe, dich verlassend, nur mich selbst nach Haus
Gerettet, oder, weil ja schon dein Haus erlag,
Dir Tod bereitet, lüstern nur nach deinem Thron,
Daß ich den Schaz gewönne mit der Schwester Hand.

Das, Freund, besorg' ich, und mit Scham erfüllt es mich;
660 Ich kann nicht anders, sterben muß ich, dir vereint,
Mit dir geopfert werden und in Glut verbrannt,
Dein Freund im wahrsten Sinne, dem vor Tadel graut.

Orestes.
O sprich bedachtsam! Tragen muß ich mein Geschick,
Und will für einfach Leiden nicht ein doppeltes.
665 Denn was du traurig nanntest und von Schmach erfüllt,
Das trifft ja mich auch, opfr' ich dich, der meine Noth
Mitleidet. Denn mich schmerzt es nicht, so heimgesucht,
Wie ich, vom Zorn der Götter, aus der Welt zu gehn.
Dir lacht das Glück, und lauter, ohne Flecken, ist
670 Dein Haus, das meine frevelvoll und segenlos.
Und wirst du nun gerettet, blüh'n dir Kinder auf
Von meiner Schwester, welche dir ich anvermählt;
Mein Name wird dann leben, und nicht kinderlos
Erlöschen wird mein väterliches Haus hinfort.
675 Drum ziehe hin und lebe, wohn' im Vaterhaus!
Doch wann du kommst nach Hellas und in's Rosseland
Von Argos, dann, bei dieser Rechten fleh' ich dir,
Erbau' ein Grabmal, richte mir Denksäulen auf,
Und Lockenhaar und Thränen soll die Schwester weihn.
680 Verkünde, wie durch eine Mykenäerin
Ich hier ein blutig Opfer am Altare fiel.
Und meine Schwester, o verlaß sie nimmermehr,
Wenn Stamm und Haus des Vaters du verödet schaust.
Nun lebe wohl! Dich fand ich meinen treusten Freund,
685 Mein trauter Jagdgefährte, der mit mir erwuchs,
Und der so viele Lasten trug von meinem Leid!
Mir log Apollon, er, der schicksalkundige,
Und trieb mich trugvoll fern hinaus von Hellas' Volk,

Von Scham erfüllt um seinen ersten Seherspruch.
690 Ihm ganz mich übergebend und auf sein Gebot
Die Mutter mordend, fall' ich selbst des Todes Raub.

Pylades.

Dir soll ein Grabmal werden, und die Schwester will
Ich nie verlassen; denn du wirst, Unglücklicher,
Im Tode mir noch theurer, als im Leben, sein.
695 Doch hat der Spruch des Gottes dir den Untergang
Noch nicht bereitet, stehst du gleich dem Tode nah.
Nein! Ewig, ewig sehen wir das größte Leid
Den größten Wechsel dulden, wenn's das Schicksal fügt.

Orestes.

O schweige: nichts mehr frommen kann mir Phöbos Wort;
700 Denn aus dem Heiligthume tritt die Priesterin.

Iphigenia.
(zu den Tempeldienern)

Entfernet ihr euch, ordnet an im Heiligthum,
Was sie bedürfen, die den Opferdienst vollziehn.

(die Männer gehen ab.)

Mein vielgefaltet Schreiben, seht, o Fremdlinge,
Hier ist es; aber was ich nun noch weiter will,
705 Vernehmt. Ein Andrer ist der Mensch im Ungemach,
Ein Andrer, wann er statt der Furcht Vertraun gewann.
So muß ich fürchten: kehrt er heim vom Taurerland,
Der diesen Brief nach Argos überbringen soll,
So wird er nicht mehr achten, was ich ihm befahl.

Orestes.

710 Was also willst du? Was beängstet dich so sehr?

Iphigenia.

Er soll mir schwören, diesen Brief in Argos' Land
Dem Freund zu bringen, welchem ich ihn senden will.

Orestes.
Und schwörst du dann ihm einen Gegenschwur dafür?
Iphigenia.
Was ihm zu thun, sprich, oder was ihm nicht zu thun?
Orestes.
715 Ihn lebend fortzusenden aus dem fremden Land.
Iphigenia.
Natürlich: wie denn könnt' er sonst auch Bote sein?
Orestes.
Wird auch des Landes Herrscher dies dir zugestehn?
Iphigenia.
Ich überred' ihn; selbst geleit' ich den zum Schiff.
(auf Pylades deutend.)
Orestes.
(zu Pylades)
So schwöre:
(zu Iphigenia)
du sprich einen frommen Eid ihm vor.
Iphigenia.
720 Sprich denn: „ich überbringe deinem Freund den Brief."
Pylades.
Ich überbringe diesen Brief an deinen Freund.
Iphigenia.
Und ich errette durch die schwarzen Felsen dich.
Pylades.
Bei welcher Gottheit schwörst du, dies bekräftigend?
Iphigenia.
Bei Tauri's Göttin, der ich dien' als Priesterin.
Pylades.
725 Ich bei des Himmels höchstem Herrn, dem großen Zeus.
Iphigenia.
Und wenn du Meineid schwörst, an mir zum Frevler wirst?

Pylades.
Nie mög' ich dann heimkehren! Doch — brichst du den Eid —?
Iphigenia.
So sez' ich lebend nie den Fuß in Argos' Land!
Pylades.
Vernimm noch Eines, was ich unbeachtet ließ.
Iphigenia.
730 Nichts kommt zur Unzeit, wenn es etwas Gutes ist.
Pylades.
Nimm diesen Fall aus: wenn dem Schiff ein Leid geschieht,
Und sammt der Ladung diesen Brief der Wogensturz
Verschlingt, und ich das bloße Leben rettete,
Daß dann der Eidschwur fürder nicht mehr gelten soll.
Iphigenia.
735 Nun, was ich thun will — Manches trifft sich manches-
mal —:
Was dieses Briefes Falte birgt, eröffn' ich dir
In Worten Alles, meinem Freund es kundzuthun.
Denn also gehn wir sicher. Rettest du die Schrift,
Selbst offenbart sie schweigend, was ich ihr vertraut;
740 Doch wenn das Schreiben untergeht im Meeresgrund,
Dann, dich errettend, rettest du mein Wort in dir.
Pylades.
Schön sorgst du für die Götter und für mich zugleich.
Doch sprich, an wen ich diesen Brief in Argos' Land
Bestellen, was ich sagen soll auf dein Gebot.
Iphigenia.
745 Verkünd' Oresten, Agamemnons edlem Sohn:
„Sie, die vor Aulis unterging, Iphigenia,
Die dort für todt gilt, diese lebt und sendet dies."

Orestes.
Wo weilt sie? Kam sie wieder aus des Todes Nacht?
Iphigenia.
Hier, die du siehest; aber unterbrich mich nicht.
750 „O rette mich nach Argos, eh' ich sterbe hier,
Vom Fremdlingslande, Bruder, heim vom Opferherd
Der Artemis, auf dem ich Fremde schlachten muß."
Orestes.
Was sag' ich, Freund? Wo sind wir? Wo gerieth ich hin?
Iphigenia.
„Wo nicht, so ruf' ich Fluch herab auf dein Geschlecht,
755 Orestes!" Merke den Namen, zweimal nannt' ich ihn.
Pylades.
O Götter!
Iphigenia.
Rufst du meinethalb die Götter an?
Pylades.
Nein. Ende! Meine Gedanken waren anderswo.
Iphigenia.
Sprich, daß die Göttin Artemis an meiner Statt
Gesandt die Hindin, die der Vater opferte,
760 Im Wahn, er zücke wider mich den scharfen Stahl,
Und daß sie rettend mich entrückt in dieses Land.
Das ist der Inhalt meiner Schrift, das ist der Brief.
Pylades.
Du, die mit leichtem Schwure mich umwunden hat,
Am schönsten selbst geschworen, länger säum' ich nicht,
765 Und will bestellen, was der Eidschwur mir gebeut.
Da sieh, das Schreiben bring' ich, übergeb' ich dir,
Orestes, das hier deine Schwester dir gesandt.

Orestes.

Ich nehm' es; doch bei Seite laß' ich nun die Schrift,
Und nicht aus todten Worten schöpf' ich meine Lust.
770 O Schwester, liebstes Leben, so bestürzt ich bin,
So schling' ich doch ungläubig meinen Arm um dich,
Und juble, da mir wunderbare Kunde ward.

Der Chor.

Verwegen, Freund, berührst du diese Priesterin,
Umschlingst ihr heilig rein Gewand mit deinem Arm.

Orestes.

775 O meine Schwester, die von Einem Vater stammt,
Von Agamemnon, wende dich nicht ab von mir!
Du hast den Bruder, den du nie zu sehn gehofft.

Iphigenia.

Ju dir ich meinen Bruder? Schweigst du nicht sogleich?
Oft ist er wohl in Argos, oft in Nauplia.

Orestes.

780 Dort ist er nicht, dein Bruder, Unglückselige.

Iphigenia.

Du bist der Tyndaride Sohn, der Sparterin?

Orestes.

Und auch von Pelops' Enkelsohne stamm' ich her.

Iphigenia.

Was sagst du? Hast du dessen mir ein Unterpfand?

Orestes.

Wohl; frage mich von unserm Vaterhause nur.

Iphigenia.

785 Dir ziemt es denn zu reden, und zu hören mir.

Orestes.

So sag' ich erstens, was Elektra mir vertraut —

Iphigenia.
Bald hör' ich ohne Fragen, was unglaublich ist.
Orestes.
Den Zwist des Atreus und Thyestes kennst du doch?
Iphigenia.
Ich hörte, daß er sich entspann um's goldne Lamm.
Orestes.
790 Auf schön Gewebe sticktest du's, wohl weißt du's noch?
Iphigenia.
O Liebster, nah zu meinem Herzen drängst du dich.
Orestes.
Ein Bild, gewoben, stellte dar der Sonne Flucht?
Iphigenia.
Auch dies Gebilde wob ich einst mit feinem Garn.
Orestes.
Badwasser gab die Mutter dir gen Aulis mit.
Iphigenia.
795 Ich weiß; der edlen Ehe Bund verlangte dies.
Orestes.
Dann sandtest du der Mutter auch dein Haar zurück.
Iphigenia.
Zum Angedenken für die Gruft an meiner Statt.
Orestes.
Ich nenne nun als Zeichen, was ich selbst gesehn:
Pelops', des Ahnherrn, alten Speer im Vaterhaus,
800 Den mächtig schwingend er gewann Hippodamen,
Das Mädchen Pisa's, nach dem Fall Oenomaos';
In deinem Frau'ngemache liegt er aufbewahrt.

Iphigenia.
Mein Liebster, und nichts Andres, denn das bist du ja,
Ich habe dich, Orestes, dich,
805 Der du vom Heimatland, Liebster, von Argos kamst!
Orestes.
Ich habe dich, die Todte, wie die Sage wähnt.
Thränen der Wehmuth sieh, Wonne zu Leid gesellt,
Dein Augenlid benezen, wie das meinige!
Iphigenia.
Da, da ließ ich dich, ruhend im Arme der
810 Pflegerin, noch ein zart lallendes Kind, daheim,
Dich, mehr beglückt, als unsre Sprache sagen kann.
Doch nun? Mehr als wunderbar, (keine Sprache nennt's,)
         fiel dein Loos.
Orestes.
O mögen wir verbunden fortan glücklich sein!
Iphigenia.
Mir ward ungehoffte Lust, Freundinnen!
815 Ich fürchte, daß er himmelan aus meinem Arm
Sich aufschwingend flieht.
Hört's, ihr Kyklopenherde, du mykenische
Heimat, theure Stadt!
Dank für sein Leben, Dank, daß du mir ihn erzogst,
820 Ja, daß du den Bruder heran mir erzogst,
Ein Licht unserm Haus!
Orestes.
Nach unsrer Abkunft, Schwester, sind wir glücklich; doch
Zum Leide führten Götter uns in's Leben ein.
Iphigenia.
Weh, ich erfuhr es, als mir auf den Nacken dort
825 Grausamen Sinnes mein Vater das Eisen schwang —

Orestes.
Ach, ach! Entfernt auch, wähn' ich doch dich dort zu sehn.
Iphigenia.
Da man, o Bruder, mich ohn' Hymenäen dort
Zu des Achilleus Zelt trüglich als Braut geführt;
Bei dem Altar erscholl Weinen und Klageruf.
830 Wehe dort der Opferflut!
Orestes.
Auch ich beklage, was der Vater frevelte.
Iphigenia.
Ein grausam harter Vater ward uns;
Leiden keimt' aus Leiden auf.
Orestes.
Wohl, wenn du deinen Bruder, Arme, mordetest
835 Durch ein feindlich Götterloos!
Iphigenia.
Grauses erkühnt' ich Elende mich, grauser That, grauser
That,
Weh mir!
Entflohn wärst du kaum ruchlosem Untergang,
Bruder, von meinen Händen graunvoll erwürgt.
Welches Ende folgt auf dieses?
840 Welches Schicksal wird mein Loos sein?
Was sinn' ich dir aus, auf welchem Pfad send' ich dich
Von hier, frei von Tod, in's Land Argos heim,
Eh' hier dein Leben dem Stahle verfällt?
Das, das ist es, o armes Herz,
845 Was du mir ausspähn mußt,
Ob du zu Lande, nicht im Schiffe,
Ob du mit eilendem Fuß
Dich gibst in den Tod, wenn du Stämme der Fremden

Und unwegsame Wege durchziehst; durch cyanische Felsen,
850 Den Engpaß hindurch, dehnt für die Flucht sich, traun,
Der Meerpfad zu weit.
Ich Arme, ich Arme!
Wer, ob es ein Gott, ob es ein Sterblicher sei,
Welch glücklicher Zufall
855 Entwirrt den verworrenen Pfad,
Zeigt uns, die noch allein leben von Atreus' Stamm,
Aus Noth Rettung an?

Der Chor.
Dies Wunderbare, dieses Unaussprechliche,
Ich sah es selber, hört' es nicht aus Andrer Mund.

Pylades.
860 Daß Freunde, wenn sie Freunde plözlich wiedersehn,
Sich froh umarmen, das, Orestes, ziemt sich wohl;
Doch nun die Klage lassend, komm auf jenes auch,
Wie wir der Rettung hohes Werk mit hohem Ruhm
Sofort bestehend, aus dem Fremdlingsland entfliehn.
865 Denn weise Männer trachten nicht nach andrer Lust,
Das Glück versäumend, wenn die Zeit zur That erschien.

Orestes.
Ganz wohl gesprochen! Doch das Schicksal sorgt mit uns
Für dieses, hoff' ich; bist du wohlbereit zur That,
Erringt die Gottheit über andre Macht den Sieg.

Iphigenia.
870 Nichts hemmt mich weiter, oder hält mein Wort zurück,
Zuvor zu fragen, welch ein Loos des Lebens ihr,
Elektren, wurde; das vor Allem hört' ich gern.

Orestes.
Vermählt mit diesem, lebt sie froh das Leben hin.

Iphigenia.
Und der, woher ist dieser, wer und wessen Sohn?
Orestes.
875 Sein Vater nennt sich Strophios im Phokerland.
Iphigenia.
So wär' er Atreus' Tochtersohn und mir verwandt?
Orestes.
Geschwisterkind, mein einzig treubewährter Freund.
Iphigenia.
Er lebte noch nicht, als der Vater mich erschlug.
Orestes.
Nein; Strophios war lange Jahre kinderlos.
Iphigenia.
880 Sei mir gegrüßt, o meiner Schwester Ehgemahl!
Orestes.
Und nicht Verwandter ist er nur, mein Retter auch!
Iphigenia.
Doch das zu thun der Mutter, wie vermochtest du's?
Orestes.
O still davon: ich rächte meines Vaters Tod.
Iphigenia.
Doch welcher Grund war's, daß ihr Arm den Gatten
schlug?
Orestes.
885 Laß doch die Mutter; dir ja frommt die Kunde nicht.
Iphigenia.
So schweig' ich. Argos' Bürger sehn jetzt wohl auf dich?
Orestes.
Menelaos herrscht; ich irre flüchtig außer Lands.
Iphigenia.
Hat doch der Oheim nicht verhöhnt des Hauses Noth?

Orestes.
Nein; Schrecken vor den Erinnen trieben mich hinaus.
Iphigenia.
890 Deßwegen hieß es, daß du rast'est hier am Strand.
Orestes.
Man sah mich heute nicht zuerst in dieser Qual.
Iphigenia.
Der Mutter wegen quälten dich die Göttinnen.
Orestes.
Sie faßten mich mit bluterfülltem Schlangenmund.
Iphigenia.
Was trugst du denn zu diesem Lande deinen Schritt?
Orestes.
895 Gehorsam Phöbos' Götterwort, erschien ich hier.
Iphigenia.
Zu welchem Zwecke? Sagst du's oder schweigst du mir?
Orestes.
Ich sag' es; vieler Leiden Quelle ward es mir.
Nachdem mein Arm der Mutter Gräuelthat gerächt,
Von der ich schweige, trieben mich verfolgende
900 Erinnen flüchtig außer Lands, bis Loxias'
Orakel endlich nach Athen mich gehen hieß,
Zu büßen hier den namenlosen Göttinnen
Vor jenem hohen Richterstuhl, den Zeus vordem
Für Ares sezte, weil er sich durch Mord entweiht.
905 Dort, als ich hinkam, schloß kein Freund die Pforten mir
Willfährig auf, als einem gottverhaßten Mann;
Und, die sich schämten, reichten mir auf eignem Tisch
Die Gastgeschenke, wenn sie schon Ein Haus umschloß,
Und saßen schweigend, daß auch ich verstummt' und scheu
910 Von ihrem Mahle keinen Theil mir forderte;

In eignen Becher füllten sie des Weines Maß
Für Jeden gleich und tranken alle wohlgemuth;
Und ich, zu schelten wagt' ich doch die Freunde nicht,
Litt Schmerz im Stillen, stellte mich, als ahnt' ich nichts,
915 Und seufzte schwer auf, weil ich Muttermörder war.
Nun hör' ich, daß mein Mißgeschick im Volk Athens
Ein Fest veranlaßt, und die Sitte noch besteht,
Daß Gießgefäße Pallas' Volk in Ehren hält.
Als ich zum Areshügel kam und vor Gericht
920 Mich stellte, nahm ich selber ein den einen Siz,
Den andern nahm der Eumeniden älteste.
Und als man mich vernommen um den Muttermord,
Da sprach mich Phöbos' Zeugniß los; auch wurde mir
Durch Pallas' Hand geordnet gleiche Stimmenzahl,
925 Und siegend trat ich aus dem Blutgericht hervor.
Am Ort des Unheils wählten sich ein Heiligthum
Die Eumeniden, die der Spruch befriedigte;
Doch jene, welchen nicht genehm der Spruch erschien,
Verfolgten stets in ruhelosem Laufe mich,
930 Bis ich in Phöbos' heilig Land von neuem kam,
Und vor dem Altar hingestreckt, der Speise mich
Enthaltend, dort das Leben mir zu nehmen schwur,
Wenn Phöbos, mein Verderber, mich nicht rettete.
Da scholl Apollons hehrer Spruch vom goldenen
935 Dreifuß, mich hierher sendend, um in's Land Athens
Das Bild hinwegzuführen, das vom Himmel fiel.
So hilf die Rettung, die der Gott mir zugedacht,
Uns miterringen; rauben wir das Gottesbild,
So flieht der Wahnsinn meinen Geist, ich bringe dich
940 Zum Argosland im ruderreichen Schiff zurück.
Denn du, o trautes Schwesterhaupt, Geliebteste,

Sei Schuz dem Vaterhause, sei mir Retterin;
Denn all mein Glück und unsers Hauses Glück zerrinnt,
Wenn nicht der Göttin Himmelsbild uns eigen wird.
Der Chor.
945 Ein schwerer Zorn der Götter brach entbrannt herein,
Und treibt in Noth der Tantaliden Stamm umher.
Iphigenia.
Bevor du hierher kamest, war schon mein Entschluß,
Zu gehn nach Argos, und, o Bruder, dich zu sehn.
Ich will, was du willst: dich befrein aus deiner Noth,
950 Und hoch aus Leid aufrichten unsrer Ahnen Haus,
Und nicht dem Mörder grollen, der mich opferte.
Von deinem Blute halt' ich so die Hände rein,
Und rette meiner Väter Haus; doch Artemis,
Wie täusch' ich diese, wie den König, wann er leer
955 Den Marmor findet, welcher trägt das Gottesbild?
Wie dann dem Tod entrinnen? Was entschuldigt mich?
Zwar wenn es dir in einer einzigen That gelingt,
Das Bild hinwegzuführen und an Schiffes Bord
Mich selbst, es wäre wahrlich schön, das Wagestück.
960 Doch, muß ich hiervon lassen, ist mein Tod gewiß;
Du kehrst nach Hause, wenn du wohl dein Werk bestellt.
Nein, dich zu retten, fürcht' ich Nichts, und muß ich auch
Den Tod erdulden; stirbt ein Mann vom Hause weg,
Schwer ist die Trauer; doch ein Weib wird schwach vermißt.
Orestes.
965 Ich möchte nicht dein Mörder und der Mutter sein;
Ihr Blut genüge! Dir vereint zu leben, ist
Mein Wunsch, und sterbend gleiches Loos zu theilen auch.
Ich gehe, wenn mich mein Geschick nicht hier ereilt,
Mit dir nach Argos, oder sterb' ich hier mit dir.

970 Vernimm die Gründe: wenn die That der Artemis
Zuwider wäre, wie geböte Phöbos mir,
Das Bild in Pallas' hohe Stadt zu bringen und
Dein Angesicht zu schauen? Wenn ich alles dies
Zusammennehme, hoff' ich froh die Wiederkehr.

Iphigenia.
975 Wie wird es möglich, daß wir uns dem Tod' entziehn
Und unser Ziel erreichen? Denn hieran allein
Mag unsre Heimkehr scheitern; ich bin gern bereit.

Orestes.
Den Herrn des Landes, könnten wir ihn morden wohl?

Iphigenia.
Der Fremdling morden seinen Wirth — ein grauses Wort!

Orestes.
980 Doch wenn es rettet dich und mich, so sei's gewagt.

Iphigenia.
Ich kann es nicht; doch loben muß ich deinen Muth.

Orestes.
Wie, wenn du hier im Tempel mich geheim verbärgst?

Iphigenia.
Daß wir die Nacht erwarten und von dannen fliehn?

Orestes.
Nacht ist der Diebe Freundin, Wahrheit liebt das Licht.

Iphigenia.
985 Die Tempelwach' ist innen, der wir nicht entgehn.

Orestes.
Weh mir! Verloren sind wir! Wie entrinnen wir?

Iphigenia.
Ich habe, dünkt mir, etwas Neues ausgedacht.

Orestes.
Und was denn? Laß mich hören, daß auch ich es weiß.

Iphigenia.
Als kluger Vorwand diene mir dein Seelenleid.
Orestes.
990 Im Ränkespinnen sind die Frau'n doch gar geschickt.
Iphigenia.
Als Muttermörder flöhst du, sag' ich, Argos' Land —
Orestes.
Benütze nur mein Leiden, wenn dir's frommen mag.
Iphigenia.
Ein Gräuel wär' es, fieleft du der Artemis —
Orestes.
Um welches Grundes willen? Doch ich ahne schon.
Iphigenia.
995 Befleckt mit Blutschuld: denn das Reine tödt' ich nur.
Orestes.
Warum erleichtert diese List des Bildes Raub?
Iphigenia.
Ich woll' in Meeresfluten dich entsündigen.
Orestes.
Das Bild, um das wir kamen, ist im Tempel noch.
Iphigenia.
Auch dieses woll' ich waschen, weil du's angerührt.
Orestes.
1000 Wo das? Du meinst wohl, wo die Flut das Land bespült?
Iphigenia.
Dort, wo dein Schiff an flächsenen Ankertauen ruht.
Orestes.
Trägst du das Bildniß, oder trägt's ein Anderer?
Iphigenia.
Ich; denn es anzurühren ist nur mir erlaubt.

Orestes
Doch welche Stellung geben wir dem Pylades?
Iphigenia.
1005 Die gleiche Blutschuld haft' an ihm, erklären wir.
Orestes.
Geschieht es heimlich, oder weiß der Fürst darum?
Iphigenia.
Ich überred' ihn; denn verborgen blieb' es nicht.
Orestes.
Nun, fertig harrt des Schiffes rascher Ruderschlag.
Iphigenia.
Du mußt besorgt sein, daß das Andre wohlgelingt.
Orestes.
1010 Eins thut allein noth: dieser Frau'n Verschwiegenheit.
Erfind ein überredend Wort, beschwöre sie;
Denn, traun, die Kraft zu rühren wohnt den Frauen bei.
Das Andre fügt sich alles dann vielleicht nach Wunsch.
Iphigenia.
Auf euch, geliebte Frauen, wend' ich meinen Blick,
1015 Auf euch allein beruht es, ob ich glücklich sein,
Ob elend sein soll und beraubt des Vaterlands,
Des Bruders und der Schwester, meiner Theuersten.
Und dieses sei vor Allem meines Worts Beginn:
Wohl sind wir Frauen, Eine will der Andern wohl;
1020 Was uns gemein ist, wahren wir mit treuem Sinn.
So seid verschwiegen und gewährt hülfreiche Hand
Zur Flucht! Des Ruhmes würdig ist ein treuer Mund.
Ihr sehet: Ein Loos wartet auf drei Liebende,
Heimkehr in's väterliche Land, ach! oder Tod.
1025 Gerettet rett' ich, daß auch du mein Schicksal theilst,
Auch dich nach Hellas. Bei der Rechten fleh' ich denn,

Dir fleh' ich, dir auch, bei der holden Wange dir,
Bei diesen Knie'n und deines Hauses Theuerstem,
Bei Mutter, Vater, Kindern, wenn du Kinder hast!
1030 Was meint ihr? Welche will es, welche weigert es?
O sprecht! Versagt ihr meinem Wort die Billigung,
Bin ich dahin, mein armer Bruder ist dahin.

Der Chor.
Geliebte Herrin, sei getrost und rette dich;
Denn traun, von mir wird Alles, was du mir gebeutst,
1035 Getreu verschwiegen; zeuge mir der große Zeus!

Iphigenia.
Dank euch für diese Worte, mögt ihr glücklich sein!
(Zu Pylades und Orestes.)
Dein Werk, und deines, ist es nun, hineinzugehn
Zum Tempel: bald erscheint ja dieses Landes Herr,
Zu forschen, ob das Opfer schon vollendet sei.
(Die Angeredeten gehen in den Tempel.)
1040 Erhabne Göttin, die du mich vor Aulis' Bucht
Aus meines Vaters Mörderhand errettetest,
Errette nun auch mich und sie, daß Phöbos' Wort
Den Menschen deinetwegen nicht als Lüge gilt!
Auf, wandre huldvoll aus dem Land der Fremdlinge
1045 Zur Stadt Athene's! Hier zu wohnen ziemt dir nicht,
Dir, die der Pallas Segensland bewohnen kann.
(Sie gehen in den Tempel.)

Der Chor.
Erste Strophe.
Vogel, der du bei felsigen
Meeranhöhen, o Halkyon,
Klagst in traurigem Liede,
1050 Leicht zu versteh'n dem Verständigen, daß

Du den Gemahl im Gesange stets beweinst!
Dir vergleichbar im Leid bin ich,
Kein geflügelter Sänger;
Mich verlangt es nach Hellas, zur
1055 Artemis, der Kreisenden Schuz,
Die bei dem kynthischen Hügel wohnt, an
Palmbäumen mit zartem Laub,
Schönblühendem Lorbeer und
Heiligem, dunklem Sprosse des Oelbaums,
1060 Wo Leto die Beiden gebar,
Längs dem See, der wirbelnd die Flut
Hinrollt, wo der gesangesreiche
Schwan feiert die Musen.

Erste Gegenstrophe.

O reichströmende Thränen, die
1065 Meine Wangen bethauten einst,
Als die Burgen der Heimat
Stürzten und ich in die Schiffe mich schwang,
Und von dem Ruder und Speer des Feindes ereilt,
Und um goldenen Lohn verkauft,
1070 Zog in's Land der Barbaren,
Wo der hirschedurchbohrenden
Artemis holde Priesterin,
Wo mir gebeut Agamemnons Tochter
Am opferreichen Altar!
1075 Ich preise glücklich den Mann,
Der stets elend war; er ermattet
Nicht in dem Leid, mit dem er erwuchs.
Holder Glücksstern wandelt sich oft;
Aber nach glücklichen Tagen Unglück —
1080 Schwer drückt es die Menschen.

Zweite Strophe.

Doch, erhabene Herrin, dich
Trägt ein argisches Schiff zur Heimat;
Laut ertönt das künstliche Rohr
Des bergliebenden Pan, und ruft
1085 Seerudernden Volk zur Fahrt.
Auch der Seher Phöbos erscheint,
Rauscht in die Saiten der Lyra, stimmt
Lieder an, und geleitet dich
Wohl in Atthis' glänzendes Land.
1090 Doch mich lässest du hier zurück,
Fliehest mit rauschendem Kiel, und es breiten sich aus in
                                            den Lüften die
Segel, und flattern an Tau'n, von dem Spiegel zum Buge;
                                                rasch
Theilt das Schiff die Wogen.

Zweite Gegenstrophe.

Könnt' ich die strahlende Rennbahn ziehn,
1095 Wo die flammende Sonne hinwallt,
Daß ich heimwärts flöge den Flug,
Und dann über dem heimischen
Dach hemmte der Flügel Schwung!
Ständ' ich dort in den Reigen, wo
1100 Ich, von den Edeln umworben, stand,
Und mit meinen Gespielen in
Holder Lust wetteifernd den Fuß
Schwang im Tanz, und in bräutlichem
Glanze des Haars in den Kampf mich erhob mit den
                                            strahlenden goldenen
1105 Schäzen, von farbigen Schleiern umwallt, und von Locken dicht
Meine Wang' umschattet!

Thoas mit Trabanten und Sklaven. Der Chor. Iphigenia.

Thoas.
Wo weilt des Tempels Hüterin, die griechische
Jungfrau? Sie hat wohl eingeweiht die Fremdlinge?
Und ihre Körper flammen schon im Heiligthum?
(Iphigenia kommt mit der Bildsäule der Göttin aus dem Tempel.)

Der Chor.
1110 Hier ist sie, die dir Alles deutlich sagt, o Fürst.

Thoas.
Ha!
Was trägst du, Kind Agamemnons, unsrer Göttin Bild
Vom unverrückbar'n Fußgestell im Arme fort?

Iphigenia.
Herr, bleibe stehen, wo du stehst, am Säulengang.

Thoas.
Was gibt es Neues drinnen, Iphigenia?

Iphigenia.
1115 O Graun! Dem heiligen Dienste weih' ich dieses Wort.

Thoas.
Welch Unerhörtes meinst du? Sprich es deutlich aus.

Iphigenia.
Kein reines Opfer habt ihr uns erjagt, o Fürst.

Thoas.
Wer gab dir hievon Kenntniß? Oder ahnst du bloß?

Iphigenia.
Das Bild der Göttin wandte sich von seinem Siz.

Thoas.
1120 Freiwillig? Oder weil der Erde Grund gebebt?

Iphigenia.
Freiwillig: und der Augen Lider schloß es zu.

Thoas.
Was war der Grund wohl? Gräuelthat der Fremdlinge?

Iphigenia.
Nichts Andres; Grausenvolles, Herr, verübten sie.

Thoas.
Erschlug ihr Arm am Ufer einen Taurier?

Iphigenia.
1125 Mit Mord belastet kamen sie von Hause her.

Thoas.
Mit welchem? Denn zu fragen kommt die Lust mich an.

Iphigenia.
Die Mutter würgten Beide durch vereinten Mord.

Thoas.
O Phöbos! Auch kein Wilder hätte das gewagt.

Iphigenia.
Verfolgt vom ganzen Hellas flohn sie außer Lands.

Thoas.
1130 Aus diesem Grunde trägst du denn das Bild heraus?

Iphigenia.
In heil'gen Aether, daß es fern dem Gräuel sei.

Thoas.
In welcher Weise fandest du der Fremden Schuld?

Iphigenia.
Ich fand sie, als der Göttin Bild sich umgewandt.

Thoas.
Zur Weisen zog dich Hellas, daß du's wohl erkannt.

Iphigenia.
1135 Nun haben sie mir süßen Köder vorgesezt.

Thoas.
Aus Argos etwas Liebes dir verkündigend?

Iphigenia.
Daß mein Orest, mein einziger Bruder, glücklich sei.
Thoas.
Damit du, froh der Kunde, dann sie rettetest?
Iphigenia.
Auch lebe noch mein Vater, leb' in Wohlergehn.
Thoas.
1140 Doch du verbliebst der Göttin, wie sich ziemt, getreu.
Iphigenia.
Ich hasse ja ganz Hellas, das mich mordete.
Thoas.
Was also thun wir, sage, mit den Fremdlingen?
Iphigenia.
Den alten Brauch bewahren, heißt die strenge Pflicht.
Thoas.
Nun, hast du nicht Weihwasser, nicht dein Schwert zur
Hand?
Iphigenia.
1145 Durch fromme Waschung will ich erst sie reinigen.
Thoas.
Mit Wasserquellen, oder Meereswellenthau?
Iphigenia.
Des Meeres Flut spült alle Schuld der Menschen ab.
Thoas.
Der Göttin mehr gefällig sterben Beide dann.
Iphigenia.
Und meiner Pflicht auch leb' ich so getreuer nach.
Thoas.
1150 Nun, spült an unsern Tempel nicht die Meeresflut?
Iphigenia.
Der Einsamkeit bedarf es; Andres thun wir noch —

Thoas.
Geh, wo du hinwillst; kein Geheimniß will ich sehn.

Iphigenia.
Das Bild der Göttin muß ich auch entsündigen.

Thoas.
Wohl, wenn des Muttermordes Mal es schändete.

Iphigenia.
1155 Sonst hätt' ich's nie von seinem Marmorsitz entführt.

Thoas.
Der fromme Sinn, die weise Vorsicht ist gerecht.

Iphigenia.
Weißt du nun, Herr, was geschehn soll?

Thoas.
Dir gebührt dies kundzuthun.

Iphigenia.
Schlag' in Fesseln diese Fremden.

Thoas.
Doch wohin entflöh'n sie dir?

Iphigenia.
Hellas' Volk weiß nichts von Treue.

Thoas.
Bringt, ihr Knechte, Fesseln her.

Iphigenia.
1160 Auch die Fremden herzuführen, gib Befehl . . .

Thoas.
Es wird geschehn.

Iphigenia.
In's Gewand ihr Haupt verhüllend . . .

Thoas.
Vor der Sonne Strahlenglanz.

Iphigenia.
Dann von deinen Dienern send' uns welche mit ...

Thoas.
(auf die Diener zeigend)
Die folgen dir.

Iphigenia.
Einen sende nach der Stadt hin, kundzuthun ...

Thoas.
Und welches Wort?

Iphigenia.
Alles soll daheim sich halten ...

Thoas.
Sklave, geh' und melde dies.

Iphigenia.
1165 Und von Freunden darf vor Allem ...

Thoas.
Diese Mahnung gibst du mir.

Iphigenia.
Keiner sich den Blicken zeigen ...

Thoas.
Daß sie nicht der Sühne nahn.

Iphigenia.
Denn Entsezen weckt der Anblick ...

Thoas.
Rühmlich sorgst du für die Stadt.

Iphigenia.
Wie's geziemt.

Thoas.
Darum bestaunt dich, wie's geziemt, die ganze Stadt.

Iphigenia.
Du verweile vor der Göttin Tempel hier ...

Thoas.
    Was soll ich thun?

Iphigenia.
1170 Sühne ringsher seine Hallen ...

Thoas.
    Daß du rein ihn wiederschauft?

Iphigenia.
Wenn indeß die Fremden aus dem Thore gehn ...

Thoas.
    Was muß ich dann?

Iphigenia.
In's Gewand dein Auge hüllen.

Thoas.
    Daß der Gräul mich nicht entweiht!

Iphigenia.
Schein' ich dir zu lang zu säumen ...

Thoas.
    Welche Frist bestimmst du mir?

Iphigenia.
Wundre drum dich nicht.

Thoas.
    Vollend' in Muße, was dein Amt gebeut.

Iphigenia.
1175 Könnt' ich doch vollziehn die Sühne, wie ich will!

Thoas.
    Ich wünsch' es auch.

(Thoas geht ab; Orestes und Pylades werden herbeigeführt.)

Iphigenia.
Dort gewahr' ich schon die Fremden, nahend aus dem Hei=
    ligthum,

Auch der Göttin Schmuck und junge Lämmer, um den Mord
            mit Mord
Auszusühnen, auch der Fackeln Schimmer, und das Andre, das
Ich geordnet für der Fremden und der Göttin Reinigung.
1180 Aus dem Wege, ruf' ich Allen, vor dem schuldbefleckten Paar;
Wer, des Heiligthumes Hüter, rein die Hand den Göttern
            weiht,
Oder Eh'n ausgeht zu knüpfen, oder wen Geburt beschwert,
Flieht, entweicht, daß euer Keinen dieser Gräul entheilige!
Herrscherin, von Zeus und Leto stammend, wann ich ihren
            Mord
1185 Sühnt' und würdig Opfer brachte, wohnst du rein im
           reinen Haus,
Und beglückt sind wir. Das Andre sag' ich nicht; den
           Göttern nur
Deut' ich's an, die Alles wissen, und, erhabne Göttin, dir.
     (Iphigenia mit den Gefangenen ab.)

Der Chor.
Strophe.

Groß ist der Sohn Leto's, er,
Den in des delischen Eilandes gesegneten Gründen,
1190 Den citherkundigen, gold=
lockigen Gott mit der Artemis, die
Treffender Pfeile sich freut,
Die Mutter einst trug von dem Felsen des Meers,
Entflohn der gefeierten Stätte,
1195 Wo sie gebar an wogender Flut,
Trug zu Parnassos' Gipfel empor,
Den Dionysos' Jubel umschallt;
Wo der fleckige Drache mit blutroth glühendem Blick,
Von des schattigen Lorbeers dichtem Laub umkränzt,

1200 Jenes Ungethüm,
Das Orakel bewacht, Ge's furchtbarer Sohn.
Ihn hast du, noch ein Kind, ein Kind,
In den Armen der süßen Mutter hüpfend,
Gemordet, Phöbos, und
1205 Zogst hin zu dem göttlichen Herd;
Dort auf untrüglichem Thron,
Dem goldnen Dreifuß, waltest du,
Sendest heilige
Gottessprüch' aus Licht
1210 Aus göttlichem Grund, in der Mitte der Welt
Kastalia's Wassern nahe thronend.

Gegenstrophe.

Doch als er Ge's hohes Kind,
Themis, von Pytho, der Stadt heiliger Sprüche, vertrieben;
Da zeugte Gäa sofort
1215 Nächtliche Bilder, Gesichte des Traums,
Welche dem Menschengeschlecht,
Was erst, was drauf war, oder das künftige Loos
Aus düsterem Schooße, der Erde
Lagern, herauf kundgaben im Schlaf;
1220 Und sie raubte dem Phöbos, ihr
Kind zu rächen, des Sehers Ruhm.
Und hinauf zum Olympos eilte flugs der Gott,
Und erhob zu dem Throne des Zeus die kleine Hand,
Flehte, Pytho's Haus
1225 Zu befrein von der Gäa nächtlichem Zorn.
Zeus lachte, daß das Kind so bald
Erschien und um goldene Ehren buhlte;
Er neigte das Lockenhaupt,
Und hemmte die Stimmen der Nacht,

1230 Nahm von den Menschen hinweg
Der Nächte Traumweissagungen,
Gab dem Loxias
Ehr' und Glanz zurück,
Und den Menschen Vertraun zu dem göttlichen Wort,
1235 Das tönt vom Thron, den sie dicht umstehen.

Ein Bote. Der Chor.

Der Bote.
(ruft vor dem Tempel)

Ihr Tempelhüter, Priester ihr am Opferherd!
Thoas, des Landes König, sprecht, wo ging er hin?
Erschließt die festverbundnen Thore mir und ruft
Aus dieses Hauses Räumen uns des Landes Herrn.

Der Chor.
1240 Was gibt es, wenn ich's sagen soll nach deinem Wunsch?

Der Bote.
Davon, entschwunden sind die beiden Jünglinge;
Sie flohn aus diesem Lande nach dem schlauen Rath
Der Tochter Agamemnons, und entführten uns
Das heil'ge Bild im Busen eines Griechenschiffs.

Der Chor.
1245 Unglaublich, was du meldest! Doch des Landes Herr,
Nach dem du spähst, ging eilig aus dem Tempel fort.

Der Bote.
Wohin? Er muß erfahren, was geschehen ist.

Der Chor.
Wir wissen's nicht; doch eile, folg' ihm ungesäumt,
Ihn aufzufinden und die That ihm kundzuthun.

Der Bote.
1250 O seht, wie treulos dieses Volk der Weiber ist!
Gewiß, auch ihr habt euer Theil an dieser Schuld.

Der Chor.
Du rasest! Was geht uns die Flucht der Fremden an?
Zum Haus des Königs eile schnell und säume nicht!
Der Bote.
Nicht eher, als bis Einer deutlich uns erklärt,
1255 Ob innen oder draußen sei des Landes Fürst.
Holla, die Schlösser öffnet, ihr da drinnen, ihr,
Und sagt dem König, daß ich hier am Thore sei,
Ihm eine Last von neuen Uebeln kundzuthun!
(Thoas tritt aus dem Tempel.)
Thoas.
Wer hebt am Götterheiligthum so lauten Ruf,
1260 Und schlägt die Pforten, und erschreckt, die drinnen sind?
Der Bote.
(auf den Chor deutend)
Sie logen also, diese, scheuchten mich hinweg,
Als wärst du draußen; doch du warst im Hause ja.
Thoas.
Und welchen Lohn denn hofften oder suchten sie?
Der Bote.
Nachher bezeichn' ich ihre Schuld; vernimm zuvor,
1265 Was eben aufkam. Jenes Weib, die Priesterin
An diesem Tempel, Iphigenia, floh hinaus
Zum Lande samt den Fremden mit dem heiligen
Standbild der Göttin; Lüge war die Reinigung.
Thoas.
Wie? Welcher unheilvolle Geist kam über sie?
Der Bote.
1270 Sie will Orestes retten; darob staunst du wohl.
Thoas.
Wen? Jenen, den die Tochter Tyndars einst gebar?

Der Bote.
Ja, den die Göttin ihrem Altar heiligte.
Thoas.
O Wunder! Wie mit größerm Namen nennt' ich dich?
Der Bote.
Nicht wende hierauf deinen Sinn, nein, höre mich;
1275 Und wenn du hörtest und erwogst, dann sinne nach,
Wie wir verfolgend wieder fahn die Fremdlinge.
Thoas.
Du räthst mir wohl; so rede; denn sie fliehen nicht
Auf kurzem Pfade, daß sie meinem Speer entflöhn.
Der Bote.
Sobald wir hingelangten an des Meeres Strand,
1280 Woselbst Orestes' Barke still vor Anker lag,
Winkt' Agamemnon's Tochter uns, die deinem Ruf
Dienstbar, an Fesseln fortgeführt die Fremdlinge,
Abseits zu treten, weil sie nun das heilige
Brandopfer rüsten wollte samt der Reinigung.
1285 Sie selber trug die Fesseln beider Fremdlinge,
Und schritt zum Meer nach. Dies erweckte zwar Verdacht;
Doch deinen Dienern, edler Herr, gefiel es so.
Zulezt, damit sie fürder nicht unthätig uns
Erscheine, schrie sie, sang Beschwörungsformeln ab
1290 In fremden Lauten, als versöhne sie den Mord.
Nachdem wir lang gesessen, kam es uns zu Sinn,
Die Fremden könnten aus den Banden sich befreit,
Die Frau getödtet haben, und entsprungen sein.
Doch Furcht, zu schauen, was man uns verwehrt, bewog
1295 Uns still zu sizen; endlich kam uns Ein Entschluß,
Zu späh'n nach ihnen, ob's uns gleich verboten war.
Und jezo sahn wir eine Griechenbarke dort

Mit hohen Ruderblättern schon zur Fahrt beschwingt,
Und sahen fünfzig Schiffer auf den Bänkereih'n
1300 Die Ruder haltend, und von ihren Fesseln frei
Am Hintertheil des Schiffes stehn die Jünglinge.
Mit Stangen stützt man hier den Bug, dort hängen sie
Den aufgewundnen Anker ein, Zugbrücken eilt
Man hier zu legen, windet an des Spiegels Tau'n,
1305 Und läßt die Leitern nieder für die Fremdlinge.
Wir schonten nun nicht länger, und das falsche Spiel,
Den Trug erkennend, faßten wir das fremde Weib,
Zugleich die Spiegeltaue; dann versuchten wir
Die Rudergriffe loszudrehn am Hinterschiff.
1310 Da gingen Reden: „Was entflieht ihr über's Meer,
Stehlt aus dem Lande Götterbild und Priester uns?
Wer, wessen Sohn du, daß du die fortführst von hier?"
Der sprach: „Orestes, Agamemnons Sohn, bin ich,
Ihr Bruder, daß ihr's wisset, und entführe sie,
1315 Sie, meine Schwester, die daheim ich einst verlor."
Doch, dessen achtlos, hielten wir die Fremde fest;
Zu dir zu folgen, wollten wir sie nöthigen,
Und arge Streiche gab es nun auf Wang' und Kinn.
Denn Schwerter hatten jene nicht in ihrer Hand,
1320 Noch wir; die Fäuste schlugen auf die Fäuste los,
Und schmetternd traf der beiden Jüngling' Arm zugleich
Auf Rippen und auf Leber uns mit schwerem Schlag,
Daß unsre Glieder brachen und ermatteten.
Mit Wundenmalen grauenvoll gezeichnet, floh
1325 Zum jähen Rand des Ufers unsre Schaar, am Haupt
Der eine, der am Auge blutigroth gefärbt.
Dort oben stehend kämpften wir gesicherter,
Und warfen Steine nieder auf die Fremdlinge.

Nun drängten uns die Schützen auf dem Hintertheil
1330 Des Schiffs mit Pfeilen, jagten uns weithin zurück.
Indessen trieb ein grauser Wellenstoß das Schiff
Zum Lande, wenig fehlte nur, so scheitert' es;
Jezt nimmt Orest die Schwester auf den linken Arm,
Und springt in's Wasser, eilt die Leiter rasch hinauf,
1335 Und sezt sie wohlbehalten auf das Ruderschiff
Samt unsrer Göttin Bilde, das vom Himmel einst
Gefallen. Da scholl mitten aus des Schiffes Raum
Ein Ruf: „Des Schiffes Meister ihr vom Argosland,
Ergreift die Ruder, weißt mit Schaum die Meeresflut;
1340 Wir haben Alles, wessenthalb Euxeinos' Furth,
Die Symplegadenfelsen wir durchsegelten!"
Da brüllt' in frohem Jubel auf das Schiffervolk,
Und schlug die Wogen. Innerhalb des Portes noch,
Schwamm leicht die Barke; doch gelangt in offne See,
1345 Da floh sie ringend vor der Wogen Schwall zurück;
Denn plözlich stürmte wilder Wind auf's Schiff herein,
Und warf es rückwärts; Alle rangen angestrengt
Der Wog' entgegen; aber nach dem Land zurück
Trieb neuer Wogen Schwall das Schiff. Agamemnon's Kind
1350 Erhob sich jezt und flehte „Göttin Artemis,
O rette mich nach Hellas, deine Priesterin,
Vom Fremdlingsufer, und vergib uns diesen Trug!
Du liebst ja deinen Bruder auch, du Göttliche;
So glaube mir, ich liebe meinen Bruder auch."
1355 Die Schiffer stimmten jubelnd ein mit Päanston
In's Flehn der Jungfrau, bis zur Schulter bloß den Arm,
Zum Rudern froh sich gürtend auf des Meisters Ruf.
Doch näher, näher trieb das Schiff den Felsen zu;
Und Einer schwang mit den Füßen flugs in's Wasser sich,

1360 Ein Andrer warf gewundnes Tauwerk über Bord.
Ich wurde sogleich ausgesandt, hierher zu dir,
Um dir zu melden, König, was sich dort begab.
Drum eile, nimm dir Fesseln, nimm Fangschlingen mit;
Denn wird des Meeres Wogen nicht besänftiget,
1365 Dann ist für diese Fremden kein Entrinnen mehr.
Des Meeres Herrscher schaut mit Huld auf Ilion,
Poseidon, und den Pelopiden grollt der Gott:
Und heute gibt er, wie's geziemt, in deine Hand
Und deiner Bürger Agamemnons Sohn, mit ihm
1370 Zugleich die Schwester, die den Mord in Aulis' Bucht
Vergaß und unsre Göttin undankbar verrieth.

Der Chor.

Kind Agamemnons, Arme, mit dem Bruder mußt
Du sterben, fällst du wieder in des Herrschers Hand!

Thoas.

Ihr Bürger all' in diesem fernen Uferland,
1375 Auf! Zäumt ihr eure Rosse nicht, wollt nicht hinaus
An's Meergestade sprengen, um das strandende
Hellenenschiff zu fassen, und in Artemis'
Obhut die gottvergessnen Räuber einzufahn?
Zieht ihr die schnellen Schiffe nicht hinab in's Meer?
1380 Zur See, zu Lande wollen wir auf Rossen sie
Ereilen, und vom schroffen Felsenberg hinab
Sie stürzen, oder auf den Pfahl befestigen!

(zum Chor)

Euch aber, die ihr wohlgewußt um diesen Trug,
Euch Frauen werd' ich später, wenn mir Muße wird,
1385 Bestrafen. Jezo bleiben wir nicht ruhig mehr,
Bis wir das dringend ernste Werk vollendeten.

(Athene erscheint.)

Athene.

Wohin, wohin denn führst du die Verfolger hier,
O König Thoas? Höre mein, Athene's, Wort.
Verfolge nicht mehr, laß den Strom des Heeres ruhn;
1390 Geführt vom Schicksal, kam, Apollons Spruch gemäß,
Orestes hierher, vor der Eumeniden Zorn
Entflohn, um seine Schwester heim in Argos' Reich
Zu bringen und das heil'ge Bild in mein Gebiet,
Damit er frisch aufathme, frei von aller Noth.
1395 So lautet unser Wort an dich. Den aber du
Im Meeressturm ereilen, den du morden willst,
Ihn trägt Poseidon, mir zu Gunst, im sichern Schiff
Jezt eben hin auf wogenloser Meeresbahn.
Auch du, Orestes, achte wohl auf mein Gebot:
1400 (Du hörst der Göttin Stimme, wenn auch ferne schon;)
Zieh' hin mit deiner Schwester und dem Götterbild!
Und wenn du kommst zur gotterbauten Stadt Athen,
Dann ist an Atthis' fernstem Saum ein heil'ger Ort,
Dem Strand benachbart, wo Karystos' Hügel sind;
1405 Von meinem Volke wird der Ort Halä genannt.
Dort baue dir den Tempel, dort stell' auf das Bild;
Vom Taurerlande nenn' es dann und deinem Leid,
Das du von Eumenidenwuth erduldetest,
Durch Hellas irrend. Künftig heißt Tauropolos
1410 Die Tochter Leto's im Gesang der Sterblichen.
Und dies Gesez verordne: wenn das Volk ein Fest
Für deine Lösung feiert, beuge sich dem Stahl
Der Nacken eines Mannes, ströme Blut hervor,
Damit der Göttin heiliger Brauch in Ehren sei.
1415 Du, Tochter Agamemnons, wirst auf heiligen
Berghöhn von Brauron Priesterin der Artemis;

Einst wirst du dort bestattet und in Schmuck gehüllt
Von schöngewobnen Schleiern, den Gebärende
Daheim zurückgelassen, die den Todeskampf
1420 Ausrangen. Aber diese Frau'n von Hellas hier
Gebiet' ich heimzuführen aus dem Taurerland
Des wackern Sinnes wegen, ich, die früher auch
Durch gleiche Stimmen auf des Ares Hügel dich
Befreit, Orestes; und es gelte dies Gesez:
1425 Daß Sieger sei, wer gleiche Stimmenzahl erhielt.
So führe deine Schwester aus dem Lande nun,
Sohn Agamemnons: du, o Thoas, zürne nicht!

Thoas.

Athene, Herrin, wer der Götter Ruf vernimmt,
Und ihm Gehorsam weigert, hegt unweisen Sinn.
1430 Ich zürne nicht Oresten, daß der Göttin Bild
Er uns entführt, noch seiner Schwester fürderhin:
Wie ziemte Kampf mit Göttern, die so mächtig sind?
Sie mögen nur fortziehen in dein Land und dort,
Des Glückes froh, aufstellen unsrer Göttin Bild!
1435 Auch diese Frauen send' ich zum gesegneten
Hellenenlande, wie mir dein Gebot befiehlt,
Und senke meine Lanze vor den Fremdlingen
Und meine Ruder, Göttin, weil du's also willst.

Athene.

Ganz wohl! Das Schicksal waltet über dir und uns.
1440 Weht, Lüfte, führet Agamemnons Sohn dahin
Im Schiff nach Atthis! Ich geleite seine Fahrt,
Und schüze meiner Schwester hochverehrtes Bild.

Der Chor.

Nun ziehet dahin auf glückliche Fahrt,
Stets froh des geretteten Lebens!
1445 Doch, Heilige du, von den Göttern verehrt,
Und von Menschen verehrt, Pallas Athene!
Wir thun, wie's uns dein Wille gebeut.
Ein erfreuliches Wort, unerwartet, ist uns
Dein Ruf zu den Ohren erklungen. —

1450 Hochheilige Göttin des Siegs, o nimm
Mein Leben in Hut,
Und laß nicht ab, es zu kränzen!

Anmerkungen zu Iphigenia in Tauri.

Vers 1. Pelops, der Sohn des Tantalos aus Lydien, besiegte den König von Elis, Oenomaos, durch List, und empfing als Preis des Sieges Hippodame, die Tochter des Oenomaos. Vergl. meine Anmerkung zu Sophokles' Elektra V. 487 ff.

– 7. Euripos, die Meerenge zwischen Böotien und Euböa, war sehr stürmisch. Livius sagt 28, 6: Nicht siebenmal des Tages ebbt und flutet die Meerenge des Euripus, wie die Sage meldet, zu gewissen Zeiten; sondern unregelmäßig, wie vom Winde, wird das Meer, einem herabstürzenden Bergstrome gleich, hierhin und dorthin gerissen.

– 21. Die Strahlengöttin ist Artemis.

– 33. Thoas, meint Iphigenia, habe den Namen von thoos, d. i. schnell.

– 36. Artemis als Todesgöttin hatte den Beinamen die Schöne, (καλή), mit einem Euphemismus, wie man die Erinnyen Eumeniden (die gnädigen Göttinnen) nannte.

– 40. Ich weihe nur das Opfer — durch Besprengung desselben mit dem heiligen Wasser. Vgl. V. 602.

– 60. Strophios in Phokis war des Pylades Vater und Oheim der Iphigenia. Seine Gemahlin war Anaxibia, die Schwester Agamemnons.

Anmerkungen zu Iphigenia in Tauri.

Vers 65. L. ὅπω τίνος πάρεισιν; εἶμ' εἴσω δόμων.

- 110. L. τολμητέον σοι.

- 112. Die Triglyphen, der s. g. Dreischliz über dem Architrav, eine der dorischen Säulenordnung eigenthümliche Zierrat.

- 117. L. χώρει δ' ὁρῶν.

- 124. Die zwei sich begegnenden Felsanhöhen sind die Symplegaden. S. zu Medeia V. 1.

- 130. Der Schlüsselbewahrerin, der Priesterin Iphigenia.

- 132. Europa, der Siz voll prangender Bäume, steht im Gegensaze gegen das baumlose Scythien. Im Vorhergehenden sind besonders die roßreichen Gefilde von Argos gemeint, dem Vaterlande der Iphigenia.

- 140. F. Ἀτρειδᾶν l. Ἀργείων.

- 158 ff. Aus Wasser, Milch, Wein (dem Trank des Lyäos) und Honig bestanden die Todtenopfer.

- 167. Haarloden legte man als Todtengeschenk auf die Gräber.

- 173. L. δέσποιν', ἐξαυδάσω.

- 176. L. νέκυσι μελομέναν. M. s. Hermanns Ausgabe.

- 177 ff. L. οἴμοι τῶν Ἀτρειδᾶν οἴκων
ἔρρει φῶς σκήπτρων, οἴμοι,
τῶν σῶν πατρῴων οἴκων.

- 186. Nach dem Tode des Pelops (berichtet ein alter Ausleger) stritten seine beiden Söhne, Atreus und Thyestes, um die Thronfolge. Ein göttliches Zeichen sollte entscheiden: und siehe! Atreus fand in seiner Heerde ein Lamm mit goldenem Vließe. Aber seine Gemahlin Aërope entwendet das Thier und schenkt es ihrem Buhlen Thyestes. Atreus, darüber ergrimmt, stürzt die Verrätherin n's

Anmerkungen zu Iphigenia in Tauri.

Meer, ermordet ingeheim die Söhne des Bruders, und tischt ihm das Fleisch derselben auf: ein Gräuel, vor dem der erschreckte Sonnengott nach Morgen zurückfloh und die Plejaden aus ihren Bahnen wichen.

- Vers 186. L. ἄλλαις sc. ὀδύναις.
- 195. L. καὶ νυκτὸς κείνας ἐξ ἇς.
- 232. Diktynna, ein anderer Name der Artemis. — Weihwasser, das heilige Wasser, in dem man vor dem Opfer die Hände wusch.
- 258. Ino, von ihrem rasenden Gemahl Athamas verfolgt, stürzte sich mit ihrem Sohne Melikertes von einem Felsen des Isthmos in's Meer, und Beide wurden von Poseidon unter die Gottheiten des Meeres aufgenommen als Leukothea und Palämon.
- 260. Die Dioskuren, Kastor und Polydeutes, Schuzgötter des Meeres, wie Palämon und Leukothea, wurden, wie diese, von den Schiffern in der Gefahr angerufen.
- 291. Und bläst die Muscheln, welcher man sich, vor Erfindung der Trompete, zum Lärmblasen bediente.
- 339. L. ᾐσθόμην, φίλαι.
- 361. L. ἀδελφὸν οὔτ' ἀνειλόμην χεροῖν.
- 362. L. κασιγνήτη.
- 363. Aus Scham: sie hätte, wenn sie die Schwester küßte, das Angesicht enthüllen müssen, das sie als Braut verschleiert trug. Vgl. V. 360.
- 375. Tantalos hatte den Göttern, um ihre Allwissenheit zu erproben, seinen geschlachteten Sohn Pelops zum Mahle vorgesezt: Zeus merkte es, kochte die Glieder, bis auf eine von Demeter schon angegessene Schulter, in einem Kessel wieder zusammen, und schloß die Lücke mit Elfenbein; nach einer andern Sage ersezte er die verlorne Schulter durch eine goldene.

Vers 380. Die bläuliche Meeresenge, der thrakische Bosporos.

- 381. L. ἴν' οἴστρος ὁ ποιώμενος Ἀργόθεν
  Εὔξεινον ἐπ' οἶδμα διεπέρασεν Ἰοῦς.

  Jo, die Tochter des Flußgottes Inachos, wurde von Zeus, der sie den Augen Here's entziehen wollte, in eine Kuh verwandelt. Aber die eifersüchtige Göttin erbat sich die Kuh zum Geschenke; und nachdem ihr hundertäugiger Wächter, Argos, durch Hermes getödtet war, sandte sie ihr eine Bremse, die samt dem Schatten des Argos sie auf dem ganzen Erdkreise umhertrieb. Jo schwamm über den thrakischen Bosporos nach Asien.

- 388. L. δία τέγγει.

- 393. L. λινοπόροισιν αὔραις.

- 399. L. κεινᾷ δόξᾳ.

- 400. L. γνώμα δ' οἷς μενέκαιρος ὄλβον.
  τοῖςδ' εἰς μέσον ἥκει.

- 403. Phineus, König der thrakischen Stadt Salmydessos, wohnte nicht weit von der Mündung des Bosporos und den symplegadischen Felsen. Schlaflos nennt der Dichter die Gestade wegen des stürmischen Meeres.

- 415ff. Auf dieser Insel oder vielmehr Halbinsel, die im Pontos Euxeinos lag, feierte Achilleus, der mit einer Flotte in diese Gewässer eingedrungen war, seine Siege durch Wettrennen und andere Spiele. Die weißen Gestade und die vielen Vögel der Insel erwähnt auch Arrian. Wahrscheinlich dachte sich Euripides auch dieses Land, wie Tauri diesseits des Pontos Euxeinos, in der Nähe des thrakischen Bosporos.

- 492. Nicht wollend, weil er von seinen Mitbürgern vertrieben ward; wollend, weil er von dem Muttermorde entsündigt zu werden wünschte.

- 559. L. ὀνείδους' ἅμα.

Anmerkungen zu Iphigenia in Tauri.

Vers 606. Vielleicht dachte der Dichter hier an die eherne Bildsäule des Kronos in Karthago, welche, die Hände mit dem Rücken gegen einander zur Erde gestreckt, die Geschlachteten in einen mit Feuer gefüllten Erdschlund hinabfallen ließ. S. Diodor Sic. 20, 14.

= 655. L. προδοὺς σεσῶσθαί σ' αὐτὸς εἰς οἴκους μόνος.

= 730. L. ἀλλ' οὔτις ἔστ' ἄκαιρος, ἢν καλῶς ἔχῃ. οὔτις bez. auf λόγος V. 729.

= 742. Für die Götter, um einem Meineide vorzubeugen, für mich, um meinem Gewissen zu genügen.

= 787. L. τάχ' ἐκ ἐρωτῶ εἰς ἄπιστ' ἀφίξομαι.

= 792. S. zu V. 185.

= 811. L. εὐτυχῶν τύχαν.

= 817. Herde der Kyklopen. Mykene war von den Kyklopen erbaut.

= 827. Hymenäen, Brautgesänge.

= 828. L. δάλι' ὅτ' ἀγόμαν.

= 844. L. τόδε, τόδ', ὦ μελέα ψυχά.

= 872. L. φίλα γὰρ ἔσται ταῦτ' ἐμοί.

= 902. Den namenlosen Göttinnen, den Erinnyen, deren Namen man zu nennen mied.

= 903. Ares hatte den Halirrhothios, einen Sohn Poseidons, erschlagen, und die Götter richteten ihn, der Sage nach, auf dem Areiopagos (dem Areshügel), welcher der Akropolis gegenüber lag.

= 911. Während sonst allen Gästen die Becher aus einer gemeinsamen Schöpfwanne gefüllt wurden, erhielt hier Jeder sein eigenes Gefäß, um mit dem Muttermörder Nichts gemein zu haben.

Vers 917. Dieses Fest hieß das Trink- oder Kannenfest, und wurde am zweiten Tage der Anthesterien, am zwölften des Monats Anthesterion, gefeiert. Nach dem Scholiasten zu den Rittern des Aristophanes schrieb es sich eben von Orestes her, welcher nach Athen zum Könige Pandion gekommen sein soll, als er gerade eine öffentliche Schmauserei feierte. Er habe Scheu getragen, den Orestes fortzuschicken; aber weil er vom Morde noch nicht gereinigt gewesen, habe er ihn auch nicht am Essen und Trinken Theil nehmen lassen können. Daher habe er, damit er nicht mit ihnen aus Einem Mischkruge trinke, Jedem sein besonderes Gefäß vorgesezt. Ludwig.

- 920. Es waren zwei Size da, des Schimpfes und des Trozes, d. h. in alter Sprache: der Anklage und der Vertheidigung, des Klägers und des Angeklagten; sie werden auch die silbernen oder die weißen Steine genannt.

- 924. Da die verurtheilenden und die lossprechenden Stimmen gleich waren, so fügte Pallas ihre Stimme denen hinzu, die für die Lossprechung waren.

- 926. Die Erinnyen erhielten nach Pausanias nahe bei dem Size des Gerichtes ein Heiligthum.

- 977. L. τῇδε γὰρ νοσεῖ νόσος π. ο.

- 1048. Halkyone stürzte sich, als sie den Leichnam ihres Gemahles Keyr, Königs von Trachis in Thessalien, an's Ufer treiben sah, verzweiflungsvoll in's Meer; beide wurden von Thetis in Eisvögel (Halkyonen) verwandelt.

- 1055. Auf der Insel Delos gebar Leto den Apollon und die Artemis. Dort war der kynthische Hügel, dort standen zwei heilige, niemals welkende Bäume, die Palme und der Lorbeerbaum, in deren Schatten Leto entbunden ward; dort war auch der V. 1061 genannte runde See, auf welchem die heiligen Schwäne gehalten wurden.

Anmerkungen zu Iphigenia in Tauri.

Vers 1061. L. κύκλιον.

- 1084. Pan hatte die mit Wachs verbundene Rohrpfeife erfunden. Durch Pfeifen gab man auch den Ruderern das Zeichen, und begleitete damit den taktmäßigen Ruderschlag.

- 1108. Sie hat wohl eingeweiht die Fremdlinge? Nämlich durch Besprengung mit dem heiligen Wasser.

- 1115. Die Priesterin bekam Abscheu, weil durch die des Muttermordes schuldigen Opfer der Artemis der heilige Dienst verletzt war.

- 1147. Nach allgemeinem Glauben des Alterthums hatte das Wasser, besonders das Meerwasser, reinigende Kraft.

- 1161. Das Haupt der Unreinen soll verhüllt werden, daß Helios nicht verunreinigt werde durch ihren Anblick.

- 1170. L. ἄγνοον κύκλῳ μέλαθρον.

- 1188. In diesem Chorliede theilt der Dichter die mythische Geschichte mit, wie Apollon zu seinem Orakelsiz in Delphi oder Pytho gekommen ist. Leto brachte bald nach der Geburt des Apollon und der Artemis auf der Insel Delos Beide zum Parnassos, wo Themis ein von dem Drachen Pytho bewachtes Orakel hatte. Diesen Drachen tödtete Apollon noch als Kind, nahm Besiz von dem Orakel, und fing an zu weissagen. Aber die Erde, erboßt über die Vertreibung ihrer Tochter (Themis), ertheilte den Menschen in unterirdischen Höhlen Orakel im Schlafe. Auf Dieses begab sich der junge Phöbos in den Olymp, und drohte von dort mit zückender Hand, als hätte er Blize zu schleudern, der Erde, ihr den Orakelsiz zu entreißen. Zeus, lachend über den Muth und den Eifer des Knaben, besänftigte den Zorn der Mutter Erde, und sezte den Apollon förmlich in Delphi ein als legitimen Orakelertheiler. Ludwig.

- 1198. Der fleckige Drache — Python, dessen Tödtung durch die pythischen Spiele gefeiert ward.

Anmerkungen zu Iphigenia in Tauri.

Vers 1210. Delphi galt für den Mittelpunkt der Erde.

- 1212. Ge oder Gäa, die Göttin Erde.
- 1213. L. παῖδ' ἀπενάσσατο Πυθῶνος ἀπὸ ζαθέων.
- 1218. Gemeint sind Höhlen, wie die des Trophonios, wo man sich, nach Vollbringung heiliger Gebräuche, zum Schlafe niederlegte und im Traume sein Schicksal erfuhr. Bothe.
- 1225. L. χθονίαν ἀφελεῖν μῆνιν νύχιον.
- 1228. L. ἴπι δ' ἴσεισεν κόμαν,
  παῦσεν νυχίους τροπάς.
- 1261. L. ψευδῶς ἄρ' αἴδε.
- 1302. Zu κοντοῖς δὲ πρῷραν εἶχον ist aus dem οἱ δὲ des folgenden Sazes οἱ μὲν zu ergänzen.
- 1305. L. τοῖν ξένοιν.
- 1367. Den Pelopiden, den Nachkommen des Pelops, wie Orestes und Iphigenia.
- 1390. Für πεπρωμένοις l. πεπρωμένος.
- 1404. Karystos, eine Hafenstadt auf der Insel Euböa, der attischen Küste gegenüber.
- 1414. ὁσίας ist Substantiv und θεᾶς davon abhängig.
- 1416. Von Brauron, einem attischen Stamm mit seinem Gebiete, worin Halä lag.
- 1418. Man weihte die Kleider, welche sterbende Wöchnerinnen angehabt hatten, der Iphigenia, als Priesterin der Artemis, welche zugleich hülfreiche Göttin der Gebärenden ist.
- 1424. L. καὶ νόμισμ' ἔσται (oder ἔστω) τόδε. Man könnte auch lesen εἶναι τόδε, wo dann der Infinitiv von ἐξεφίεμαι abhängig ist.

X.

Die Bacchantinnen.

Personen.

Dionysos (oder Bacchos) in menschlicher Gestalt.
Chor der Bacchantinnen, der Begleiterinnen des Gottes.
Teiresias, ein Seher.
Kadmos, der Gründer Thebe's.
Pentheus, Enkel des Kadmos, König von Thebe.
Agave, Mutter des Pentheus, Tochter des Kadmos.
Diener.
Boten.

Der Schauplatz ist Thebe. Man erblickt den Palast des Pentheus, auf der anderen Seite das vormalige, vom Blitze zerstörte, Königshaus, aus welchem von Zeit zu Zeit Rauch aufsteigt.

Dionysos.

In's Land der Theber kam ich hier, der Sohn des Zeus,
Dionysos, den einst Kadmos' Tochter, Semele,
Umflammt von heller Bliʒe Glut, geboren hat.
In Menschenbildung wandelt' ich die Gottgestalt,
5 Am Borne Dirke's wallend und Ismenos' Flut,
Und hier das Grab der Mutter, die der Bliʒ entseelt,
Bei'm Hause seh' ich, des Palastes Trümmer hier,
Wo rauchend noch des Götterfeuers Flamme lebt,
Ein ewig Denkmal, welche Rach' einst Here nahm.
10 Ich lobe Kadmos, daß er diesen Raum geweiht,
Der Tochter unnahbare Gruft, und habe selbst
Ihn rings umhüllt mit traubenreichem Rebenlaub.
Der Lyder Fluren, reich an Gold, und Phrygia
Verließ ich, kam zu sonnenhellen Perjergau'n,
15 Den Mauern Baktra's, und dem sturmdurchwehten Land
Der Meder, dann zu Segensau'n Arabia's,
Dem ganzen Asien, das an salziger Woge liegt,
Wo Hellas' Volk, zahlreichen Barbarn zugesellt,
Zahlreich im Bann von schöngethürmten Städten wohnt:
20 Und als ich unter Tänzen dort mein Fest geweiht,
Als Gott vor allen Menschen mich verherrlichend,
Gelangt' ich hier in diese Griechenstadt zuerst;
Zuerst in Hellas regt' ich auf der Theber Volk

Zum Jubel, hüllt' in Hirscheßfelle sie, und gab
25 In ihre Hand des Thyrsos epheugrünen Stab.
Denn meine Muhmen, denen dies am wenigsten
Geziemt, behaupten, Bacchos sei nicht Sohn des Zeus;
Nein, Semele, von eines Menschen Trug verführt,
Wälz' ihre Schuld dem höchsten Himmelsgotte zu,
30 Durch List des Kadmos; darum auch erschlug sie Zeus,
(So prahlen jene,) weil sie log den Liebesbund.
Zur Strafe schreckt' ich aus der Stadt in wilder Wuth
Sie fort; auf Berghöhn hausen nun die Rasenden;
Und anzulegen zwang ich sie mein Festgeräth.
35 Und alle Frauen aus der Kadmosstadt, so viel
Volljährig waren, scheucht' ich aus den Häusern weg;
Und zugesellt des Kadmos Töchtern, lagern sie
Dachlos, in dunkler Tannen Grün, auf Felsenhöhn.
Denn diese Stadt muß fühlen, widerstrebt sie gleich,
40 Sie sei für meinen Bacchosdienst noch ungeweiht,
Und kämpfen muß ich für die Mutter Semele,
Der Welt als Gott mich zeigend, den sie Zeus gebar.
Der König Kadmos übergab der Tochter Sohn,
Pentheus, des Königs Ehrenamt und Herrschgewalt,
45 Ihm, welcher Krieg führt wider mich, den Gott, und mich
Ausschließt vom Opfer, im Gebet nie mein gedenkt.
Drum will ich ihm und allem Thebervolke mich
Als Gott bewähren. Und sobald ich Dieses wohl
Vollendet, wend' ich meinen Schritt in andres Land,
50 Auch da mich zeigend. Wenn die Theberstadt im Zorn
Mit Waffenmacht die Bacchen auszutreiben sucht,
Führ' ich Mänaden wider sie zur Schlacht hinaus.
Deßwegen nahm ich Erdenbildung an und schuf
Aus einem Himmelsgotte mich zum Menschen um.

Die Bacchantinnen.

55 Du, das den Tmolos, Lydia's Schutzwehr, verließ,
Mein Festgeleit', ihr Frauen, die vom Fremdlingsvolk
Ich als Genossen meines Zugs hiehergeführt,
Ergreift die Pauken, heimisch längst im Phrygerland,
Die Rhea, der Götter Mutter, und ich selbst erfand,
60 Und rings des Pentheus Königshaus umwandelt hier
Mit hellem Schalle, daß es hört die Kadmosstadt!
Ich eile hin zu den Höhen, wo die Bacchen sind,
Den Höhn Kithärons, mische mich in ihre Reihn.

(ab.)

Der Chor.

Von dem asischen Land
65 Und von dir, heiliger Berg Tmolos, entschwang ich mich daher
Zu der leichtfertigen Arbeit, zu dem anmuthigen Werk,
Singe den Gott Bromios, jauchz' ihm laut.
Wer weilt auf dem Pfad? Wer in den Wohnungen? Er entweiche,
Und zu Worten der Weihe heilige Jeder den Mund!
70 Denn nach dem Brauch feier' ich ihn hoch im Gesang, den Bromios.

Erste Strophe.

Seliger, der, ein Götterfreund,
In den Weihn der Unsterblichen heimisch, das Leben rein bewahrt,
Der im Gebirg' umher
Göttlichem Sühnefest aufjubelnd, die Seele heiligt,
75 Und der Kybele, der erhabenen, sich, der Allmutter, geweiht hat,
Und emporschwingend den Thyrsos, mit dem Epheu sich das Haupt kränzt,
Zu verherrlichen Dionysos!

Eilt hinauf ihr, Bacchen, hinauf, ihr, die des Gottes Sohn,
            den Gott
Dionysos, von den Berghöhn der Phrygier in die weit=
80 räumigen, volkwimmelnden Gassen von Hellas führten, den
            Gott,

Erste Gegenstrophe.

Welcher voreinst im Schmerzenskampf,
In den Wehn qualvoller Geburt, vor Kronions fliegendem
            Strahl
Sich von dem Busen der
Zeugerin loswand, die Zeus' Donnergeschoß entseelte;
85 Ungesäumt nahm der Kronid' ihn von der Ruhstatt der
            Entbundenen,
Und verbarg ihn in der Hüfte, von den Goldspangen um=
            schlossen,
Vor der rachsüchtigen Hera.
Doch sobald die Lebensgöttin reift den stiergehörnten Gott,
Da gebar Zeus; und er wand ihm um die Stirn Schlangen,
            den Raub,
90 Den die Mänad' hascht und in wallende Locken jubelnd
            sich flicht.

Zweite Strophe.

Semele's Mutter, Thebä, grün' in des Epheus Kranze,
Grüne, grün' in dem frischen, blühenden Bohnenlaube,
Stürm' in des Bacchos Jubel in den Zweigen der Tann'
            und Eiche!
Hüllt der fleckigen Hindin Fell um weißwolliges zartes
            Gewand,
95 Den muthwilligen Stab heiligem Brauch heiligend; bald hebt
            sich das Land wirbelnd im Tanze,

Wann Bromios die Reigen führt auf das Gebirg,
Auf das Gebirge, wohin schwärmender Frauen Schaar
Von Webstuhl und Gewebe floh, wahnsinntrunken von
    Bacchos!

Zweite Gegenstrophe.

Du, der Kureten alter Siz, und o göttliche Grotte
100 Kreta's, die den Kronion nährte, wo mir die Stierhaut
Ründeten die Korybanten mit dem dreifach bebuschten Heime!
Süßem phrygischen Flötenhauch mischten sie stürmischen
    Bacchosgesang,
Legten auch in die Hand Rhea's, der Allzeugerin, was süß in das
    Lied hallt der Mänaden.
Die Satyren, die rasenden, erflehten sich's,
105 Nahmen die Pauke von ihr, die zu dem Reigentanz
Der dreijährigen Feier dröhnt, der sich freut Dionysos,

Schlußgesang.

Wann er vom flüchtigen Tanz fröhlich herab die Berge
In's Feld sich schwingt, von der heiligen Hülle des Hirsches
    umwunden, im Flug
Fliehende Böcke verfolgt, sein blutiges Mahl,
110 Strebend in phrygische Höhen und lydische,
Den Chor anführend, der Wonnegott!
Wo das Gefilde von Milch und von Wein strömt, und von
    der Bienen
Nektar strömt, und syrischen Weihrauch duftet;
Wo Dionysos', der
115 Im Hohlstabe des Kienes hochaufflammende Fackel schwingt,
Zum Wettlauf, zu Tänzen die Schweifenden erregt,
Und mit Jauchzen emporruft,
Und das glänzende Haar in die Lüfte verstreut.

Zugleich dröhnt er laut in den Wonneruf:
120 Auf, Bacchantinnen, eilt zu des goldentströmenden Tmolos
Pracht!
Feiert den Gott Dionysos
Bei dumpfhallender Pauken Klang,
Erhebt den beseligenden, begeisternden Gott
Fröhlich in Lauten und Weisen der Phrygier,
125 Wann süßer Flötenhauch heilig zum heiligen
Jubel ertönt, führend den Chor, der in's Gebirge wallt;
Jauchzend sofort, wie das Füllen, gesellt zu der weidenden
Mutter,
Hebt den geflügelten Fuß und tanzt die Bacchantin.

Teiresias; später Kadmos.

Teiresias.

Wer ist am Thore, daß er ruft im Königshaus
130 Den Sohn Agenors, Kadmos, der die Sidonstadt
Verließ, und diese Theberburg emporgethürmt?
Geh' Einer, ihm zu melden, daß Teiresias
Ihn suche; selber weiß er ja, weßhalb ich kam,
Und was ich Alter schon mit ihm, dem Greis, besprach:
135 Den Thyrsosstab zu nehmen und der Hindin Fell,
Mit vollem Epheulaube dicht umkränzt das Haupt.

Kadmos.
(aus dem Palaste vortretend)

Mein Liebster! Ich erkannte deiner Stimme Laut,
Des weisen Mannes weisen Ruf, im Hause hier.
Ich komme fertig, angethan mit des Gottes Schmuck;
140 Denn wohl geziemt uns, daß wir unsrer Tochter Sohn,
Dionysos, der den Menschen groß ein Gott erschien,
So viel an uns ist, als den Gott verherrlichen.

Wo soll ich tanzen, wo den Fuß erheben, wo
Die grauen Locken schütteln? Du, Teiresias,
145 Greis, führe mich, den Greisen; (dir ward Alles kund;)
Denn nicht ermatt' ich, Tag und Nacht mit des Thyrsos
            Stab
Den Grund zu schlagen. Gerne wohl vergeß' ich es,
Daß ich ein Greis bin.

      Teiresias.
        Also geht es dir, wie mir;
Auch ich verjüngt, Herr, gürte mich zum Reigentanz.

      Kadmos.
150 So fahren wir auf einem Wagen in's Gebirg?

      Teiresias.
Da würd' in mindrer Weise ja der Gott geehrt.

      Kadmos.
Ich, Alter will denn, Alter, dein Geleiter sein.

      Teiresias.
Der Gott geleitet mühlos uns an jenen Ort.

      Kadmos.
Und führen wir allein dem Bacchos Reigen auf?

      Teiresias.
155 Wir sind allein klug; Thoren sind die Anderen.

      Kadmos.
Lang ist der Weg hin; fasse du nun meine Hand.

      Teiresias.
Da nimm und füge deine Hand in meine Hand.

      Kadmos.
Niemals veracht' ich Götter, ich, ein Sterblicher.

      Teiresias.
Mitnichten recht' ich wider sie, die Himmlischen.
160 Was fromme Väter uns gelehrt, was unsre Zeit

Vorlängst geheiligt, kein Vernunftwort stößt es um,
Auch wenn's der höchste Menschengeist ausklügelte.
Wohl Mancher sagt, es bringe meinem Alter Schmach,
Daß ich den Reigen tanzen will im Epheukranz.
165 Doch nie gebot Dionysos, ob nur Jünglinge
Den Reigen führen sollen, ob nur Aeltere;
Nein, gleich von Allen wünscht er sich verehrt zu sehn,
Und nur von Thoren will er nie verherrlicht sein.

Kadmos.

Weil dir des Tages Strahl erlosch, Teiresias,
170 Will ich dir Herold dessen sein, was hier geschieht.
Pentheus — er schreitet eilig dort zum Hause her,
Der Sohn Echions, dem ich Macht im Lande gab.
Voll Schrecken kommt er; welches Neue bringt er wohl?

Pentheus. Kadmos. Teiresias. Der Chor.
Pentheus.

Ich war von diesem Lande fern, und höre nun
175 Die neuen Frevel, die geschehn in dieser Stadt:
Daß unsre Frau'n dem falschen Bacchosfeste nach
Das Haus verließen, und die Waldgebirg' in Wuth
Durchschwärmen und mit Reigen ihn, den neuen Gott
Dionysos, (wer er immer sei) verherrlichen.
180 Voll steh'n die Becher in Gelages Mitte dort,
Und Eine hüpft hier, Andre dort in ödes Thal,
Sich bergend, um mit Buhlern sich der Lust zu weihn;
Sie heucheln, Bacchen wären sie, Begeisterte;
Doch Aphroditen ziehen sie dem Bacchos vor.
185 So viel ich ihrer haschte, schlug der Diener Arm
In Fesseln, und im Kerker sind sie aufbewahrt.
Die mir entflohen, will ich im Gebirge fahn,

Ino'n, Agave'n, welche von Echion mich
Gebar, Aktäon's Mutter dann, Autonoën;
190 Und wenn ich sie mit Eisenbanden festgeschnürt,
Wird dies verruchte Bacchosspiel am Ende sein.
Auch heißt es, daß ein Fremdling hier erschienen sei,
Ein Zauberer, ein Beschwörer aus dem Lyderland,
Mit blonden krausen Locken wohlgeschmückt das Haar,
195 Mit schwarzer Augen dunklem Glanz, Kythere's Lust,
Der immer, Tag' und Nächte lang, mit ihnen ist,
Und diese frechen Bacchosweihn den Frauen preist.
Ergreif' ich diesen innerhalb des Hauses hier,
So werd' ich bald sein Thyrsosstampfen endigen,
200 Sein Lockenschütteln, trenn' ich ihm den Hals vom Rumpf.
Der Mann behauptet, daß ein Gott Dionysos sei;
Der sagt, in seine Hüften hab' ihn Zeus genäht,
Ihn, den des Blizes Flammen samt der Mutter doch
Verzehrten, weil sie falsch gerühmt den Götterbund!
205 Ist solches nicht des grauenvollen Stranges werth,
Den Hohn zu wagen, wer der Fremdling immer sei?
Doch sieh, das andre Wunder! Sieh den Seher dort,
Teiresias, in des Hirsches buntgeflecktem Fell,
Und meiner Mutter Vater hier (wie lächerlich!)
210 Verzückt den Hohlstab schwingend! Wie beschämt es mich,
Mein Vater, euer Alter so verrückt zu sehn!
Wirfst du den Ephen nicht hinweg? Läßt deine Hand,
O meiner Mutter Vater, nicht den Thyrsosstab?
Du, Greis, verführtest ihn dazu; wohl möchtest du
215 Den neuen Gott einführen bei den Sterblichen;
Nach Vögeln spähe, nimm der Flammenzeichen Lohn!
Wenn dein ergrautes Alter dich nicht rettete:
Du säßest, daß du solch verruchte Feste mir

Einführst, gefesselt unter den Bacchantinnen!
220 Ein weiser Dienst der Götter ist es nimmermehr,
Wo Frau'n des Traubensaftes sich erfreun am Mahl.

Der Chor.

Der Frömmigkeit Gottheiten scheust du nicht, o Freund,
Scheust nicht den Kadmos, der die Männersaat gestreut?
Ein Sohn Echions, schändest du den eignen Stamm?

Teiresias.

225 Wann schönen Stoff zum Reden fand ein weiser Mann,
Dann ist es ihm nichts Schweres wohlberedt zu sein.
Dir ist der Mund geläufig, wie dem Klugen, wohl;
Doch wohnt in deinen Reden nicht der kluge Sinn.
Ein kühn verwegner König, der zu reden weiß,
230 Bringt seinem Volk Verderben, wenn der Geist ihm fehlt.
Doch dieser Gott, der neue, welchen du verhöhnst,
Ich kann es nicht aussprechen, welche Macht er einst
Erlangt in Hellas. Zweierlei verehrt der Mensch
Vor Allem, Kind: Demeter (diese Göttin ist
235 Die Mutter Erde; nenne sie, wie dir's gefällt,
Mit welchem beider Namen du sie nennen willst;
Sie nährt mit trocknen Gaben auf die Sterblichen;)
Und diesen Bacchos, der mit ihr zum Kampfe kam:
Der süßen Traube nassen Trank erfand er, gab
240 Den Menschen, was die jammervollen Sterblichen
Erlöst vom Harme, wann der Wein ihr Herz erfrischt,
Und was den Schlaf, Vergessen ihrer täglichen
Mühsale, bringt und einzig allen Kummer heilt.
Er wird gespendet Göttern auch, der Gottessohn,
245 Daß so durch ihn den Menschen alles Gute kommt.
Und ihn verlachst du, daß in seine Hüfte Zeus
Ihn eingenäht! Ich zeige, daß dies richtig ist.

Als aus der Wetterflamme Zeus ihn weggerafft,
Und im Olympos eingeführt das junge Kind:
250 Da wollt' ihn Hera werfen aus des Himmels Höhn;
Doch Zeus, als Gott, ersann dagegen diese List.
Er riß ein Theil des Aethers, der das Erdenrund
Umsäuselt, ab, und schuf es in Dionysos um,
Des Gottes Bild ihm leihend, gab's an Here dann
255 Zum Unterpfande, daß sie nicht mehr habere.
Weil Bacchos Heren also war zum Pfand geliehn,
So kam die Sage später auf, man dichtete,
Ihn habe Zeus in seiner Hüfte großgenährt.
Auch Seher ist Dionysos; denn die Bacchoswuth,
260 Der trunkne Wahnsinn trägt in sich die Seherkunst.
Denn wessen Glieder ganz erfüllt des Gottes Geist,
Den macht er rasen, daß er spricht das Künftige.
Er eignet' auch von Ares einen Theil sich zu;
Denn wann ein Heer in Waffen kampfgerüstet steht,
265 Schreckt Furcht es auseinander, eh's die Lanze hob:
Auch dieses ist ein Rasen, das Dionysos schafft.
Ihn wirst du noch auf hohen Delpherfelsen einst
Im Fackelglanze springen sehn, wann frohen Schwungs
Parnassos' Doppelhöhen trifft sein Thyrsosstab.
270 Ihn groß in Hellas. Drum, o Pentheus, folge mir:
O prahle nicht, der Menschen Höchstes sei die Macht,
Noch, wenn der Glaube, den du hegst, ein falscher ist,
Erachte dich für weise. Nimm den Gott in's Land,
Bring' Opferspenden, jauchze laut, und kränze dich.
275 Dionysos wird die Frauen niemals nöthigen
Zu Raserein der Kypris; nein, in ihrer Brust
Wohnt weiser Sinn für alle Dinge jederzeit.
Das, Sohn, bedenke; denn in Bacchos' Dienste selbst

Entartet nicht ein züchtig weiser Frauensinn.
280 Du weißt, es freut dich, wenn um deine Thore sich
Die Menge drängt und deinen Namen hoch erhebt:
Auch jenen, mein' ich, freut es, wenn man ihn verehrt.
Ich denn und Kadmos, den du höhnst, wir wollen uns
Das Haupt mit Epheu kränzen und zum Tanze ziehn,
285 Ein Paar in grauen Haaren; doch ziemt uns der Tanz,
Und ich bekämpfe nicht den Gott, durch dich verführt.
Denn traurig ist dein Rasen: kein Heilmittel kann
Dich retten, noch wird ohne das dein Geist gesund.

Der Chor.

O Greis, du schändest Phöbos durch dein Reden nicht,
290 Bist weise, daß du Bacchos ehrst, den großen Gott.

Kadmos.

Mein Kind, vortrefflich mahnte dich Teiresias.
Wohn' uns vereinigt, nicht des Volkes Brauche fern!
Jezt schwankst du haltlos; voll des Dünkels, denkst du
nicht.
Denn wäre Bacchos, wie du sagst, auch nicht ein Gott,
295 Doch werd' er so mit schöner Lüge dir genannt,
Als Sohn der Semele, daß sie, Gottgebärerin
Geheißen, unsern ganzen Stamm verherrliche.
Du kennst Aktäons jammervollen Untergang,
Den rohverschlingende Hunde, die er großgenährt,
300 Auf Waldeshöhn zerfleischten, weil er größer einst,
Als Artemis, in Jägerkünsten sich gerühmt.
So mögest du nicht büßen! Komm, ich kränze dir
Das Haupt mit Epheu; feire du mit uns den Gott.

Pentheus.

Hinweg die Hand hier! Gehe du zu Bacchos' Fest,
305 Doch hänge mir nicht deiner Thorheit Makel an!

Die Bachantinnen.

Den aber, der dich solchen Unverstand gelehrt,
Will ich bestrafen. Gehe schleunig Einer hin,
Und kam er dorthin, wo der Mann die Vögel fragt,
So stoß' er Alles auf den Grund mit Hebeln aus,
310 Und stürze nieder Alles und zerschmettere!
Die Seherbinden streut hinaus in Sturm und Wind!
Denn also thuend, schaff' ich ihm das größte Leid.
Ihr, durch die Stadt hingehend, späht den Fremdling aus,
Den weiberhaften, der in neuem Trug die Frau'n
315 Einführt und unsrer Ehen keusches Glück entweiht!
Und wenn ihr ihn gefangen, führt gefesselt ihn
Hierher, damit ihn treffe Tod durch Steinigung;
So soll er bittre Feste seh'n im Theberland!

(geht ab.)

Teiresias.

O Thor, du weißt nicht, welche Worte dir entflohn!
320 Du rasest; auch schon früher war dein Geist verwirrt.
Wir wollen gehn, o Kadmos, und um Gnade flehn
Für diesen, glüht er heftig auch in schwerem Zorn,
Und unsre Bürger, daß der Gott kein Arges uns
Bereite. Mir denn folge mit dem Thyrsosstab;
325 Versuch' es, aufrecht halte mich, ich stüze dich.
Denn schmählich ist es, wenn ein Paar von Greisen fällt.
Doch — gehe; Bacchos dienen wir, dem Sohn des Zeus!
O möge Pentheus deinem Haus, o Kadmos, nicht
Verderben bringen! Nicht als Seher sprech' ich so,
330 Die That belehrt mich; denn der Thor spricht Thörichtes.

(sie gehen ab.)

Der Chor.
Erste Strophe.

Unentweiht heilige Macht, Frömmigkeit, welche die Erd'
Auf Goldschwingen durchfliegt, hörst du den Pentheus, hörst

Du den unheiligen Hohn, den er dem Bromios beut,
Semele's Sohn, welcher am kranzreichen Gelag
335 Fröhlich voran unter' dem Chor Himmlischer strahlt, der sie gelehrt,
Sich in Reih'ntänzen zu freu'n und der froh hallenden Flöt',
Und die Trübsal zu beschwichtigen, wenn die lustathmende Traube
An dem Mahl Götter erquickt, und der Pokal bei dem Gelag
Männer im Epheukranz in den Schlummer einwiegt?

Erste Gegenstrophe.

340 Wo die Gier ohne Gesez waltet, die Zung' ungezähmt,
Harrt am Ziele das Leid; Tage des Weisen, die
Voll Ruh' harmlos entfliehn, stehn unerschüttert im Sturm,
Schirmen das Haus. Denn des Olympos Götter, fern,
Wohnend in Lichthöhen der Luft, schauen das Thun Sterblicher doch.
345 Nicht Weisheit ist die Weisheit, die das Unsterbliche denkt.
Unverweilt flüchtet die Zeit. Wer das Erhabene sich zum Ziel sezt,
Er genießt nicht, was die Erd' ihm beut. So thun Rasende nur,
(Meinen wir,) so nur Thoren, von Wahn geblendet.

Zweite Strophe.

Daß ich käme nach Kypros, dem Inselland Aphrodita's,
350 Wo die Schaar der Eroten wohnt, Menschenherzen bezaubernd,
Und nach Paphos, dem regenlosen,
Das des mächtigen Flusses hundertarmige Ströme trinkt,
Oder wo der pierische Siz der Musen in heiliger

Die Bacchantinnen. 229

Schönheit ragt, der Olympos!
355 Dahin leite mich, Bromios, der die bacchischen Chöre führt!
Da sind Chariten, Liebe da,
Da dürfen frei die Bacchen Feste feiern.

Zweite Gegenstrophe.

Unser Gott, des Kroniden Sohn, freut sich festlicher Mahle,
Liebt den segenverleihenden, männernährenden Frieden.
360 Bacchos spendet des Weines Wonne,
Jeden Gram zu vergessen, gleich dem Armen und Reichen
aus,
Haßt ihn, der es verschmäht, in Lust helle Tag' und die
süße Nacht
Ohn' Harm zu verleben.
Klug ist, welcher das Herz von den Ueberweisen sich ferne
hält;
365 Doch der Pöbel, behaupt' ich frei,
Das Schlechtere wählt er immer und vollbringt es.

Dionysos, gebunden von Sklaven des Pentheus
herbeigeführt. **Pentheus. Der Chor.**
Ein Sklave.

Da sind wir, Pentheus, thaten diesen Fang, nach dem
Du uns gesendet: nicht vergeblich jagten wir.
Das Wild benahm sich freundlich und entzog sich uns
370 Nicht durch die Flucht; die Hände bot es willig dar,
Nicht furchtsam; auch die rothe Wang' erblaßte nicht:
Nein, lachend rief es: „Bindet nur und führt mich fort,"
Blieb steh'n und machte selber mein Geschäft mir leicht.
Ich sprach beschämt: „Ungerne, Freund, verhaft' ich dich;
375 Doch König Pentheus sendet mich, er trug mir's auf."
Noch Eins: die Bacchen, die du griffst und fesseltest,
Im öffentlichen Kerker dort in Bande schlugst,

Sind nach den Höh'n entsprungen, und ergehn sich frei
Mit Tanz, und rufen Bromios an, den neuen Gott.
380 Von selber hat sich ihrer Füße Band gelöst,
Die Pfortenriegel wichen ohne Menschenhand.
Gar viel Wunder bringt er uns in unsre Stadt
Der Mann, o König; ordne du das Andre nun.

Pentheus.

Ergreift ihn bei den Händen: so gebunden, ist
385 Er nicht so hurtig, daß er uns entfliehen kann.
Nun, Freund, du bist nicht häßlich, dein Gesicht gefällt
Den Frauen, die zu verlocken du nach Thebä kamst.
Dein Haar, vom Ringkampf unverwirrt und langgelockt,
Umwallt die schöne Wange, die zur Liebe reizt.
390 Auch bist du wohl mit weißgeleckter Haut versehn;
Denn nicht in Sonnenstrahlen, nein, im Schattengrün
Verfolgst du Kypris' holde Spur mit deinem Reiz.
Vor allen Dingen sage mir, woher du stammst.

Dionysos.

Nicht hoher Worte braucht es; leicht ist das gesagt.
395 Vom blumenreichen Tmolos hast du wohl gehört?

Pentheus.

Gewiß; vom Berg, der Sardes' Mauern rings beherrscht.

Dionysos.

Dorther entstamm' ich; Lydien ist mein Vaterland.

Pentheus.

Von wannen führst du diese Weih'n in Hellas ein?

Dionysos.

Der Sohn des Zeus, Dionysos, hat uns eingeweiht.

Pentheus.

400 So lebt ein Zeus dort, welcher neue Götter zeugt?

Dionysos.
Kein Andrer, als der Semele'n sich hier verband.
Pentheus.
Empfingst du träumend oder wachend sein Gebot?
Dionysos.
Wir sahen uns, und seine Weihen gab er mir.
Pentheus.
Und diese Weihen, welchen Sinn denn haben sie?
Dionysos.
405 Nicht wissen darf's ein ungeweihter Erdensohn.
Pentheus.
Und welchen Segen bringen sie dem Feiernden?
Dionysos.
Nicht hören darfst du's; doch des Wissens ist es werth.
Pentheus.
Geschickt verlarvst du dieses, wo ich's hören will.
Dionysos.
Den Frevler fliehn, ihn hassen Bacchos' Orgien.
Pentheus.
410 Du sahst den Gott ja deutlich: nun — wie sah er aus?
Dionysos.
So wie es ihm beliebte, nicht wie ich's gebot.
Pentheus.
Auch dies umschlichst du gar gewandt und sagtest Nichts.
Dionysos.
Unweise scheint Unkund'gen auch wer weise spricht.
Pentheus.
Du kamst zuerst hieher mit deinem neuen Gott?
Dionysos.
415 Die Feste feiern alle Nichthellenen schon.

Pentheus.
Wohl sind sie weit unweiser, als Achäa's Volk.
Dionysos.
Hier sind sie weiser, freilich sonst ungleich an Art.
Pentheus.
Und diese Weihen feierst du Nachts oder Tags?
Dionysos.
Bei Nacht am meisten; heilig ist die Dunkelheit.
Pentheus.
420 Für Frauen ist sie trügerisch und voll Gefahr.
Dionysos.
Wohl auch am hellen Tage sinnt man Frevel aus.
Pentheus.
Du sollst es büßen, daß du frech Trugschlüsse webst.
Dionysos.
Und du die Thorheit, daß du kühn den Gott verhöhnst.
Pentheus.
Wie dreist, in Worten wie geübt der Bacchos ist!
Dionysos.
425 Was muß ich leiden? Welches Arge thust du mir?
Pentheus.
Die weichen Locken schneid' ich dir vor Allem ab.
Dionysos.
Die Locken sind geweiht; dem Gotte pfleg' ich sie.
Pentheus.
Dann übergib mir, den du trägst, den Thyrsosstab.
Dionysos.
Selbst nimm ihn mir; als Bromios' Gabe trag' ich ihn.
Pentheus.
430 Im Kerker drinnen schlagen wir in Bande dich.

Dionysos.
Befreien wird mich Bacchos selbst, sobald ich will.
Pentheus.
Wann du, den Bacchen zugesellt, anrufst den Gott!
Dionysos.
Auch nun mir nahe, sieht er, was ich leiden muß.
Pentheus.
Und wo verweilt er? Denn mein Auge sieht ihn nicht.
Dionysos.
435 Bei mir; doch du Gottloser kannst nicht schau'n den Gott.
Pentheus.
Ergreift ihn! Er verachtet mich und Thebe's Volk.
Dionysos.
(zu den Sklaven)
Nein, sag' ich! Ihr Unweisen, faßt mich Weisen nicht!
Pentheus.
Ich sage: faßt ihn! Denn ich bin der Stärkere.
Dionysos.
Nicht weißt du, Stolzer, was du thust, noch wer du bist.
Pentheus.
440 Pentheus, Echions und Agave's Sohn, bin ich.
Dionysos.
Durch deinen Namen bist du schon dem Fluch geweiht.
Pentheus.
Hinweg mit ihm! Legt bei den Rosseskrippen ihn
Sogleich in Fesseln, daß er schaut die dunkle Nacht!
Dort tanze! Diese Frauen, die du hergeführt,
445 Des Frevels Helferinnen, sie verkaufen wir,
(an den Chor sich wendend)
Oder an den Webstuhl fessl' ich euch als Sklavinnen,
Nachdem ich euch von diesem Paukenlärm entwöhnt.

Dionysos.

Ich gehe. Dulden muß ich nicht, was mein Geschick
Mir nicht bestimmt hat. Aber, traun, für diese Schmach
450 Wird Bromios dich strafen, den du läugnen willst.
Denn uns mit Hohn belastend, fesselst du den Gott.

(Er wird fortgeführt; Pentheus folgt.)

Der Chor.
Strophe.

Acheloos' erhabenes Kind, Dirka, du holdlächelnde Jungfrau!
Denn du nahmst einst in dein Flutbett
Den Sohn Kronions auf,
455 Da der Gott ihn aus der Glut,
Der unsterblichen, raffend,
In die Hüft' ihn mit der Goldspange sich einschloß:
„Dithyrambos, — rief er — auf, gehe hinein in diesen
Mannleib!
So dich, o Bacchios, nennend, stell' ich dem Volk Thebe's
dich dar."
460 Und du, glückselige Dirka,
Du verstößest mich von dir,
Meine kranzgeschmückten Festreih'n?
Was verschmähst du mich, was fliehst du?
O gewiß, einst, bei des Weingottes beseligenden Pokalen!
465 Einst wird Bromios dir noch werth sein!

Gegenstrophe.

Er bewährt sein Erdengeschlecht, Pentheus bewährt seine
Geburt, daß
Ihn der Erdsprößling Echion
Gezeugt. Ein Ungethüm
Mit der Wuth funkelndem Blick,
470 Kein sterbliches Wesen,

Ein Gigant, triefend von Blut, kämpft er mit Göttern.
Und in Bande will er uns, Bromios' Dienerinnen, schlagen;
Schon im Palaste bewahrt er, schloß in der Nacht Kerker
ihn ein,
Den Genossen unserer Festreih'n.
475 Sieh her, o Sohn des Zeus,
Dionysos, deine Priester
In dem Kampf äußersten Unheils!
O herab komm vom Olymp, strahlender Gott, schwinge den
Thyrsos,
Und mit Macht hemme die Wuth des Mörders!

Schlußgesang.

480 An den wildhegenden Höhn Nysa's vielleicht schwingst du
den Hohlstab
In dem Tanz, jauchzender Gott, oder hinauf Korykos' Fels,
In den baumreichen Gebirgsklüften des Olympos, wo vordem
Lautengetön Orpheus erhob, und mit dem Lied Bäume sich
nachzog,
Und die Waldthiere sich nachzog.
485 Pieria, seliges Land,
Dich liebt Evios, naht schon mit den Chorreigen, und jubelt,
Und hindurchschreitend die Stromfluten des Axios,
Führt er im Tanz frohe Mänaden
Hin zum Lydias, der Sterblichen hohes Glück
490 Spendet, und hin zu dem Vater, dem Gotte, der
(Hör' ich) das rossenährende Land
Tränkt mit schönem Gewässer.

Dionysos. (innen)

Auf! Hört meine Stimme, hört, Bacchen, hört!
Wohlauf, Bacchen, auf!

Der Chor.

495 Wen, wen hör' ich da?
Woher scholl der Ruf des Dionysos mir?

Dionysos. (innen)

Auf, auf! Wieder ruft Semele's Sohn und Kronions.

Erster Halbchor.

Auf, auf! Göttlicher Herrscher, komm,
Tritt in unsere Reigen ein,
500 O Bromios, o Bromios!

Zweiter Halbchor.

Erschüttert bebt der Erde Grund, o Freundin; ha! bald
wankt das Haus,
Pentheus' Palast; er wankt, und stürzt, und stürzt in Staub
und Trümmer hin!

Erster Halbchor.

Dionysos ist im Palaste; feiert ihn!

Zweiter Halbchor.

Wir feiern ihn: o! Sehet dort die marmornen
505 Säulengebälke, ha, seht, wie sie wanken rings!
Bald hebt der Gott im Hause Siegsgeschrei.

Dionysos.

Zündet die blizende Fackel, die lobernde!
Brennt, o verbrennt die Paläste des Pentheus!

Erster Halbchor.

Ha, ha! Siehst du nicht die Glut, schaust du nicht
510 Die Flamm' um Semele's heiliges Grab,
Die sie, getroffen vom Bliz,
Einst von dem Donner des Zeus zurückließ?
Nieder zur Erde die Glieder, die zitternden,

Nieder zur Erd' o Mänaden!
515 Denn der Gott, zerstörend Alles, schreitet
Wider dieses Haus, der Sohn des Zeus.

Dionysos tritt aus dem Palaste. **Der Chor.**

Dionysos.
Frauen ihr des fremden Landes, so betäubt von wilder Angst,
Stürzet ihr zur Erde? Wohl habt ihr erkannt, so scheint
es uns,
Daß Lyäos' Arm des Pentheus hohes Haus erschütterte.
520 Aber auf, erhebt die Glieder, seid getrost und zittert nicht!

Der Chor.
Du, für uns ein Licht, entzückter Bacchosfeste schönster Glanz,
Welche Wonn' uns, dich zu schauen hier im einsam öden
Raum!

Dionysos.
Tiefgebeugt, voll Trauer wart ihr, als er uns hinführen ließ,
Uns hinab in seiner Kerker düstre Nacht zu stoßen sann.

Der Chor.
525 Und warum nicht? Wer beschirmt' uns, wenn ein Unfall
dich betraf?
Aber wie ward dir Befreiung aus des freveln Mannes
Gewalt?

Dionysos.
Selber war ich mein Erretter mühelos und ohne Leid.

Der Chor.
Hatte Pentheus nicht in Schlingen fesselnd dir die Hand
gelegt?

Dionysos.
Eben hier erfuhr er meinen Hohn: zu fesseln wähnt' er
mich,

530 Und berührt' und griff mich niemals; eitle Hoffnung wei=
det' ihn.
Einen Stier am Troge fand er, wo er uns zu binden
sann:
Diesem warf er um die Klauen und die Beine flugs den
Strick,
Schnaubte Wuth, an allen Gliedern trof der Schweiß herab
von ihm,
Und er biß in seine Lippen. Aber ich war nahe, saß
535 Stille sinnend und betrachtend. Doch in dieser Zeit erscheint
Bacchos, und das Haus erzittert, und von seiner Mutter
Grab
Wallte Glut auf. Jener sieht es, wähnt, in Flammen sei
das Haus,
Stürmte hierhin, stürmte dorthin, herrschte Wasserflut herbei;
Alle glühn im Werk, die Diener; doch die Mühe bleibt
umsonst.
540 Und er läßt von dieser Arbeit, weil er mich entflohen glaubt,
Und entrafft im Flug das dunkle Schwert, und eilt in's
Haus hinein.
Nun erschuf Lyäos (also schien mir's, und so sag' ich es)
Eine Lichtgestalt im Vorhof; wider diese rennt der Thor
Mit dem Schwert, und schlug den hellen Aether, als er=
schlüg' er mich.
545 Außerdem hat noch mit anderm Leid der Gott ihn heim=
gesucht:
Denn er stürzt sein Haus in Trümmer, und zerschmettert
liegt es ganz
Durch den Gott, der mich in bittern Banden sah. Der
König sank

Die Bacchantinnen.

Matt dahin, sein Schwert entfiel ihm; denn er wagt', ein Sterblicher,
Wider einen Gott zu streiten. Ich, dem Hause still entflohn,
550 Trete, Frau'n, in eure Mitte, nicht des Pentheus achtend mehr.
Wie mir ahnt, (im Hause drinnen hör' ich eben Tritte gehn)
Wird er bald im Hofe sein. Was sagt er wohl, nun Dies geschehn?
Denn ich werd' ihn leicht bestehen, wenn er auch zornschnaubend kommt;
Ziemt es doch dem weisen Manne, ruhig und gesezt zu sein.

Pentheus. Dionysos. Der Chor.
Pentheus.
555 Entsezlich, unerhört! Der Fremdling ist entflohn,
Er, der in Fesseln eben noch gebunden lag.
(erblickt den Dionysos)
Ha!
Dort ist der Mann! Was? Und du zeigst im Hofe dich
An meinem Hause sonder Scheu, nachdem du flohst?

Dionysos.
Halt! Ruhig! Gib nicht länger deinem Zorne Raum.

Pentheus.
560 Wie wardst du deiner Bande los und kamst heraus?

Dionysos.
„Er wird mich lösen," sagt' ich dir, du hörtest es.

Pentheus.
Wer das? Du bringst uns immer neue Dinge vor.

Dionysos.
Der Gott, der uns die traubenvolle Rebe pflanzt.

Pentheus.
Von Bacchos kam dir, meinst du wohl, dies hohe Glück.
565 Verschließen heiß' ich alle Thürme ringsumher.
Dionysos.
Was? Uebersteigen Götter nicht die Mauern auch?
Pentheus.
Klug bist du, nur nicht, wo du Klugheit nöthig hast.
Dionysos.
Da, wo's am meisten nöthig ist, da bin ich klug.
Indeß vernimm vor Allem, was der Mann dir sagt,
570 Der, Etwas dir zu melden, kam vom Berge dort;
Ich werde bei dir bleiben, nicht von hinnen fliehn.

Ein Bote. Dionysos. Pentheus. Der Chor.
Der Bote.
O König, der in diesem Theberland gebeut,
Vom Berg Kithäron komm' ich, wo des weißen Schnees
Glanzvolle Hügel nie der Strahl der Sonne schmolz.
Pentheus.
575 Und welches Ernste kamest du mir kundzuthun?
Der Bote.
Ich sah die rasenden Bacchen, die von dieser Stadt
Mit nakter Ferse wuthentbrannt hinausgestürmt,
Und komme, dir zu sagen und der Stadt, o Fürst,
Welch Arges sie beginnen; mehr als Wunder sind's.
580 Doch möcht' ich hören, ob ich frei, was dort geschah,
Dir melden soll, ob meine Worte mäßigen,
Da mir, o Fürst, vor deinem raschen Sinne graut,
Der allzu herrisch harten Art, dem jähen Zorn.
Pentheus.
Sprich nur, befürchte keinerlei Gefahr von mir;

585 Dem wackern Mann zu grollen ziemt sich nimmermehr.
Je grauenvollre Dinge du von den Bacchen sagst,
Um so gerechter werd' ich Den der Strafe weihn,
(auf Dionysos deutend)
Der unsern Frau'n die losen Künste beigebracht.

Der Bote.

Die Rinderheerden trieb ich schon die kahlen Höhn
590 Des Berges aufwärts, als der Sonnengott, das Land
Erwärmend, uns mit seinem ersten Strahle grüßt.
Drei Schaaren Frauenchöre sieht mein Auge da;
Den einen führt' Agave, deine Mutter, an,
Ino den andern, einen führt' Autonoë.
595 Gestreckt die Glieder, lagen all' im Schlafe noch,
Zum Theil die Rücken lehnend an der Tanne Laub,
Auf Eichenblättern andre dort harmlos das Haupt
Geneigt am Boden, züchtig, nicht, wie du gesagt,
Berauscht von Weinpokalen und der Flöte Ton,
600 Und Buhlern nach in Waldeseinsamkeit gelockt.
Nur deine Mutter jauchzte laut im Bacchenschwarm,
Um aufzurütteln aus der Ruh die Schlummernden,
Sobald gehörnter Stiere Laut ihr Ohr vernahm.
Sie rafften sich aus tiefem Schlafe flugs empor,
605 Und sprangen auf, (ein Wunderanblick edler Scheu)
Mannbare Mägdlein, junge wie bejahrte Frau'n.
Und auf die Schultern streuen sie die Locken erst,
Und gürten, wo der Bande Knoten sich gelöst,
Die Haut des Hirsches, und das bunte Fell umschlingt
610 Die Natter, die vertraulich ihre Wang' umleckt.
Noch andre trugen wilder Wölfe Brut im Arm
Und Rehe; diesen spenden sie die weiße Milch
Aus vollen Brüsten, kaumgebornen Säuglingen

Sich spröd' entziehend. Epheu kränzt der Frauen Stirn,
615 Und Eichenzweig' und blüthenreiches Bohnenlaub.
Und Eine nahm den Thyrsos, schlug und traf den Fels,
Daß hellen Thaues feuchter Born dem Stein entsprang.
Die Andre stieß in grünes Erdenland den Stab,
Und einen Weinquell sendet' ihr der Gott herauf.
620 Doch, die verlangten nach dem Trank schneeweißer Milch,
Die theilten mit der Fingerspize nur den Grund,
Und hatten Milch in Fülle; süßer Honig trof
In Strömen aus des Thyrsos epheugrünem Stab,
Daß, hätt'st du das gesehen, fromm anbetend du
625 Dem Gott gehuldigt hättest, den du jezo höhnst.
Wir Rinderhirten traten nun die Schäfer an,
Vereint in Wechselreden auszuschütten uns,
Welch arge Wunderdinge da vor uns geschahn.
Und Einer, keck im Reden, der die Stadt gesehn,
630 Begann vor Allen: „Ihr Bewohner heiliger
Berghöhen, laßt Agave, Pentheus' Mutter, uns
Vereint dem Bacchosfeste hier entführen und
Uns Dank vom Herrn verdienen!" Wohl gesprochen schien
Uns dies; verborgen legten wir zur Lauer uns
635 In's Laub der Büsche. Wie des Festes Stunde kam,
Da schwangen jene zur Feier ihren Thyrsosstab,
Aus vollem Munde Bromios, den Sohn des Zeus,
Den Bacchos rufend; und der Berg und das Wild umher
Stimmt ein zum Jubel. Alles wogt in raschem Lauf.
640 Nun kommt Agave tanzend nah' heran zu mir;
Ich sprang, um sie zu greifen, ungesäumt empor,
Den Busch verlassend, wo wir uns vorher versteckt.
Da rief sie laut: „Ihr, meine flüchtigen Doggen, auf!
Uns jagen diese Männer nach; drum folget uns,

Die Bacchantinnen.

645 Folgt uns, die Hände mit dem Thyrsosstab bewehrt!"
Wir aber flohn von dannen und entgingen so
Der Wuth der Bacchen. Diese warfen ohne Stahl
Sich auf die Färsen, welche Gras abweideten;
Und ihrer Eine sahen wir ein brüllendes
650 Stierkalb, ein fettes, fassen mit des Arms Gewalt;
Die dort zerfleischten Kühe, schaarenweis' erhascht;
Und Schenkel sahn wir, sahn den zweigespaltnen Huf
Empor und nieder werfen, und von Ast und Zweig
Der Tannen troj zerrissner Glieder Blut herab.
655 Die Stiere, die voll Uebermuthes kaum zuvor
In's Horn gewüthet, wurden auf den Grund gestreckt,
Von tausend Jungfrau'nhänden überwältiget;
Und schneller, als du mit dem Königsauge winkst,
War da von ihnen abgestreift der Thiere Fell.
660 Sofort im Lauf emporgehoben, Vögeln gleich,
Floh'n sie zur Ebne, die sich an Asopos' Flut
Hinstreckt und Thebe's Volke zollt fruchtreiche Saat.
Und auf Erythrä, Hysiä, die Städt' im Thal
Am Fuß Kithärons, fielen sie, wie feindliche
665 Heerhaufen, Alles obenher und unterher
Zerstörend, raubten manches Kind vom Hause weg,
Und legten's auf die Schulter, wo kein schirmend Band
Es hielt; und doch fiel keines auf den dunklen Grund.
Kein Erz, kein Eisen, aber Feuer trugen sie
670 Im Haare, das nicht sengte. Nun griff zornentbrannt,
Vom Schwarm der Bacchen so beraubt, das Volk zum
         Schwert,
Und schrecklich anzuschauen war, was hier geschah:
Das Blut der Frauen strömte nicht dem scharfen Speer;
Nein, Thyrsosstäbe warfen sie aus ihrer Hand;

675 Da gab es Wunden, Männer flohn in wilder Flucht
Vor Frauen, nicht ohn' eines Gottes Wundermacht.
Und wieder heim, woher sie kamen, kehrten sie,
Zu jenen Quellen, die der Gott heraufgesandt,
Das Blut zu waschen; und der Drachen Zunge leckt
680 Das Wasser, das in Tropfen ihrer Wang' entströmt.
Nimm diesen Gott denn, wer er sei, nimm, König, ihn
In diese Stadt auf: denn er ist in Allem groß,
Und wie der Ruf ihn feiert, wie man uns erzählt,
Er gab der Welt die Rebe, die den Kummer stillt.
685 Denn wo der Wein fehlt, mangelt auch der Liebe Lust,
Und alle andern Wonnen fliehn die Sterblichen.

Der Chor.
Ich fürchte, frei zu reden, wie das Herz mich treibt,
Vor dir, dem Herrscher; aber dennoch sei's gesagt:
Dionysos, Herr, steht keinem andern Gotte nach.

Pentheus.
690 Schon flammt in unsrer Nähe hier, dem Feuer gleich,
Die Wuth der Bacchen, Hellas' Volk' ein großer Hohn.
Drum nicht gezaudert!
(zu dem Boten)
Zum Elektrathore geh,
Und heiß' hinausziehn alle Schildgewappneten,
Und Alle, die sich tummeln auf dem schnellen Roß,
695 Und die den Wurfspeer schwingen und mit starker Hand
Die Bogensehne spannen; denn wir gehn zu Feld,
Zum Kampfe mit den Bacchen. Unerhörte Schmach,
Wenn wir von Frauen dulden, was wir dulden hier!
(Der Bote ab.)

Dionysos.
Du folgst mir nicht, von meinen Worten ungerührt,
700 Pentheus; indessen ob du mich auch schwer gekränkt,

Doch warn' ich dich, in Waffen einem Gotte nicht
Zu trozen; nein, sei ruhig! Bromios duldet nie,
Daß du von seinen Jubelhöhn die Bacchen treibst.

Pentheus.
Laß ab zu mahnen; bist du doch der Bande los;
705 Das gnüge: sonst verhäng' ich neue Strafe dir!

Dionysos.
Ich brächt' ihm Opfer, eh ich zornentbrannt ein Mensch
Dem Stachel widerstrebte, trozend einem Gott.

Pentheus.
Ich will ihm opfern, morde (sie verdienen es)
Die Frau'n zusammen in Kithärons Felsenschlucht.

Dionysos.
710 Ihr alle flöht, und Schande wär's, wenn eherne
Heerschilde vor der Bacchen Thyrsosstabe flöhn.

Pentheus.
(für sich)
Schwer fällt der Kampf mit diesem lästigen Fremdlinge,
Der, straft man oder läßt man ihn, nicht schweigen wird.

Dionysos.
Noch macht sich alles dieses ganz bequem, o Freund.

Pentheus.
715 Wodurch? Ich soll wohl meiner Sklaven Sklave sein?

Dionysos.
Ich führe dir die Frauen ohne Wehr hieher.

Pentheus.
Weh! Da versuchst du wider mich wohl eine List.

Dionysos.
Du denkst an List, wo meine Kunst dich retten will.

Pentheus.
Vereint besprocht ihr's, um in Bacchos' Dienst zu sein.

Dionysos.
720 Mit Bacchos, ja, besprach ich's, und ich weiß warum.
Pentheus.
Bringt Wehr und Waffen mir heraus! Du schweige still.
Dionysos.
Du willst die Frauen auf den Berghöhn sizen sehn?
Pentheus.
Wohl möcht' ich das, und gäbe schweres Gold darum.
Dionysos.
Wie kommt es, daß du, das zu sehn, so lüstern bist?
Pentheus.
725 Schlimm ging' es ihnen, fänd' ich sie vom Wein beschwert.
Dionysos.
So willst du doch gern sehen, was dir bitter ist?
Pentheus.
Gewiß, ich size schweigend unterm Tannenbaum.
Dionysos.
Sie werden dich ausspähn, auch wenn du heimlich kommst.
Pentheus.
Das hast du wohl gesprochen: offen komm' ich denn!
Dionysos.
730 So laß dich führen, du betrittst mit uns den Pfad.
Pentheus.
Thu's ohne Säumen; gerne gönn' ich dir die Zeit.
Dionysos.
So hüll' in Byssosmäntel dir die Glieder ein.
Pentheus.
Was soll das? Wandl' ich aus dem Mann zum Weib
                              mich um?

Dionysos.
Du wirst ermordet, wenn du dort als Mann erscheinst.
Pentheus.
735 Da sprichst du recht; ein alter Weiser bist du wohl.
Dionysos.
Dionysos war's, der uns in Alles eingeweiht.
Pentheus.
Und wie vollend' ich's ohne Fehl nach deinem Rath?
Dionysos.
Ich will dich dort verkleiden, komm in's Haus hinein.
Pentheus.
In welches Kleid? In Frau'ngewand? Ich schäme mich.
Dionysos.
740 Zu schaun die Bacchen, trägst du kein Verlangen mehr?
Pentheus.
Welch eine Tracht denn, meinst du, daß ich wählen soll?
Dionysos.
Herab vom Haupte walle frei das Lockenhaar.
Pentheus.
Dann welches andern Schmuckes Art bestimmst du mir?
Dionysos.
Ein langes Festkleid, um das Haupt ein Diadem.
Pentheus.
745 Und fügst du dem noch etwas Andres bei für mich?
Dionysos.
In die Hand den Thyrsos, und des Reh's gefleckte Haut.
Pentheus.
In Frau'ngewand mich hüllen kann ich nimmermehr.
Dionysos.
So gäbst du, kämpfend mit den Frau'n, dein Leben hin?

Pentheus.
Recht, Freund: ich muß vor Allem erst hingehn und spähn.
Dionysos.
750 Wohl klüger, als wenn Böses du zum Bösen häufst.
Pentheus.
Und wie gelang' ich unbemerkt durch Kadmos' Stadt?
Dionysos.
Auf öden Pfaden wandeln wir; ich führe dich.
Pentheus.
Mir Alles lieber, als der Bacchen Spott zu sein.
Gehn wir in's Haus und überlegen, was wir thun!
Dionysos.
755 Es sei! Zu jedem Dienste bin ich dir bereit.
Pentheus.
Ich gehe denn: entweder werd' ich wohlbewehrt
Von dannen ziehen, oder folg' ich deinem Rath.
(geht in den Palast.)
Dionysos.
Der Mann, o Frauen, geht in's Netz, ein sichrer Fang,
Zur Schaar der Bacchen; sterbend wird er büßen dort.
760 Dionysos, nun vollende (denn du bist nicht fern)
Dein Werk; er soll uns büßen! Erst verrücke du
Durch leichten Wahnsinn sein Gemüth; denn, ist er sein
Bewußt, so legt er's nimmer an, das Frauenkleid;
Doch, ist er wirr im Geiste, legt er's sicher an.
765 Zum Spotte machen will ich ihn vor Thebe's Volk;
Im Weiberanzug führ' ich ihn die Stadt hindurch,
Nachdem er vorhin drohend uns so kühn getrozt!
Doch nun enteil' ich; jenen Schmuck, mit dem er bald,
Von Mutterhand gemordet, fährt in Hades' Haus,
770 Empfange Pentheus! Wohl erkennt er dann den Sohn

Die Bacchantinnen.

Des Zeus, den Bacchos, der sich als gewaltigsten
Der Götter und voll Gnade vor der Welt bewährt.
(ab.)

Der Chor.
Strophe.

Werd' ich in nächtlichem Reigentanz einst heben den weißen
Fuß, aufjubelnd und frei den Hals hoch in thauige Lüfte
werfend,
775 Dem Reh gleich, das in der Auen grüner Lust sich spielend
ergeht,
Wann es schüchtern entfloh, geschreckt,
Ueber schöngeflochtene Nez' außerhalb des Geheges,
Und der rufende Jäger zu raschem Laufe die Doggen treibt?
Zitternd, scheu, mit dem Flug des Sturmwinds, eilt fliegend
es hin zu dem Gefild' am Strom,
780 Freut sich, daß es nirgend Menschen sieht,
Freut sich des dunkellaubigen Haines.
Was ist Weisheit des Menschen, was
Ist ein schönerer Götterlohn,
Als halten über das Haupt
785 Des Feindes die stärkere Hand?
Lieb ist ewig das Schöne.

Gegenstrophe.

Spät kommt Göttergewalt heran, doch sicher erscheint sie
Zulezt, züchtigt der Menschen Stolz, wenn sie thörichtem
Wahne fröhnen,
Und nicht die Götter verehren, voll wahnsinnigen Ueber=
muths.
790 Klüglich lauern die Göttlichen
Lange Zeit im Verborgnen, und haschen endlich den Frevler.

Denn nie strebe der Menschengeist über Sitt' und Gesez
empor!
Denn leicht ist ja der Glaube, daß Gewalt habe das
Göttliche, Gewalt das Recht,
Das im langen Alter unsrer Welt
795 Ewig bestand, und das die Natur schuf.
Was ist Weisheit des Menschen, was
Ist ein schönerer Götterlohn,
Als halten über das Haupt
Des Feindes die stärkere Hand?
800 Lieb ist ewig das Schöne.

Schlußgesang.

Heil ihm, welcher, des Meeres Wogen
Glücklich entflohn, im Hafen einlief!
Heil auch ihm, der über Drangsal
Sich erhob! An Glück und Herrschaft
805 Thut es Einer vielfach vor dem Andern.
Aber tausend Hoffnungen
Laben tausend Andre noch;
Und im Segen enden diese
Für die Sterblichen, jene verschwinden.
810 Doch wem jeglichen Tag das Glück lacht, ihn preisen wir
selig.

Dionysos. Pentheus. Der Chor.
Dionysos.

Dich, der zu schaun verlangte, was nicht ziemt zu schaun,
Nach unerspürbar'n Dingen spürt, ich rufe dich,
Pentheus: hervor aus deinem Haus, erscheine mir
In einer Bacche Festgewand, der rasenden,

815 Nach deiner Mutter und dem Frauenchor zu spähn!
(Pentheus tritt in Frauenkleidern aus dem Palaste.)
Traun, einer Kadmostochter gleichst du von Gestalt!

Pentheus.
Ich sehe zwiefach, dünkt es mir, der Sonne Licht,
Und Thebe doppelt samt den sieben Thoren hier;
Voranzuschreiten scheinst du mir in Stiergestalt,
820 Und deinem Haupte wuchsen ja zwei Hörner an.
Du bist ein Thier wahrhaftig? Ja, du bist verstiert.

Dionysos.
Der Gott, zuvor nicht gnädig, er geleitet uns
Voll Freundeshuld. Nun siehst du, was du sehen mußt.

Pentheus.
Wem seh' ich ähnlich? Schein' ich nicht der Ino gleich,
825 Nicht gleich Agaven, meiner Mutter, dazustehn?

Dionysos.
Zu sehen wähn' ich diese selbst, erblick' ich dich.
Doch aus der Lage rückte dir die Locke da,
Die wir am Stirnband unten dir befestigten.

Pentheus.
Hinauf, hinunter schüttelt' ich im Hause sie,
830 Bacchantisch taumelnd; aus der Lage kam sie so.

Dionysos.
So will denn ich, Herr, dem die Sorg' obliegt für dich,
Sie wieder zierlich ordnen; richt' empor das Haupt.

Pentheus.
Wohl; schmücke du mich; dir vertraun wir unbedingt.

Dionysos.
Schlaff hängt der Gürtel, nicht gerade fällt der Saum
835 Des faltenvollen Kleides auf den Fuß herab.

Pentheus.
Auch mir bedünkt es also, hier am rechten Fuß:
Dort reicht zum Knöchel ordentlich das Kleid hinab.

Dionysos.
Wohl nennst du mich den ersten deiner Freunde, wenn
Du sittsam wider Hoffen dort die Bacchen siehst!

Pentheus.
840 Und nehm' ich in die Rechte meinen Thyrsosstab,
Den Frau'n zu gleichen, oder in die Linke hier?

Dionysos.
Die Rechte soll ihn schwingen und der rechte Fuß
Ihn stützen. Herrlich, daß du so den Sinn gewandt!

Pentheus.
Wär' ich Kithärons Thäler samt den Bacchen selbst
845 Auf meinen Schultern wegzutragen wohl geschickt?

Dionysos.
Du könntest, wenn du wolltest. Krank, verblendet war
Dein alter Sinn; jezt ist er, wie's für dich geziemt.

Pentheus.
Sind Hebel nöthig, oder reiß' ich selbst den Berg
Auf meinen Schultern oder auf dem Arm empor?

Dionysos.
850 Entweihe du der Nymphen heilige Stätten nicht,
Und nicht die Grotten, wo die Flöte Pan's ertönt.

Pentheus.
Ganz richtig! Frauen muß man nicht durch Körperkraft
Besiegen; unter Tannengrün verberg' ich mich.

Dionysos.
Du wirst dich bergen, wie du dich verbergen mußt,
855 Wenn als ein schlauer Späher du den Bacchen nahst.

Pentheus.
Sie sollen, denk' ich, Vögeln gleich im Waldgesträuch,
In süßen Liebesnezen bald gefangen sein.
Dionysos.
Das auszuspähen also machst du dich hinaus?
Vielleicht — du fängst sie, wenn sie dich nicht sahn zuvor.
Pentheus.
860 Geleite mich denn mitten durch die Theberstadt!
Ich bin ja hier allein der Mann, der dieses wagt.
Dionysos.
Du mühst allein dich, du allein, für diese Stadt;
Drum harren Kämpfe deiner, die dein würdig sind.
So folge; dir zum Heile schreit' ich dir voran.
865 Von dort entführt ein Andrer dich —
Pentheus.
Die Mutter wohl?
Dionysos.
Vor alles Volkes Augen.
Pentheus.
Dahin kommt's mit mir.
Dionysos.
Sie trägt dich heim...
Pentheus.
Mich tragen? Weichlich schiltst du mich.
Dionysos.
Im Mutterarme.
Pentheus.
Zwingst du mich, so zart zu thun?
Dionysos.
In solcher Art wohl.
Pentheus.
Ich beginn' ein würdig Werk.

Dionysos.

870 Du bist ein großer, großer Mann, und Großes harrt
Auf dich, und Ruhm gewinnst du, der zum Himmel reicht.

(Pentheus ab.)

Streck' aus die Hand, Agave, greift, ihr Schwestern, zu,
Des Kadmos Töchter! Diesen Jüngling führ' ich her
Zum großen Kampfe: Sieger werd' ich sein, mit mir
875 Siegt Bromios. Das Andre lehrt die Sache selbst.

(ab.)

Der Chor.
Strophe.

Hinauf, schnelle Hunde der Wuth, auf zum Berg,
Wo sich im Tanze Kadmos' Jungfrau'n ergehn!
Hinauf, stachelt sie
Wider den Wahnsinntrunkenen, der Bacchos' Fest
880 Auszuspähn, im Frau'ngewand hinauszog!
Zuerst wird die Mutter ihn von dem glatten Fels
Oder vom Baume schaun,
Wenn er umherspäht; dann ruft sie den Frauen zu:
„Welcher Kadmeier kommt hier in so raschem Lauf,
885 Spähend, zum Berg, zum Berg? Sagt, o Bacchantinnen:
Wer war seine Mutter? Nicht von Frauenblut
Stammt er; ihn gebar
Eine Löwin, oder ist er
Libyscher Gorgonen Geschlecht."
890 Erscheine, Recht, erscheine, schwertbewehrtes Recht!
Ermord' ihn, durchstoß' ihm die Kehle, dem
Gottlos, gesezlos, rechtlos frevelnden,
Echions erdentsproßnem Sohn,

Gegenstrophe.

Der, voll arger Lust, in gesezlosem Grimm,
895 Auszog wider deine Weihn, Bacchios,
Und sie, die dich gebar,
Im Geist wuthentbrannt, in wahntrunkner Gier,
Um den unbezwungnen Gott zu zwingen!
Wo stillweiser Sinn der Sterblichen unverrückt
900 Sich zu dem Göttlichen
Gewandt, fließt das Leben hin sonder Harm.
Jagen nach Weisheit, ist höchste der Wonnen mir;
Aber von Allem, traun, fördert am ersten dies
Das Glück deines Lebens, wenn du Tag und Nacht
905 Dich dem Heil'gen weihst,
Und die Götter ehrst, verbannend,
Was sich empört wider das Recht.
Erscheine, Recht, erscheine, schwertbewehrtes Recht!
Ermord' ihn, durchstoß' ihm die Kehle, dem
910 Gottlos, gesezlos, rechtlos frevelnden,
Echions erdentsproßnem Sohn!

Schlußgesang.

Als Stier erschein' uns, oder als Drache, mit viel
Köpfen zu schaun, als Leu, der in Glut feurig strahlt!
Auf, Bacchos, wirf dem Späher des Bacchenchors
915 Mit lachender Miene
Das Nez um, sobald er die todbringende
Mänadenschaar überfällt!

Die Bacchantinnen.

Ein Bote. Der Chor.
Der Bote.
O Haus, in Hellas glücklich einst, das gründete
Der Greis von Sidon, der das erdgeborene
920 Geschlecht der Drachen ausgesät in Theberland,
Wie muß ich dich bejammern, ob auch Sklave nur!
Der Herren Leid ist wackern Sklaven eignes Leid.
Der Chor.
Was gibt es? Bringst du Neues von den Bacchantinnen?
Der Bote.
Pentheus, Echions Sprößling, fand den Untergang.
Der Chor.
925 O König Bromios, du bist ein großer Gott!
Der Bote.
Wie sagst du? Was entfuhr dir da? Du freuest dich
Des Misgeschicks, das meine Herren traf, o Frau?
Der Chor.
Sieg, Sieg jauchzen wir Fremden in fremdem Laut;
Denn nun zittern wir vor keiner Fessel mehr.
Der Bote.
930 Dünkt euch der Theber Volk so feig?
Der Chor.
Dionysos, Dionysos, nicht der Theber Volk,
Ist unser Herr.
Der Bote.
Ich muß es dir verzeihen: doch wenn Ungemach,
Ihr Frauen, sich begeben, ziemt die Freude nicht.
Der Chor.
935 Sage mir, melde, welchen Tod starb der Mann,
Der ruchlose, der nur Ruchloses sann?

Der Bote.

Nachdem wir hier des Theberlandes Wohnungen
Verlassend, über Asopos' Flut hinausgewallt;
Nun auf Kithärons hohen Fels gelangten wir,
940 Pentheus und ich (ich folgte meinem Herrn) und dann
Der Fremdling, der uns Führer war zur Festesschau.
Zuerst ein grünbewachsnes Thal erblickten wir,
Den Tritt der Füße bergend, und der Zunge Laut
In Schweigen hüllend, um zu sehen ungesehn.
945 Durchströmt von Wassern, lag in Felsenschooß das Thal,
Von Fichten überschattet, wo die Bacchen sich
Gelagert, hingegeben anmuthvollem Werk.
Denn jene kränzten wiederum mit laubigem
Epheu den Thyrsos, dem sein Schmuck entfallen war;
950 Und diese, gleich den Füllen, die dem bunten Joch
Entronnen, sangen Bacchos' Lob im Wechsellied.
Pentheus, der unglückvolle, sah die Frauen nicht,
Und sprach die Worte: „Fremdling, wo wir stehen hier,
Vermag mein Auge nicht zu sehn der Frauen Chor:
955 Zum Hügel steig' ich auf der Tanne hohes Haupt,
Dort ungehindert anzusehn der Bacchen Gräul."
Da ward ein Wunder meinem Blick: der fremde Mann
Nahm einer Tanne himmelan erhöhten Zweig,
Und nieder bog er, bog er ihn zum schwarzen Grund,
960 Und krümmt' ihn, wie der Bogen, wie des Rades Rund,
Gedreht vom Drechseleisen, sanft umschwingt den Lauf.
So bog der Fremdling mit der Hand des Berges Ast
Zur Erd' hinab, vollbringend, was kein Mensch vermag.
Er sezte Pentheus auf der Tanne Zweig sofort,
965 Und ließ allmählig aus der Hand den hohen Stamm
Nach oben schweben, daß er ihn nicht schnell' hinab.

Aufrecht zum hohen Aether stieg der Tannenbaum,
Und trug den Herrn auf seinem Rücken hoch empor.
Ihn sah man eher, als er selbst die Bacchen sah;
970 Denn ohne Säumen macht' ihn kund sein hoher Siz.
Den Fremdling aber konnten wir hinfort nicht sehn;
Doch eine Stimme rief herab aus Aethershöhn
(Dionysos war es, ahn' ich recht): „Wir bringen ihn,
Der euch und mich, Jungfrauen, der mein heilig Fest
975 Zu Spott herabgewürdigt; auf, und strafet ihn!"
Und also sprach er, und zugleich auf Himmelshöhn
Und Erde schwang des Feuers heiligen Strahl der Gott.
Stumm schwieg der Aether, schweigend hielt das Wiesenthal
Die Blätter, nirgend hörtest du des Wildes Laut.
980 Doch klar vernahmen jene nicht des Gottes Ruf;
Sie standen horchend, hin und her den Blick gewandt.
Und er ermahnte wieder: als sie nun erkannt,
Des Kadmos Töchter, Dionysos' hellen Ruf,
Auf sprangen sie mit eilend angestrengtem Lauf,
985 In schneller Füße raschem Schwung Waldtauben gleich,
(Agave, Pentheus' Mutter, und der Schwestern Paar,
Und alle Bacchen,) hüpften Waldesström' hindurch
Und Felsen, wahnsinntrunken durch des Gottes Hauch;
Und als sie Pentheus auf der Tanne sizen sahn,
990 Da schwangen sie Feldsteine wider ihn mit Macht,
Den Fels erklimmend, der sich gegenüber thürmt,
Und Tannenäste trafen ihn aus ihrer Hand;
Noch andre sandten durch die Luft den Thyrsosstab,
Zum Siz des Pentheus zielend; doch verfehlten sie:
995 Auf hohem Baum, von ihrem Eifer unerreicht,
Saß hoch der Arme, sonder Hilf' und ohne Rath.
Zulezt der Eichen Aeste, wie mit Blizeskraft,

Zusammenbrechend, hoben sie dem Tannenbaum,
Als wie mit Hebeln ohne Stahl, die Wurzeln aus.
1000 Doch weil der Arbeit Ende nicht gelingen will,
Beginnt Agave: „Stellet euch im Kreis umher,
Und faßt den Stamm, Mänaden, daß wir dieses Wild,
Das auf den Baum stieg, fangen, und des Gottes Weihn
Er nicht verrathe!" Tausend Hände faßten da,
1005 Und aus dem Grunde rissen sie den Tannenbaum.
Im Gipfel oben saß er, und vom Gipfel fiel
Pentheus zur Erde nieder mit unendlichem
Wehruf: er fühlte, daß sein Unglück nahe sei.
Da war's die Mutter, die den Opfermord begann,
1010 Und auf den Sohn sich stürzte. Doch er riß vom Haar
Die Binde, daß die Mutter ihn erkenne, nicht
Ihn morde; dann berührend ihre Wange, spricht
Er dieses: „Ich bin's, Mutter, bin Pentheus, dein Sohn,
Den in Echions Hause du geboren hast.
1015 Erbarm dich mein, o Mutter, ach! ermorde doch
Um seiner Sünde willen nicht den eignen Sohn!"
Agave, schäumend, rollte wild das Aug' umher,
Und dachte nicht mehr, was zu denken ihr geziemt,
Und ward von Bacchos fortgerafft, und hörte nicht.
1020 Mit ihren Armen faßte sie die linke Hand,
Stemmt auf des Unheilvollen Leib mit Macht den Fuß,
Und reißt ihm ab die Schulter, nicht durch eigne Kraft;
Der Gott verlieh dem Frauenarme die Gewalt.
Die Glieder ihm zerreißend, schafft' am andern Theil
1025 Ino; mit allen Bacchen war Autonoë
Bei'm Werk geschäftig; alle schrien in Einem Laut;
Pentheus, so lang er athmet, stöhnt in dumpfem Ton;
Die Bacchen jubeln. Einen Arm trug diese fort,

Die samt den Schuhen einen Fuß. Zerrissen ward
1030 Die ganze Seit' ihm; jede warf der anderen
Mit blut'ger Hand, wie Bälle, Pentheus' Glieder zu.
Vereinzelt liegt die Leiche theils auf starrenden
Felshöhn, ein Theil in dichtbelaubtem Waldgebüsch,
Nicht leicht zu finden; aber sein unselig Haupt,
1035 Ergriff die Mutter mit der Hand, und steckt es hoch
Auf ihren Thyrsos, trägt es, wie des Löwen Haupt
Des berggebornen, mitten durch Kithärons Höhn,
Und ließ die Schwester bei der Bacchen Chor zurück.
Sie zieht, sich brüstend auf den unheilvollen Fang,
1040 In dieser Mauern Räume, ruft den Bacchos an,
Den Jagdgenossen, welcher siegverleihend ihr
Bei diesem Raub half, der zum Lohn ihr Thränen bringt.
Ich eile weg vor diesem unglückseligen
Anblick, bevor Agave sich dem Hause naht.
1045 Besonnen Tugend üben und die Götter scheun,
Ist unter allen Gütern, die der Mensch besitzt,
Das schönste, mein' ich, und der Weisheit höchster Ruhm.

(ab.)

Der Chor.

Hebt den Tanz an, feiert Bacchos,
Jubelt um Pentheus' Rachegeschick,
1050 Der aus des Drachen Zähnen entsproß, der sich
Hüllt' in Frauengewand, und den
Hohlstab zu gewissem Tode,
Den weinlaubigen, nahm,
Vom Stier, dem Gott, in seinen Untergang geführt.
1055 Kadmos' bacchischer Chor,
Der Siegeswonne hohes Lied vollendet
Ihr in Thränen, in Leid!

Schön ist der Kampf, die Hand, in Blut
Triefend, zu legen an des eignen Sohnes Haupt!
1060 Doch — dort erblick' ich, zum Palast her schreitet sie,
Agave, Pentheus' Mutter, mit verdrehtem Blick:
Wohlan, empfangt des Freudengottes Feierzug!

Agave tritt auf mit dem Haupte des Pentheus auf dem Thyrsosstabe. Der Chor.

Agave.

Asia's Frauen, hört!

Der Chor.

Was soll dieser Ruf?

Agave.

Vom Berge bringen wir den jüngsterlegten Stier nach Haus,
1065 Den glückbekrönten Raub.

Der Chor.

Ich sehe: sei willkommen, Festgenossin! Heil!

Agave.

Ich fing ihn ohne Schlingen, den, den jungen Löwen, wie
du siehst.

Der Chor.

Wo in der Einöde?

Agave.

Kithärons Höhn —

Der Chor.

Kithärons?

Agave.

Gaben ihm den Tod.

Der Chor.

1070 Wer traf zuerst ihn?

Agave.
Mein ist der Ehre Verdienst:
Selige Agave nennt mich der Chöre Gesang.

Der Chor.
Wer nach dir?

Agave.
Des Kadmos —

Der Chor.
Des Kadmos?

Agave.
Des Kadmos Töchter trafen nach mir,
Nach mir dieses Wild.

Der Chor.
Glücklich durch diesen Fang!

Agave.
1075 Nimm denn am Mahle Theil.

Der Chor.
Theil ich Arme? Wie?

Agave.
Der junge Stier hat jüngst
Sein Kinn, von weichem Haar umwallt,
Geborgen unter'm Helm.

Der Chor.
Gleich eines Waldthiers Mähne sehn die Locken aus.

Agave.
1080 Ein kluger Jäger, Bacchos, trieb auf dieses Wild die
Bacchen los.

Der Chor.
Der Fürst kennt die Jagd!

Agave.
Du lobst mich?

Der Chor.
Wie? Dich loben?

Agave.
Doch bald loben mich
Die Theber, Pentheus spendet der Mutter sein Lob,
Die diesen Raub, den löwengebornen, erhascht,
1085 Den muthigen muthig.

Der Chor.
Du freust dich?

Agave.
Ich freue mich, daß dieses Werk
Vollbracht ward von mir, groß in des Ruhmes Glanz.

Der Chor.
So zeige deinen Bürgern auch, Unselige,
Den Siegesraub, mit dem du prangend heimgekehrt.

Agave.
1090 Die ihr des Theberlandes schöngethürmte Burg
Bewohnt, o kommt, die Beute, dieses Wild zu schaun,
Das wir, des Kadmos Töchter, auf den Höhn erlegt,
Nicht krumme Bogen spannend, wie Thessalier,
Noch Netze werfend, nein, es überwältigend
1095 Mit weißer Arme festem Griff! Nun prahlt hinfort,
Und schafft von Lanzenschmieden euch umsonst die Wehr!
Mit diesem Arme fiengen wir das Ungethüm,
Zerstückten seine Glieder ihm mit dieser Hand.
Wo weilt der alte Vater mir? Er komme her!
1100 Pentheus, mein Sohn, wo weilt er? Auf! Er steige flugs
Auf schöngefügter Leiter zum Palast empor,
Um an den Dreischliz festzunageln dieses Haupt
Des Löwen, das ich auf der Jagd erbeutete.

Kadmos mit Dienern, welche die Leiche des Pentheus tragen.
Agave. Der Chor.

Kadmos.

Folgt uns, o Diener, mit der unheilvollen Last,
1105 Pentheus' zerschlagner Leiche, tragt sie vor das Haus,
Die wir, in endlos langem Spähn uns peinigend,
Hier bringen: auf Kithärons Höhen fand ich sie,
Zerrissen, und die Glieder keins am gleichen Ort,
Weithin zerstreut im dichtverwachs'nen Waldgebüsch.
1110 Kund wurde mir der Töchter unerhörte That,
Da schon zu Thebä's Mauern ich vom Bacchenfest
Zurückgekehrt war mit dem Greis Teiresias;
Und wieder eilt' ich nach dem Forst und bringe nun
Den Enkel, den die Bacchen uns ermordeten.
1115 Auch Ino sah ich, sah zugleich Antonoën,
Die dich, Aktäon, Aristäos' Sohn, gebar,
Sah wuthergriffen beide noch im Eichenhain.
Agave, sagt' uns Einer, eilte sonder Rast
Hierher im Bacchostaumel, und er sagte wahr:
1120 Ich sehe hier Agave's unglückselig Bild.

Agave.

Dich hoch zu rühmen, Vater, ist dir wohl vergönnt,
Daß unter Allen du gezeugt die tapfersten
Jungfrau'n: die Schwestern mein' ich, doch vor allen mich,
Die, Spindel lassend und Geweb', an Größeres
1125 Sich wagte, Waldthier' einzufahn mit dieser Hand.
Ich trag' in meinen Armen, wie du siehest, hier
Des Muthes frischerrungnen Lohn, der aufgehängt
An deinem Hause prange. Du, mein Vater, nimm
Ihn hin, und rufe, freudigstolz auf meine Jagd,

1130 Zum Mahl die Freunde; denn du bist glückselig ja,
Glückselig, daß wir solche That hinausgeführt.
Kadmos.
O Jammer, unermeßlich und nicht anzusehn,
O Mord, von unheilvollen Händen ausgeführt!
Schön ist das Opfer, welches du den Göttern bringst,
1135 Daß du zum Mahle Thebä's Volk herrufst und mich!
Weh über deine Leiden, weh auch über mich!
Denn wohl gerecht, doch grausam, weihte Bacchos uns,
Der uns verwandte Göttersohn, dem Untergang.
Agave.
Wie mürrisch doch der Menschen Alter ist, wie kalt
1140 Und düsterblickend! Käme nur, der Mutter gleich,
Mein Sohn mit reicher Beute mir vom Jagen heim,
Indem er, Thebä's Söhnen zugesellt, nach Wild
Zum Kampfe zöge! Doch er weiß mit Göttern nur
Zu kämpfen. Vater, ich und du, wir müssen ihn
1145 Ermahnen, nicht verkehrter Weisheit sich zu freun.
Wo weilt er? Ruft ihn Keiner vor mein Angesicht
Hierher, um mich zu sehen, mich, die Glückliche?
Kadmos.
Weh! Wann ihr euer frevles Thun dereinst erkennt,
Wird eure Trauer schmerzlich sein. Doch, bleibt ihr stets
1150 Im gleichen Zustand, so wie nun, so seid ihr zwar
Nicht glücklich, aber wähnet nicht elend zu sein.
Agave.
Was wäre nicht schön oder was betrübend hier?
Kadmos.
Zuerst erhebe deinen Blick zum Himmel hier.
Agave.
Sieh doch! Warum gebeutst du mir, ihn anzusehn?

Kadmos.
1155 Erscheint er dir verändert, oder wie vorher?
Agave.
Er dünkt mir heller, als zuvor, und leuchtender.
Kadmos.
Und jener Wahnsinn, wohnt er noch in deiner Brust?
Agave.
Nicht weiß ich, was du sagen willst; wohl werd' ich mein
Bewußt, und umgewandelt ist der alte Sinn.
Kadmos.
1160 Du hörst vielleicht nun und erwiederst deutlicher?
Agave.
Vergessen hab' ich, Vater, was ich sprach zuvor.
Kadmos.
In welches Haus als Neuvermählte kamest du?
Agave.
Dem Schlangensohn Echion, heißt es, gabst du mich.
Kadmos.
Und welchen Sohn gebarst du dem Gemahl daheim?
Agave.
1165 Pentheus entblühte meinem Schooß, sein ächter Sohn.
Kadmos.
Nun — wessen Antliz trägst du denn in deinem Arm?
Agave.
Ein Löwenhaupt: die Jägerinnen sagten so.
Kadmos.
Betracht' es recht; leicht ist des Schauens Mühe ja.
Agave.
Ha, was erblick' ich, Götter? Was trägt meine Hand?
Kadmos.
1170 Beschau' es offen, und erkenn' es deutlicher.

Agave.
Den größten Jammer seh' ich Unglückselige.

Kadmos.
Nun, scheint es dir noch einem Löwen gleich zu sehn?

Agave.
Das Haupt des Pentheus ist es! Ich Unselige!

Kadmos.
Das schon bejammert worden, ehe du's erkannt.

Agave.
1175 Und wer erschlug ihn? Wie gerieth's in meine Hand?

Kadmos.
Unselige Wahrheit! Ach, zur Unzeit kamest du!

Agave.
Was werd' ich hören müssen? Sprich! Mir bebt das Herz.

Kadmos.
Du warst's und deine Schwestern, die ihn mordeten.

Agave.
Wo starb er? War's im Hause, war es anderswo?

Kadmos.
1180 Dort, wo von seiner Hunde Wuth Aktäon fiel.

Agave.
Der Arme, weßhalb ging er auf Kithärons Höhn?

Kadmos.
Den Gott und deine Bacchosweihn verhöhnt' er dort.

Agave.
Wir aber, wie gelangten wir an jenen Ort?

Kadmos.
Ihr rastet, Bacchos trieb in Wuth die ganze Stadt.

Agave.
1185 Uns gab den Tod Dionysos! Nun erkenn' ich es.

Kadmos.
Den ihr verhöhntet, weil ihr ihn als Gott verkannt.
Agave.
Wo liegt, o Vater, meines Sohns geliebter Leib?
Er ist an seinen Gliedern ganz und unentstellt?
Kadmos.
Nach langem Umspähn bringen wir kaum Dieses heim.
(auf den zerfleischten Leichnam zeigend.)
Agave.
1190 Doch meine Thorheit, was betraf sie meinen Sohn?

Kadmos.
Euch ward er ähnlich, ehrte nicht des Gottes Macht;
Darum verstrickte Bacchos all' in Einen Fall,
Euch selbst und Pentheus, diesem Haus den Untergang
Und mir zu bringen, dem kein Sohn geboren ward,
1195 Und der den Sprößling deiner Lieb', Unselige,
Schmachvoll in unheilvollem Tod gemordet sieht!
Zu dir, o Kind, aus meiner Tochter Schooß gezeugt,
Blickt' unser Stamm auf, du beschirmtest mir das Haus,
Und warst dem Volk ehrwürdig; Niemand wagte, mich,
1200 Den Greis, zu höhnen, scheuend dein geliebtes Haupt;
Er hätte würdige Strafe dir dafür gebüßt.
Nun wird man aus dem Hause mich ehrlos hinaus,
Den großen Kadmos, treiben, der den Theberstamm
Gesät und schöner Aernten Lohn geärntet hat.
1205 O liebster aller Menschen! (Zwar du bist dahin,
Doch meinen Liebsten wirst du beigezählt, o Kind:)
Nicht mehr, mein Kinn berührend, wirst du mich hinfort
Umarmen und der Mutter Vater nennen, Kind,
Und fragen: „Wer beleidigt, wer entehrt dich, Greis?
1210 Wer kränkt, o Vater, dein Gemüth, betrübte dich?

Sprich, daß ich ihn bestrafe, der dir Leides that."
Ja, nun bin ich unglücklich, bist elend du selbst,
Beklagenswerth die Mutter und der Schwestern Paar.
Wer etwa noch die Götter übermüthig höhnt,
1215 Betrachte deinen Untergang und fürchte sie!

Der Chor.

Uns jammert dein, o Kadmos; doch dein Tochtersohn,
Er büßt, gerecht wohl, aber dir schmerzhaft, o Greis.

Dionysos erscheint in Göttergestalt. **Kadmos. Agave.
Der Chor.**

Dionysos.

Du siehst, o Vater, wie ich umgewandelt bin!
Du wirst zum Drachen werden; auch Harmonia,
1220 Das Kind des Ares, dir vermählt, dem Sterblichen,
Nimmt andre Bildung, nimmt Gestalt der Schlangen an.
Du ziehst, gesellt ihr, wie des Zeus Orakel spricht,
Mit Stiergespann' aus, herrschest über Fremdlinge,
Und wirst mit unzählbarem Heer der Städte viel
1225 Zerstören; aber wann sie Delphi's Heiligthum
Verwüstet, ist unglücklich ihre Wiederkehr.
Dich rettet Ares, er befreit Harmonia,
Und führt in Seliger Wonneland dein Leben ein.
Dies sag' ich euch, ich, keines irdischen Vaters Sohn,
1230 Der Sohn des Zeus, Dionysos. Wenn ihr weisem Sinn
Gehuldigt hättet, als ihr andern Sinnes wart;
Ihr wäret glücklich in des Göttersohnes Hut.

Agave.

Dionysos, Herr, wir flehen; Unrecht thaten wir.

Dionysos.

Zu spät erkennt ihr's, kanntet, als es galt, mich nicht.

Agave.
1235 Ich hab's erkannt, Herr; doch du züchtigst uns zu hart.
Dionysos.
Mit Recht; ihr hattet einen Gott in mir gehöhnt.
Agave.
Im Zorne seien Götter nicht den Menschen gleich!
Dionysos.
Längst hatte Zeus, mein Vater, dies mir zugesagt.
Agave.
Ach, Greis! Ein unheilvoller Bann ist uns verhängt!
Dionysos.
1240 Was also säumt ihr, wo die strenge Noth gebeut?
Kadmos.
O Kind, in grauenvolles Leid versanken wir,
Du selbst, o Jammerwerthe, samt der Schwestern Paar;
Und ich, der Arme, muß hinaus zu Fremdlingen,
Ein Greis, entwandern, und dazu, so will es Zeus,
1245 Nach Hellas führen ein gemischtes Fremdlingsheer.
Und meine Gattin, Ares' Kind, Harmonia,
In eines Drachen Graungestalt, geleit' ich, selbst
Ein Drache, Hellas' Gräbern und Altären zu,
Den Weg dem Feinde weisend! Nie des Leides soll
1250 Ein Ziel mir Armen werden, nie, den Acheron
Der Unterwelt beschiffend, soll ich ruhig sein.
Agave.
O Vater, ich entfliehe, ward ich dein beraubt.
Kadmos.
Was, arme Tochter, schlingst du deinen Arm um mich,
Wie seinen alten Vater kost der graue Schwan?
Agave.
1255 Wohin mich wenden, stößt mich aus mein Vaterland?

Kadmos.
Weiß nicht; ein schwacher Helfer ist der Vater, Kind.
Agave.
Leb' wohl, mein Haus! Und der Ahnherrn Stadt,
Leb' wohl! Ich verlasse dich, fliehe verbannt
In das Elend hinaus!
Kadmos.
1260 So suche, mein Kind, Aristäos' Gebiet.
Agave.
Stets klag' ich um dich, mein Vater.
Kadmos.
Und ich
Um dich, und beweine die Schwestern, o Kind.
Agave.
Graunvoll, graunvoll hat über dein Haus
Dies schmähliche Loos Dionysos, der Gott,
1265 Rach' übend verhängt.
Kadmos.
Ihr habt auch an ihm Graunvolles verübt,
Und in Thebä ward sein Name verhöhnt.
Agave.
Heil, Heil dir, o Vater!
Kadmos.
Und Heil auch dir,
Unglückliches Kind: schwer findest du's wohl!
Agave.
1270 O geleitet mich hin zu den Schwestern; sie sei'n
Die Genossinnen mir auf der traurigen Flucht!
Und o fänd' ich ein Land,
Wo nie der verruchte Kithäron mich,
Noch ich den Kithäron erblickte, wo nie

1275 Des Epheustabes gedacht wird! Er
Mag andere Bacchen umkränzen!

Der Chor.
Vielfache Gestalt hat der Götter Geschick;
Gar Vieles verhängt unerwartet ihr Rath,
Und was du gewähnt, vollendet sich nicht;
1280 Zum Unmöglichen findet die Bahn ein Gott.
So endete dieses Begegniß.

Anmerkungen zu den Bacchantinnen.

Vers 2. Semele, des thebischen Königs Kadmos Tochter, wurde von Zeus geliebt, und verlangte einst, auf heimliches Anstiften der eifersüchtigen Hera, daß er sich ihr in eben der Herrlichkeit, wie seiner Gemahlin, mit dem furchtbaren Zeichen seiner Gottheit, dem Blitze, nahen solle. Er that es; aber die Sterbliche wurde verzehrt in der Umarmung des Donnergottes. Zeus nahm seinen noch ungebornen Sohn, Bacchos, aus dem Leibe der Mutter, barg ihn, um ihn vor dem Grolle der Hera zu schützen, in seiner eigenen Hüfte, und brachte ihn dann, als die Zeit der Geburt herankam, wohlerhalten zur Welt.

- 5. Dirke und Ismenos, Quelle und Strom bei Thebä.

- 10. Kadmos hatte das vom Blitze zerschmetterte Haus, wo Semele starb, nicht wieder erbaut, sondern den Ort, wie heiliges Tempelgebiet, durch eine niedrige Mauer von der Stadt abgesondert. Bothe.

- 13. Dionysos war in Lydien und Phrygien erzogen worden. Als Jüngling durchzog er Persien, Baktrien und Medien, wo er zuerst seine religiösen Feste stiftete, dann die am Meere gelegenen Länder Arabien und Kleinasien, über die er nach Hellas zurückkehrte, nachdem er überall seinen Dienst eingeführt hatte.

- 33. Gemeint ist der Berg Kithäron bei Thebä.

274 Anmerkungen zu den Bacchantinnen.

Vers 34. Das Festgeräth wird V. 135 f. genannt: es ist der Thyrsosstab in der Hand, das Hirschfell um die Schultern und der Epheukranz um das Haupt.

- 51. Bacchen (oder Bacchantinnen, auch Mänaden (V. 52), Thyaden,) hießen die von wilder Begeisterung erfüllten Begleiterinnen des Dionysos auf seinen Zügen, dann auch die in seinen Dienst eingeweihten Frauen überhaupt.

- 55. Auf dem Tmolos, einem Berge Lydiens, auf welchem der goldführende Paktolos entspringt, war nach einer von dem gewöhnlichen Mythos abweichenden Sage Dionysos geboren. Daher wird dieser Berg V. 65 „heilig" genannt.

- 59. Rhea, die auch Kybele hieß, des Kronos Gemahlin, die Göttermutter, deren geräuschvoller Dienst, wie der des Dionysos, in Lydien und Phrygien besonders heimisch war.

- 65. 66. Tetramet. jon. catalect. (jonicus a minore, steigender Joniker ᴗ ᴗ — —).

- 67. Bromios, der Brausende, Beiname des Dionysos.

- 68. Tetrameter jon. brachycatalect. (jonicus a majore, sinkender Joniker — — ᴗ ᴗ).

- 71. εὐδαίμων d. i. θεοφιλής.

- 78. hinauf, den Berg Kithäron, wo Dionysos sich befand. Vgl. V. 62 f.

- 81 ff. S. zu V. 2.

- 88. Mit Stierhörnern, als Zeichen der Stärke und der Fruchtbarkeit, wurde Dionysos, wie noch mehrere andere Gottheiten, abgebildet.

- 90. Die Bacchantinnen durchflochten sich mit gezähmten Schlangen das Haar. Ueber dem weißwolligen leichten Untergewande trugen sie ein geflecktes Hirschfell, und in den Händen schwangen sie den Thyrsosstab, in dessen Höhlung sie ihre Fackeln einfügten. Muthwillig pflegten sie die Vorübergehenden mit diesen Stäben zu schlagen. Vgl. V. 95.

Anmerkungen zu den Bacchantinnen.

Vers 99. Die Kureten, vereint mit den Korybanten, den Priestern der Rhea, retteten den Zeus, nachdem ihn Rhea in einer Grotte des kretischen Berges Ida geboren hatte, vor seinem Vater Kronos, indem sie durch lärmende Gesänge und durch Zusammenschlagen der Schilde ein Getöse erregten, damit Kronos sein Weinen nicht hören und ihn, wie seine übrigen Kinder, verschlingen möchte. — Der Siz der Kureten ist die Stadt Kures.

- 100. Sie ründeten die Stierhaut, d. i. sie erfanden die Pauke.

- 101. Der Helm der Korybanten hatte ringsherum einen dreifachen Schild, so daß er aussah, wie drei in einander geschobene Helme.

- 103. Was in das Lied der Mänaden hallt, — die Flöte.

- 104. Die Satyrn erflehten sich von Rhea die Pauke, welche sie darauf bei den Reigentänzen der Dionysosfeste anwandten, die alle drei Jahre gefeiert wurden. Vgl. V. 105 f.

- 113. syrischen Weihrauch. Assyrien, welcher Name auch Syrien begriff, sandte die edelsten Gerüche, einheimische sowohl, als aus Arabien und Indien herkommende. Voß zu Tibull. 1, 4, 7.

- 120. Ueber der Stadt Sardes, bemerkt Strabo, liegt der Tmolos, ein gesegnetes Gebirge, auf dessen Höhe eine Warte ist, eine Halle von weißem Marmor, ein Werk der Perser, von wo aus man den Ausblick hat auf die ringsum liegenden Ebenen, besonders die am Kahstros. Vom Tmolosgebirge strömt der Paktolos, der einst vielen Goldsand herabführte, von welchem der Reichthum des Krösos und seiner Ahnen herkam.

- 132. Teiresias, ein blinder Seher, der zu Thalö in Böotien, unfern Thebä, lebte, und sehr alt ward; denn er weissagte noch Kadmos' Ururenkelsöhnen, Eteokles und Polyneikes, obgleich er schon hier als ein Greis vorgestellt wird. Bothe.

Vers 156. L. μακρὸν τὸ μέλλον, d. i. μακρὰ ἡ συντελεῖσθαι μέλλουσα ὁδός.

= 214. L. τόνδ' ἂν θέλοις, und im folgenden Verse εἰσφέρειν. V. 216 l. σκόπει und φέρε.

= 216. Man weissagte vornehmlich aus dem Fluge der Vögel und dem Brennen der Opferflammen.

= 222. Der Frömmigkeit Gottheiten, die Götter, welche die Frömmigkeit schüzen.

= 223. Als Kadmos die Schlange getödtet hatte, welche die Quelle Dirke in Böotien bewachte, säte er ihre Zähne auf das Feld. Daraus erwuchs eine Schaar bewaffneter Männer, die den Kadmos umringten, ihn zu tödten. Auf den Rath der Athene warf er einen köstlichen Stein unter sie; jeder wollte ihn haben; da fielen sie über einander her und erschlugen sich. Nur Fünf blieben übrig, mit welchen Kadmos die Stadt Theben erbaute.

= 224. Echion war einer von den Kriegern, die aus den von Kadmos gesäten Schlangenzähnen entsprossen waren. Er vermählte sich mit Agave, der Tochter des Kadmos, die ihm den Pentheus gebar.

= 229. L. Θρασύς θ' ὁ δυνατὸς καὶ λέγειν οἷός τ' ἀνὴρ κακὸν πολίταις γίγνεται.

- 269. Der Parnassos hatte zwei Gipfel, deren einer dem Apollon, der andere dem Dionysos heilig war.

= 288. F. ῥοαῖς l. ῥοαῖς.

= 298. Euripides folgt hier einer anderen Sage, als der gewöhnlichen, nach welcher Aktäon, der Sohn des Aristäos und der Kadmostochter Autonoe, der Artemis von ungefähr im Bade sah, von der erzürnten Göttin in einen Hirsch umgewandelt und von seinen eigenen Hunden zerrissen ward.

Anmerkungen zu den Bacchantinnen.

Vers 311. Die Binden, wollene Hauptbinden, wie sie Seher und Priester trugen.

= 345. L. τὸ τὰ μὴ θνητὰ φρονεῖν.

= 350. Eroten, Liebesgötter.

= 351. Die Altäre der Aphrodite zu Paphos befeuchtete nach der Sage kein Regen.

- 352. Des mächtigen Flusses, des Sestrachos, der Paphos umströmte.

- 424. Der Bacchos, der begeisterte Diener des Bacchos oder Dionysos.

= 439. L. οὐκ οἶσθ' ἅτιζων, οὐδ' ὃ δρᾷς οὐδ' ὅστις εἶ.

= 441. Anspielung auf die Ableitung des Namens Pentheus von dem griechischen Worte πένθος, welches Trauer, Traurigkeit, Unglück bezeichnet.

= 452. Den Namen Acheloos führten mehrere Flüsse. Aber die Dichter gebrauchen das Wort auch zur Bezeichnung strömenden Wassers überhaupt, und wohl in diesem Sinne nennt Euripides hier die Quelle Dirke das Kind des Acheloos.

= 458. Dithyrambos, (ein Wort von ungewisser Ableitung,) Beiname des Bacchos.

- 472. L. ὃς ἐπὶ βρόχοισι, τὰν τοῦ Βρομίου, τάχα ξυνάψει.

= 480. Nysa, Berg mit einer gleichnamigen Stadt in Indien; die leztere ward, der Sage nach, von Dionysos gegründet.

= 481. Korykos' Fels, eine Berggrotte am südlichen Abhange des Parnassos.

= 485. Pieria, eine Landschaft in Thessalien.

- 486. Evios, Beiname des Bacchos.

Vers 487. Axios, ein Fluß in Thessalien.
- 489. Lydias oder Ludias, Fluß bei Pella in Macedonien.
- 490. Der Vater, der Gott, ist der Gott des Flusses Paktolos, der vom Berge Tmolos herab durch Lydien sich ergießt.
- 515. Die Wortfolge ist: ὁ γὰρ ἄναξ τάδε μέλαθρα ἄνω κάτω τιθεὶς ἔπεισι (sc. ἡμᾶς). Wir statuiren hier trochäische Verse, und lassen Διόνυσος am Ende weg.
- 519. Lyäos, Beiname des Dionysos.
- 549. L. ἥσυχος δ' ἐκβὰς ἐγὼ δωμάτων.
- 559. L. στῆσον πόδ', ὀργῇ δ' ὑπόθες ἥσυχον τρόπον.
- 647. Ohne Stahl. Der Thyrsosstab hatte eine eiserne Spitze, ward aber von dem Hirten nicht bemerkt, weil er unter den Epheublättern verborgen war.
- 650. L. ἐν χειρῶν (χεροῖν) δίκῃ.
- 661. Asopos, ein Fluß bei Thebä.
- 663. Erythrä und Hysiä, alte Städte im Theberlande.
- 679. L. δράκοντες.
- 692. Durch das Elektrathor trat man in Theben ein, wenn man von Attika kam, und in dieser Richtung lag auch der Kithäron.
- 715. Meiner Sklaven, d. i. der Frauen, denen Pentheus nicht nachgeben will.
- 720. L. ἴς τι (εἴς τι), propter aliquid.
- 876. Die Hunde der Wuth sind die rächenden Erinnyen, die auch von anderen Dichtern so genannt werden.
- 889. Die Gorgonen waren einer alten Volkssage nach drei Schwestern in Libyen, welche die Gabe hatten, Alles, was sie ansahen, in Stein zu verwandeln. Die berühm-

Anmerkungen zu den Bacchantinnen. 279

teste war Medusa, deren Schlangenhaupt Perseus abschlug.

- Vers 996. Semele ward bei den Dionysosfesten mit ihrem Sohne gemeinschaftlich verehrt.
- 919. Der Greis von Sidon ist Kadmos, Thebe's Erbauer, der aus Sidon kam.
- 920. S. zu V. 223.
- 955. L. ὄχθον δ' ἐπεμβὰς ἐς ἐλάτην.
- 1054. Vom Stier, dem Dionysos, den Pentheus im Wahnsinn für einen Stier hielt. Vgl. V. 819.
- 1063. Der Chor war aus Asien dem Dionysos gefolgt. Vgl. V. 55.
- 1093. Die Thessalier waren gewandte Bogenschützen.
- 1111. L. Βακχῶν πάρα.
- 1160. L. σαφῶς.
- 1163. Dem Schlangensohn Echion. S. zu V. 224.
- 1186. L. ὑμῖν ὑβρισθείς.
- 1206. L. τέκνον.
- 1222 f. Es war alte Volkssage in Griechenland, daß Kadmos auf einem mit Stieren bespannten Wagen nach Illyrien am abriatischen Meere geflohen sei und dort die Stadt Buthos erbaut habe. Des Feldzuges nach Griechenland erwähnt auch Herodot.
- 1228. Das Land der Seligen dachte man sich im tiefen Westen, bald auf dem festen Lande von Afrika, in der Nähe des Berges Atlas, wo auch die Hesperiden wohnten, bald auf einer benachbarten schönen Insel.
- 1235. L. ἔγνωκα μὲν ταῦτ'.

280 Anmerkungen zu den Bacchantinnen.

Vers 1260. L. χθόν' Ἀρισταῖον. Aristäos, zulezt König in Arkadien, das hier unter dem Gebiete des Aristäos gemeint ist, war mit der Tochter des Kadmos, Autonoë, vermählt, und Vater des Aktäon.

= 1268. Heil! Die Grußformel des Abschiedes.

XI.

Der Kyklop.

Personen.

Seilenos, der alte Erzieher und Begleiter des Bacchos.
Odysseus, König auf Ithaka, von Troja heimkehrend.
Der Kyklop Polyphemos, ein Sohn des Poseidon.
Chor der Satyrn, der Söhne des Seilenos.

Der Schauplaz ist eine öde Küstengegend Siciliens vor der Höhle des Kyklopen.

Seilenos.

Um deinetwillen, Bacchos, duld' ich tausend Mühn
Noch heut, wie damals, als ich blüht' in Jugendkraft.
Erst, als mit Wahnsinn Hera dich erfüllt und du
Den Oreaden, welche dich gepflegt, entliefst,
5 Dann, als du rangest mit den Erdgeborenen,
Stand ich, ein treuer Kampfgenoß, zur Seite dir,
Erschlug, nachdem ich seinen Schild entzweigebohrt,
Enkelados. Laß sehen: hat mir das geträumt?
Nein, nein! Die Beute wies ich ja dem Bacchios.
10 Und nun besteh' ich größre Noth, als jene war.
Denn als dir Hera Räuberbrut Tyrrhenia's
Zusandte, daß du zögest in die weite Welt:
So schifft' ich, das vernehmend, samt den Söhnen aus,
Dich aufzusuchen. Auf des Spiegels Höhe saß
15 Ich selbst und lenkte mein behendes Ruderschiff;
Die Söhn', am Ruder schaltend und die graue See
Mit Schaum bedeckend, suchten dich, o König, auf.
Doch als wir schon Maleia nahe steuerten,
Da blies ein Wind aus Osten auf mein Schiff herein,
20 Und warf an diesen Felsen uns des Aetna, wo
Einsam des Flutengottes Söhn', einäugige
Kyklopen, hausen, gierig nach der Menschen Blut.
Von diesen fing uns Einer, dem im Hause wir

Als Knechte dienen; Polyphemos nennt man ihn;
25 Und seine Heerden weiden wir dem frevelnden
Kyklopen, statt uns Bacchos' Lust harmlos zu weihn.
Nun hüten meine Söhne fern' am äußersten
Abhang die Lämmer, Knaben, frisch in Jugendmuth;
Ich muß die Tröge füllen, muß daheim das Haus
30 Ihm nach Geheiß ausfegen, muß dem gräulichen
Kyklopen zubereiten sein verruchtes Mahl.
Auch heute muß ich, wie des Dienstes harte Pflicht
Gebeut, die Wohnung säubern mit dem Eisenkarst,
Daß meinen Herrn, den Kyklopen, wann er wiederkommt,
35 Ein reinlich Haus empfange samt der Lämmerschaar.
Schon weiden, seh' ich, meine Knaben dort das Vieh
Heran. Was soll das? Tanzet ihr den Sikinnistanz
Heut wieder, wie vor Zeiten, als, dem Bacchios
Gesellt im Festchor, ihr zum Haus Althäa's zogt,
40 Entzückt zum Wonnetaumel durch der Lauten Klang?

(Der Chor tritt singend unter lärmenden Tänzen auf, zugleich die
Schafe vor sich hertreibend.)

Der Chor.
Strophe.

Wohin, du dort, trefflicher Väter Geschlecht,
Von trefflichen Müttern erzeugt,
Läufst du mir fort durch Klippen, wohin?
Dort bläst ein windiger Luftzug,
45 Dort sproßt kein grünendes Kraut;
Auch kein wirbelnd Wasser des Quells
Fließt in Trögen dir, nahe der Grotte,
Wo Lämmerblöken dich ruft.
Weide mir dort, he! weide doch hier,
50 Am thauigen Abhang hier!

Hoho, hoho, du Gehörnter,
Gleich, gleich werf' ich den Stein nach dir;
He! komme zurück, zurück,
Zu wachen am Thore der Höhle
55 Des weidenden wilden Kyklopen!

Gegenstrophe.

Von Milch strozt dein Euter, erleichtere dich,
Und nimm an die Zizen dein Lamm,
Das du ließest im Lager daheim.
Dich ruft der zärtlichen Lämmer
60 Geblök, das schlummert am Tag.
Kehrst du nicht einmal in den Hof
Heim vom grünen Rasen der Trift,
Heim in Aetna's Felsenklüft?
Hier ruft kein Bromios, ruft kein Tanz,
65 Noch Bacchen, bewehrt mit dem Thyrsos,
Noch hallen schmetternde Pauken
An schäumender Quellen Erguß;
Kein frischlabender Wein winkt hier,
Noch Nysa mit schwärmenden Nymphen.

Schlußgesang.

70 Ein bacchisches, bacchisches Festlied,
Dir stimm' ich es an, Aphrodita:
Einst jagt' ich im Fluge dir nach,
Weißfüßigen Bacchen gesellt.
Lieblicher, lieblicher, wo schwärmest du, Bacchos, allein,
75 Blondlockiges Haupthaar schüttelnd?
Ich, Herr, dein treuer Gesell,
Fröhne dem wilden Kyklopen,
Dem Einäugigen,

Flatter' in ärmliche Geißfelle verhüllt,
80 Sein Diener, umher,
Von deiner Liebe getrennt.

Seilenos.
Nun schweigt, o Kinder, und in's felsumgürtete
Geklüft das Vieh zu treiben, weist die Diener an.

Der Chor.
(zu den Dienern)
Geht; aber, Vater, was für Eile hast du denn?

Seilenos.
85 Ich seh' am Meergestade dort ein Griechenschiff
Und Ruderknechte, die mit einem Obersten
Zur Höhle kommen; jeder trägt ein leer Gefäß
Um seinen Nacken für gewünschten Mundbedarf,
Auch Wassereimer. Jammerwerthe Fremdlinge!
90 Wer sind sie doch? Sie kennen Polyphemos' Art
Wohl nicht, des Herrn hier, daß sie dies ungastliche
Wohnhaus betreten und dem menschenfressenden
Kyklopenschlunde sich vertraun in blindem Wahn.
Doch haltet euch nur ruhig, daß wir hören erst,
95 Woher sie kamen zum sikelischen Aetnaberg.

Die Vorigen. Odysseus tritt mit den Ruderknechten auf.

Odysseus.
Ihr Freunde, sagt uns, wo wir frisches Wasser hier,
Den Durst zu löschen, finden, ob bedürftigen
Schiffleuten Einer Speise wohl verkaufen mag?
Was ist das?
In eine Stadt des Bacchos, scheint es, kamen wir;
100 Ein Schwarm von Satyrn flattert um die Höhle dort.
Vor allen ruf' ich meinen Gruß dem ältesten.

Der Kyklop.

Seilenos.
Dank, Herr! Doch sage, wer du bist, aus welchem Land.

Odysseus.
Odysseus, Kephallenerfürst aus Ithaka.

Seilenos.
Den Schwäzer kenn' ich, Sisyphos' verschmizten Sohn.

Odysseus.
105 Der eben bin ich; aber lästre nicht, o Freund.

Seilenos.
Von wannen schiffend kamst du nach Sikelia?

Odysseus.
Aus Troja, von den Kämpfen dort um Ilion.

Seilenos.
Wie? Fandest du zum Vaterlande nicht den Weg?

Odysseus.
Sturmwirbel rafften mit Gewalt hieher mich fort.

Seilenos.
110 Poz! Da geschah dir eben das, was mir geschah.

Odysseus.
So riß auch dich der Winde Sturmgewalt hieher?

Seilenos.
Den Räubern folgt' ich, die geraubt den Bromios.

Odysseus.
Doch welches Land ist dieses, und wer wohnt darin?

Seilenos.
Du siehst Sikelia's höchsten Berg, den Aetna hier.

Odysseus.
115 Wo sind die Thürme, wo die Mauern einer Stadt?

Seilenos.
Du suchst umsonst, Herr; menschenleer sind diese Höhn.

Odysseus.
Wer wohnt in diesen Gauen? Wilde Thiere wohl?
Seilenos.
In Höhlen, nicht in Häusern, wohnt Kyklopenvolk.
Odysseus.
Wer ist ihr Herrscher? Oder ruht im Volk die Macht?
Seilenos.
120 Es sind Nomaden; Keiner hört auf Andrer Wort.
Odysseus.
Bebaun sie Felder? Oder wovon leben sie?
Seilenos.
Von Milch und Käse nährt man sich und Hammelfleisch.
Odysseus.
Den Trank des Bacchos kennen sie, der Rebe Saft?
Seilenos.
O nein; ein freudenloses Land bewohnen sie.
Odysseus.
125 Doch sind sie gastlich, freundlich wohl mit Fremdlingen?
Seilenos.
Die Fremden bringen, sagen sie, das beste Fleisch.
Odysseus.
Was? Sind es Wilde, schlingen Menschenfleisch hinab?
Seilenos.
Kein Fremder kam noch, welcher nicht geschlachtet ward.
Odysseus.
Wo weilt er selbst, der Kyklope? Hier in der Höhle wohl?
Seilenos.
130 Mit seinen Hunden jagt er Wild auf Aetna's Höhn.
Odysseus.
Nun — weißt du? — wie entfliehn wir aus dem Lande hier?

Seilenos.
Weiß nicht, Odysseus; doch ich will dir Alles thun.

Odysseus.
Wohlan, verkauf' uns Speise; daran fehlt es uns.

Seilenos.
Wir haben Nichts hier, wie gesagt, Nichts außer Fleisch.

Odysseus.
135 Auch das genügt uns, wenn es nur den Hunger stillt.

Seilenos.
Auch Feigenkäse steht zu Dienst, auch Milch der Kuh.

Odysseus.
An's Licht heraus mit; was man kauft, besieht man gern.

Seilenos.
Wie viel des Goldes, sage, gibst du mir dafür?

Odysseus.
Kein Gold; den Trank des Dionysos bring' ich euch.

Seilenos.
140 Du nennst, o Bester, was wir lange schon ersehnt.

Odysseus.
Und Maron gab mir diesen Trank, des Gottes Sohn.

Seilenos.
Er, den in meinen Armen einst ich großgenährt?

Odysseus.
Der Sohn des Bacchos, daß du nicht mehr zweifeln magst.

Seilenos.
Ist er im Fahrzeug, oder bringst du gleich ihn mit?

Odysseus.
145 Du siehst den Schlauch hier, welcher ihn verbirgt, o Greis.

Seilenos.
Mit diesem Tröpflein füll' ich kaum die Backen mir.

Odysseus.
Zweimal so viel noch hab' ich, als dem Schlauch entströmt.

Seilenos.
Traun, eine schöne Quelle, die mir munden soll!

Odysseus.
Verlangst du nicht vom unvermischten Wein zuerst?

Seilenos.
150 Natürlich; denn die Probe lockt den Kauf herbei.

Odysseus.
(zieht einen Becher hervor)
Hier, samt dem Schlauche bring' ich auch den Becher mit.

Seilenos.
Auf, eingeschenkt! Dann trink' ich und entschließe mich.

Odysseus.
Da nimm.

Seilenos.
Der Tausend! Welchen süßen Duft er hat!

Odysseus.
Du sahst ihn also?

Seilenos.
Nimmermehr! Ich riech' ihn nur.

Odysseus.
155 So koste, daß du nicht allein mit Worten lobst.

Seilenos.
(trinkt)
Juchhei! Zum Reigentanze ruft mich Bacchos auf!
Ha ha ha!

Odysseus.
Nun, rieselt er durch deine Gurgel leicht hinab?

Seilenos.
Bis auf die Zehenspizen drang's hinunter mir.

Odysseus.
Und obendrein noch zahlen wir ein Sümmchen dir.
Sellenos.
160 O laß das Geld sein, und erleichtre nur den Schlauch.
Odysseus.
So schafft die Käse, schafft die Lämmer nun heraus.
Sellenos.
Das will ich, kümmre wenig um die Herren mich.
Die Heerden aller Kyklopen gäb' ich gern dafür,
Um einen einzigen Becher auszuschlürfen nur,
165 Und stürzte mich von Leukas' Fels in's Meer hinab
Um Einen Rausch mit unumwölkten Augenbraun.
Wer nicht am Trinken Freude hat, der ist ein Narr;
Da werden alle Geister wach, da schließen sich
Der Frauen Reize voller auf, Umarmungen
170 Und Drücke, Küsse folgen und ich weiß nicht was,
Und alles Leids Vergessen. Sollt' ich solchen Trank
Nicht küssen und des Kyklopen ungeschlachten Kopf
Froh fahren lassen samt dem Einen Auge vorn?
(geht in die Höhle.)
Der Chor.
Vernimm, Odysseus; plaudern wir ein wenig noch!
Odysseus.
175 Recht! Als die Freunde redet keck mit eurem Freund!
Der Chor.
Ihr nahmet Troja's Mauern samt der Helena?
Odysseus.
Und König Priamos' ganzes Haus zerstörten wir.
Der Chor.
Nicht wahr: sobald das schöne Weibchen euer war,
Habt ihr es alle nacheinander durchgeküßt?

180 Denn Freude macht der Wechsel vieler Männer ihr.
Die falsche Schlange! Da sie kaum die scheckigen
Pomphosen um die Schenkel sah, die goldene
Halskette, die dem Phryger um den Nacken hing:
So ward sie närrisch, und verließ den besten Kerl,
185 Den Menelaos. Wäre doch der Frau'n Geschlecht
Gar nie geschaffen worden, — als allein für mich!
(Sellenos kommt aus der Höhle zurück.)

Sellenos.
Hier habt ihr Alles, Stücke von dem Weidevieh,
O Fürst Odysseus, zarter Lämmer blökenden
Nachwuchs, und Käse, dick und fett, im Ueberfluß.
190 Jezt fort damit, und ungesäumt von der Höhle weg:
Nur gebt mir erst der Rebe frohen Trank dafür!

Odysseus.
Dort seh' ich, ach! den Kyklopen! Was beginnen wir?
Wir sind verloren, Alter! Wo, wo fliehn wir hin?

Sellenos.
In diese Felskluft, wo du dich verbergen kannst.

Odysseus.
195 Das wäre mißlich, gingen wir so selbst in's Nez.

Sellenos.
Bewahre! Viel Schlupfwinkel hat die Felsenkluft.

Odysseus.
Nein, nein! Gewaltig thäten da die Troër groß,
Wenn wir vor Einem flöhen: und ich hielt doch oft
Vor vielen tausend Phrygern Stand mit meinem Schild.
200 Nein! Soll der Tod uns treffen, sei's ein edler Tod:
Und wenn wir leben, retten wir den alten Ruhm.
(Er tritt mit seinen Gefährten auf die Seite.)

Der Kyklop.

Die Vorigen. Der Kyklop.

Der Kyklop.
(hereneilend)
Halt! Sachte! He, was gibt es? Welch ein toller Muth?
Wozu der wilde Jubel? Nicht des Bacchos Lust,
Nicht eh'rne Klappern schalten hier, kein Paukenschlag.
205 Wie steht's im Stalle mit den jungen Lämmern? Sind
Sie schon am Euter, laufen sie den Müttern nach,
Frischweg zu saugen? Ist in Binsenkörben schon
Des fetten Käses Fülle, den ihr ausgepreßt?
Wie? Sprechet, redet! Oder gleich soll dieses Holz
210 Euch weinen machen! Blicket auf, nicht unterwärts!

Der Chor.
Sieh da! Zu Zeus selbst heben wir das Haupt empor,
Und seh'n Orion droben und der Sterne Heer.

Der Kyklop.
Ist unser Mittagessen hübsch zurecht gemacht?

Der Chor.
Ja freilich; sei die Kehle nur bereit dazu!

Der Kyklop.
215 Sind auch die Trinkgefäße schon mit Milch gefüllt?

Der Chor.
Austrinken kannst du, wenn du willst, ein ganzes Faß.

Der Kyklop.
Schaf- oder Kuhmilch, oder ist's gemischter Trank?

Der Chor.
Wonach dich lüstet; trinke mich nur nicht hinab.

Der Kyklop.
Bewahre! Denn ihr spränget mir im Bauch herum,
220 Und rißet Possen, daß ich müßt' alsbald vergehn.
(Er bemerkt plötzlich den Odysseus mit seinen Gefährten.)

Ho! Welchen Haufen seh' ich dort am Stalle stehn?
Seeräuber oder Diebe sind im Lande wohl.
Aus meiner Höhle seh' ich hier die Lämmerchen
Mit schwanken Weiden festgeschnürt, dazwischen auch
225 Die Käsekörbe stehen, auch den Alten dort,
Und ganz von Schlägen aufgeschwellt sein kahles Haupt.

Seilenos.

Ach, ach! Ich habe Fieber; so zerklopft bin ich!

Der Kyklop.

Von wem, o Greis! Wer übt' an deinem Kopf die Faust?

Seilenos.

Hier diese, weil ich dein Gehöft nicht plündern ließ.

Der Kyklop.

230 Daß ich von Göttern stamm' ein Gott, sie wußten's nicht?

Seilenos.

Ich sagt' es ihnen; doch sie trugen Alles fort,
Und deinen Käse schmausten sie, so sehr ich schalt,
Und schleppten weg die Lämmer; ja sie drohten, dich
Zu binden mit dreiellendicker Kette, dir
235 Das Eingeweide mitten aus dem Bauch zu ziehn,
Mit Geißeln dir den Rücken wacker durchzubläu'n,
Darauf geknebelt auf die Ruderbänke dich
Des Schiffes hinzuwerfen, um als Mühlenknecht
Dich wegzuhandeln oder daß du Steine schleppst.

Der Kyklop.

240 Wahrhaftig? Gehst du nicht geschwind, ein großes Beil
Zu schleifen, bringst ein mächtig Bündel Holz daher,
Es anzuzünden? Denn ich schlachte sie sogleich,
Und fülle meinen Magen mit dem warmen Fleisch,
Das auf der Kohle bratet, mein Vorleger selbst,
245 Und schling' hinunter, was mir sonst im Kessel kocht.

Des Fleisches aus dem Walde bin ich übersatt,
Ich habe Leu'n und Hirsche schon genug verspeist;
Doch ist es langher, daß ich Menschenfleisch genoß.
Seilenos.
Das Neue nach dem langgewohnten Alten, Herr,
250 Schmeckt immer besser. Freilich war's nicht neulich erst,
Daß Fremde hier in deiner Höhle dich besucht.
Odysseus.
Kyklop, vernimm auch andrerseits uns Fremdlinge.
Wir wünschten Nahrungsmittel einzukaufen, und
Verfügten uns zu deiner Höhle her vom Schiff.
255 Die Lämmer hat uns dieser um den Becher Wein
Verkauft und übergeben, als er ausgezecht;
Wir waren einig, nirgends ward ein Zwang geübt.
Nun schwazt er lauter unvernünftig Zeug, nachdem
Man ihn auf bösem Schacher traf mit deinem Gut.
Seilenos.
260 Was? Ich? Verdirb, Elender!
Odysseus.
     Wenn ich Lügen sprach.
Seilenos.
Nein, beim Poseidon, welcher dich erzeugt, Kyklop,
Beim allgewaltigen Triton, bei Kalypso, bei
Nereus und Nereus' Töchtern, bei den heiligen
Meerfluten schwör' ich und dem ganzen Fischgeschlecht,
265 Mein allerschönstes Herrchen, mein vortreffliches
Kyklopchen, daß ich nie dein Gut den Fremdlingen
Verkaufte. Wenn ich lüge, treffe böser Tod
Hier diese bösen Buben, die mein Liebstes sind!
Der Chor.
Du stirb! Ich selbst sah, wie du dort den Fremdlingen

270 Das Gut verkauftest. Wenn ich unwahr rede, soll
Mein Vater sterben; doch die Fremden laß in Ruh.
Der Kyklop.
Ihr lügt! Auf diesen Alten bau' ich fester noch,
Als auf Rhadamanthys, und gerechter nenn' ich ihn.
Nun will ich Antwort: Freunde, sagt, woher ihr kamt,
275 Woher ihr stammet, welche Stadt euch auferzog.
Odysseus.
Wir sind vom Eiland Ithaka; von Ilion,
Das unser Arm zerstörte, kamen wir, Kyklop,
An dein Gestade durch des Meeres Wuth verstürmt.
Der Kyklop.
Ihr zogt der schnöden Helena, der Entführten, nach
280 Zur Beste Troja's, zu Skamandros' Nachbarin?
Odysseus.
Ja, wir; die schweren Mühen überstanden wir.
Der Kyklop.
Schmachvoller Heerzug, einem einzigen Weib zulieb
In Schiffen auszuziehen nach der Phryger Land!
Odysseus.
Die Götter wollten's: keinen Menschen schilt darum!
285 Doch wir — zu dir, Herr, flehen wir, dem edlen Sohn
Des Meerbeherrschers, sagen frank und ohne Scheu:
Nicht morde deine Freunde, die dein Felsenhaus
Besuchten, nicht zum Gräuelmahle schlachte sie!
Denn wir, o Herr, wir bauten Tempelsize ja
290 In Griechenlands Meerbuchten deinem Vater einst.
Und unzerstört ist Tänaros' geweihter Port,
Der hohe Busen Malea's, der göttlichen
Athene silberreicher Fels auf Sunion,
Der Ankerplaz Geräftos; und die schwere Schmach,

295 Verübt an Hellas, schenkten wir den Phrygern nicht:
Der Ruhm ist auch der deine, weil du Hellas' Gaun
Bewohnst an Aetna's feuersprüh'ndem Felsenhaupt!
Nach Menschensitte wende dich zu meinem Flehn,
In deinen Schuz nimm arme Schiffbruchleidende,
300 Und gastlich beut uns Gaben, hilf mit Kleidern aus,
Und unsre Glieder stecke nicht, gleich Ochsenfleisch,
An Spieße, Schlund und Magen dir zu sättigen!
Genug bereits hat Troja Hellas' Land verwaist;
Es trank das Blut so Vieler, die sein Eisen traf,
305 Entriß den Frau'n die Männer, macht' Altmütterchen
Und graue Väter kinderlos. Wenn du den Rest
Am Feuer röstest und verzehrst als grauses Mahl;
Wo soll es dann hinkommen? Folge mir, Kyklop,
Gebiete deiner Lüsternheit, zieh frommen Sinn
310 Dem gottvergeßnen Frevel vor; denn manchem Mann
Hat böse Gier mit schwerer Strafe schon gelohnt.

Seilenos.

Ich will dir rathen: laß von dieses Mannes Fleisch
Nichts ungenossen; speisest du die Zunge weg,
So wirst du gar beredsam, gar gewandt, Kyklop.

Der Kyklop.
(zu Odysseus)

315 Du gutes Menschlein, Reichthum ist des Weisen Gott,
Das Andre Dunst und eitle Wortgebilde nur.
Die Meeresfesten, die mein Vater aufgebaut,
Die laß' ich laufen; was erwähnst du sie mir auch?
Mir ist Kronions Donnerkeil nicht schrecklich, Freund;
320 Kein stärkrer Gott auch scheint mir Zeus, als ich, zu sein.
Das Andre sind mir Possen nur: das sollst du gleich
Vernehmen. Wann er aus den Höhn Plazregen schickt,

Beut diese Felsenhöhle mir ein dichtes Dach.
Ein Kalb zum Mahle brat' ich mir, ein wildes Thier,
325 Und strecke meinen Bauch empor, befeucht' ihn wohl,
Austrinkend einen Eimer Milch, stampf' auf den Grund,
Und schlage mit Zeus' Donnern um die Wette Lärm.
Gießt dann der Thraker Boreas uns Schnee herab,
So hüll' ich warme Pelze mir von Thieren um,
330 Und mache Feuer, und der Schnee — nicht acht' ich ihn.
Die Erde muß mir, mag sie wollen oder nicht,
Gras wachsen lassen, daß die Heerde fetter wird.
Die schlacht' ich Keinem, außer mir (den Göttern nicht)
Und meinem Bauch hier, aller Götter Könige.
335 Denn voll sich essen jeden Tag, voll trinken sich,
Und sich um Nichts abhärmen, das, das ist der Zeus,
Den weise Männer ehren. Die mit künstlicher
Geseze Kram der Menschen Leben buntgefärbt,
Die mag der Henker holen! Ich will meinem Sinn,
340 Ohn' abzulassen, gütlich thun, und schmause dich.
Und nimm zum Gastgeschenke, daß Niemand mich schilt,
Das Feuer dir und meines Vaters Kessel dort,
Der, wenn er siedet, warm umhüllt dein zähes Fleisch.
Nun geht hinein, ihr! Tretet um den heiligen
345 Altar des Höhlengottes, mir ein leckrer Schmaus!
(Er geht mit den gefangenen Schiffern in die Höhle.)

Odysseus.

Ach, ach! Entflohen bin ich wohl des Troërkriegs,
Des Meers Gefahren; aber nun gerieth ich hier
An dieses Freblers Felsenherz und scheitere!
O Pallas, Göttin, Zeusgeborne Königin,
350 Nun, nun errette! Grauser, als vor Ilion,
Ist unsre Noth, am Todesabgrund schweben wir.

Und du, bewohnend lichter Sterne Siz, o Zeus,
Der Fremden Hort, schau dieses! Siehst du solches nicht:
Wähnt nur der Thor dich einen Gott, du bist ein Nichts!
(Er geht in die Höhle.)

Erster Halbchor.

355 Oeffne deinen weiten Schlund, Kyklop,
Sperr' auf den Rachen; dir bereit und fertig schon
Dampft in den Kohlen Gekochtes, Gebratenes: schling' es
hinab denn!
Und zerleg' und zerhack' und zerbeiße sie,
Die Glieder der Fremdlinge, die du
360 Auf zottigem Geisfell niedergestreckt!
Bacchos, verlaß mich nicht,
Und send' allein du mir allein ein rettend Boot!

Zweiter Halbchor.

Fahre wohl, du grause Felskluft, fahre hin das Opfermahl,
Des Aetna's Sohn,
365 Der wilde Kyklop verschlingt,
Der sich selbst an dem Fleische labt
Der Fremden, nicht dem Altar es bringt!
O grausam ist er, grausam,
Der die Fremden schlachtet, die
370 An seinem Haus und Herde Schuz gesucht,
Sie zerstückt und zerreißt,
Und das Gesottene schmaust mit gräßlichem Zahne,
Gekocht auf heißer Kohle, Menschenfleisch!
(Odysseus kommt aus der Höhle zurück.)

Odysseus.

Was sag' ich, Götter? Grauses mußt' ich sehn im Fels;
375 Unglaublich ist es, Fabeln gleich, nicht Menschenwerk!

Der Chor.
Was gibt's, Odysseus? Hat der gottvergessene
Kyklop die lieben Freunde dir hinabgewürgt?

Odysseus.
Er faßte zwei in's Auge, wog in den Händen sie,
Die stärksten unter allen und genährtesten.

Der Chor.
380 Wie widerfuhr euch solches, Unglückseliger?

Odysseus.
Nachdem wir eingetreten hier im Felsenhaus,
Entflammt' er erst des Feuers Glut auf breitem Herd,
Auf den er hoher Stämme Last von Eichen warf,
So viel sich auf drei Güterwagen laden läßt.
385 Dann nahm er Fichtenblätter und bereitete
Auf niedrem Grund ein Lager, nächst der Flamme Glut.
Und einen Trinknapf füllt' er, der zehn Kannen hielt,
Und goß gemelkter Kühe weiße Milch hinein,
Stellt' einen Epheubecher sich daneben, der
390 Drei Ellen breit schien, aber wohl vier Ellen tief,
Und hing den eh'rnen Kessel über dem Feuer auf,
Und brannte spize Pfähle vorn im Feuer hart,
Geglättet mit der Sense, doch aus Dornenholz,
Gehaun am Aetnaberge dort mit scharfem Beil.
395 Drauf, als der gottverhaßte Koch der Unterwelt
Gerüstet Alles, packt' er mir und mordete
Zwei meiner Fahrtgenossen mit gewandter Faust;
Er warf den einen in des Kessels eh'rnen Schlund,
Den andern wieder faßt' er hoch am Fußgelenk,
400 Und schmettert ihn an eines Felsen spizen Zahn,
Daß ihm das Hirn versprizte, nahm sein grauses Beil,
Und schlug das Fleisch herunter, briet's am Feuer gar,

Der Kyklop.

Warf andres, um es zu kochen, in des Kessels Bauch.
Ich weinte helle Zähren, ich Unseliger,
405 Und schaltet' um den Kyklopen, und bedient' ihn rasch;
Die Andern hielten, Vögeln gleich, sich bang versteckt
In Felsenlöchern, todtesblaß im scheuen Blick.
Nun, als er meiner Freunde gnug hinabgewürgt,
Und ekle Luft ausathmend auf den Rücken fiel,
410 Gab eine Gottheit mir es ein: mit reinem Trank
Des Maron füll' ich einen Napf, und bring' es ihm,
Und spreche: „Du, des Meerbeherrschers Sohn, Kyklop,
Hier siehe, welchen Göttertrank Hellenenland
Aus Rebenblut bereitet, des Dionysos Lust!"
415 Er, übersatt vom schauervollen Menschenmahl,
Nimmt ihn, und ziehend schlürft er ihn mit Einmal aus,
Und hebt die Hand und schmunzelt: „Bester fremder Mann,
Wohl schönen Trank zu schönem Mahle beutst du da!"
Sobald ich merkte, daß der Trank ihn hoch erfreut,
420 Bot ich den zweiten Becher ihm; mir ahnte, daß
Ihn bald der Wein verderben, daß er büßen wird.
Und schon zu singen hob er an; ich aber goß
Ihm Becher ein auf Becher, und berauscht' ihn ganz.
Er singt und johlt, indessen meine Gefährten laut
425 Aufheulen, daß die Höhle dröhnt. Ich schlüpfte still
Hinaus, und will dich retten, wenn du willst, und mich.
So sprechet: wollt ihr oder wollt ihr nicht entfliehn
Dem Mann, dem ungeschlachten, und um Bacchios'
Altäre wohnen bei der Nymphen froher Schaar?
430 Dein Vater drinnen stimmt damit vollkommen ein.
Doch ist er schwach durch Alter und vom Wein betäubt,
Und hängt am Becher zappelnd, wie an Vogelleim,
Und senkt die Flügel. Aber du bist Jüngling noch;

So rette dich mit mir, und deinen alten Freund,
435 Den Bacchos, suche wieder auf, der kein Kyklop!
Der Chor.
O mein Geliebter, daß ich sähe diesen Tag,
Da wir des Ungethümes frevlem Haupt entfliehn!
Denn schon so lange fehlt der holde Becher mir,
Und aus der Haft zu kommen weiß ich keinen Rath.
Odysseus.
440 So höre nun die Strafe, die wir ausgedacht
Dem Ungethüm, und wie du deiner Haft entfliehst.
Der Chor.
Sprich! Asiatischer Cithern Laut vernähm' ich nicht
So freudig, als des Ungeheuers Untergang.
Odysseus.
Zum Schmause will er gehen, dort den Brüdern nach,
445 Den Kyklopen, hoch mit seinem Bacchostrank vergnügt.
Der Chor.
Ich merke: draußen denkt ihr ihn in Waldesnacht
Zu morden, oder stürzet ihn vom Fels hinab.
Odysseus.
O, nichts dergleichen; schlauer hab' ich's ausgedacht.
Der Chor.
Wie denn? Von deinen Listen hört' ich schon vorlängst.
Odysseus.
450 Ich rathe diesen Gang ihm ab, und stell' ihm vor:
Kyklopen soll er diesen Wein nicht schenken, nein,
Ihn selbst allein behaltend sich des Lebens freun.
Und schläft er nun, von Bacchos überwältiget,
Dann ist im Haus hier eines Oelbaums Ast, und den
455 Hau' ich mit diesem Schwert herab, und spiz' ihn zu,
Leg' ihn in's Feuer, und sobald er angebrannt,

Ergreif' ich, stoße glühend ihn dem Kyklopen in's
Gesicht, und brenn' ihm mitten aus des Auges Licht.
Gleichwie der Zimmrer, der ein Schiff zusammenfügt,
460 Den Bohrer tüchtig an den zwei Handhaben dreht,
So dreh' ich meinen Balken um im leuchtenden
Kyklopenauge, bis der Stern vertrocknet ist.
Der Chor.
Juchhei! Juchhei!
Wir sind entzückt, wir rasen! Wie fein ausgedacht!
Odysseus.
Dann bring ich euch, den Alten und die Freunde dort
465 In meines dunkeln Schiffes weit gewölbten Bauch,
Und Doppelruder tragen euch aus diesem Land.
Der Chor.
Sprich, kann ich nicht auch, dir gesellt in heiligem
Bündniß, den Baumast, der das Aug' ihm blenden soll,
Anfassen? Gerne nähm' ich Theil am blut'gen Werk.
Odysseus.
470 Das sollst du: viele Hände braucht der große Pfahl.
Der Chor.
Die Last von hundert Wagen höb' ich, traun, empor,
Wenn ich dem Unhold, der mir schlimm verderben soll,
Ausbrennen kann sein Auge, wie ein Wespennest.
Odysseus.
So schweiget alle, (denn ihr kennt nun meine List,)
475 Und wann ich euch gebiete, folgt des Meisters Wort.
Denn nicht verlassen will ich, die da drinnen sind,
Die Freunde, mag nicht ohne sie gerettet sein.
Wohl könnt' ich fliehen, bin zur Höhle schon heraus;
Doch wär' es unrecht, wollt' ich sie, mit welchen ich
480 Hieher gekommen, lassen und allein entfliehn.

Erster Halbchor.
Wohlauf, wer stellt sich voran? Wer folgt
Auf den Ersten sofort, und ergreift das Gebälk,
Und bohrt dem Kyklopen in's Aug' es hinein,
Und zerschmettert den funkelnden Stern ihm?
(Man hört Gesang aus der Höhle.)
Zweiter Halbchor.
485 Sei still, sei still! Da kommt er berauscht,
Mistönigen Laut, reizlosen Gesang
Anstimmend, hervor aus dem Felsengemach;
Bald soll er mir jammern und heulen.
Wohlan, er lerne von uns den Gesang,
490 Den er nimmer gelernt!
Durchaus, ha! muß er erblinden!
Der ganze Chor.
Strophe.

O Beglückter, der mit Jubeln
An dem holden Quell der Trauben,
Zu dem Festgelag sich ausstreckt,
495 Den Geliebten froh im Arm hält,
Und im Lager mit den Locken
Des geliebten Mädchens spielend,
Und von Oel duftend das Haupthaar,
An der Thür' harrt und hineinruft: „Wer macht auf?"
Der Kyklop.
(der aus der Höhle herausgetreten)
Erste Gegenstrophe.
500 Lalalah! Ich bin von Wein voll,
Und genoß des schönsten Mahles,
Bin befrachtet, gleich dem Lastschiff,
Bis hinauf zum Bauchverdecke.

Mich verlockt der Wiese Prangen
505 In des Lenzes Grün zum Schmause,
Zu der Sippschaft der Kyklopen.
O so gib, Fremdling, den Schlauch her, schenke mir ein!
Der Chor.
Zweite Gegenstrophe.
Aus der Liebesgrotte naht er
Mit verzücktem Liebesblicke;
510 O, mich liebt ein schöner Jüngling!
Deiner harrt die glüh'nde Fackel
Und der Kuß der zarten Jungfrau
In dem Thau der kühlen Grotte,
Und ein buntfarbiger Kranz schlingt
515 Um das Haupt dir, um die Schläfe sich sofort.
Odysseus.
Kyklop, vernimm nun; denn genau bin ich bekannt
Mit diesem Bacchos, den ich dir zu trinken gab.
Der Kyklop.
Der Bacchios — für welche Gottheit hält man ihn?
Odysseus.
Der Freuden größte spendet er den Sterblichen.
Der Kyklop.
520 Ach ja! So lieblich kommt er mir den Schlund herauf.
Odysseus.
Ein solcher Gott ist's; keinem Menschen thut er weh.
Der Kyklop.
Wie mag er gern in einem Schlauche sein, der Gott?
Odysseus.
Du magst ihn hinthun, wo du willst, da wohnt er gern.
Der Kyklop.
In einem Fell zu wohnen ziemt für keinen Gott.

Odysseus.
525 Wie? Wenn's Genuß bringt? Schadet dir das Fell dabei?
Der Kyklop.
Die Schläuche haff' ich; doch den Trank da lieb' ich wohl.
Odysseus.
So bleibe hier und trinke wohlgemuth, Kyklop.
Der Kyklop.
Und meinen Brüdern spend' ich nicht von diesem Trank?
Odysseus.
Mehr Ehre hast du, wenn du ihn für dich behältst.
Der Kyklop.
530 Und mehr Gemeinsinn, theil' ich ihn den Freunden mit.
Odysseus.
Schmachworte, Schläge, Zänkerein gebiert der Schmaus.
Der Kyklop.
Ich zeche tüchtig; dennoch rührt kein Mensch an mich.
Odysseus.
O Freund, zu Hause bleibe, wer getrunken hat!
Der Kyklop.
Ein blinder Thor ist, wer bezecht nicht lustig wird.
Odysseus.
535 Und weise, wer im Rausche fein zu Hause bleibt.
Der Kyklop.
Was thun, Seilenos? Räthst du mir zu bleiben, Freund?
Seilenos.
Gewiß; wozu bedarf es andrer Gäste noch?
Der Kyklop.
Wohl blüht, von jungem Rasen rings umgrünt, die Flur.
Seilenos.
Und bei der Sonnenwärme trinkt es sich so schön:
540 Drum laß dich nieder, strecke dich auf weichen Grund!

Der Kyklop.

Gut!
Was stellst du doch den Becher hinter mich, o Freund?

Seilenos.
Daß Keiner ihn wegnehme.

Der Kyklop.
Nein, du selber willst
Ihn heimlich trinken! stell' ihn nur da vorne hin!
Du nenne deinen Namen, Freund: wie nennt man dich?

Odysseus.
545 „Niemand". Doch welche Liebe rühm' ich einst von dir?

Der Kyklop.
Von deinen Freunden allen schmaus' ich dich zulezt.

Odysseus.
Da gibst du mir ein schönes Gastgeschenk, Kyklop!

Der Kyklop.
(zu Seilenos)
Du, was beginnst du? Trinkst den Wein mir heimlich aus?

Seilenos.
Nein; weil ich freundlich blickte, hat er mich geküßt.

Der Kyklop.
550 Daß dich — ! Den Wein wohl küßtest du, er küßt dich nicht.

Seilenos.
Bei Zeus, er sagt, er liebe mich, ich sei so schön.

Der Kyklop.
Schenk' ein und gib den Becher mir nur tüchtig voll.

Seilenos.
Laß uns die Mischung prüfen, ob sie richtig ist.

Der Kyklop.
Gib so, du Tölpel!

      Seilenos.
    Nein, fürwahr, nicht eher, als
555 Du dir das Haupt bekränztest und ich kostete.
      Der Kyklop.
Verwünschter Mundschenk!
      Seilenos.
    Wahrlich, süß ist dieser Wein!
Nur erst den Mund gesäubert, eh du den Becher nimmst!
      Der Kyklop.
Sieh! Sauber sind die Lippen, auch mein Bart ist rein.
      Seilenos.
Nun lege zierlich deinen Arm, und trinke dann,
560 Sowie du mich siehst trinken und —
  (Er deutet auf einen Satyr, der auch heimlich von dem Wein kostet)
      nicht mich.
      Der Kyklop.
          Aha!
Was machst du?
      Seilenos.
    Weidlich trank ich aus, es schmeckte mir.
      Der Kyklop.
Da nimm, o Fremdling, schenke du mir selber ein.
      Odysseus.
Die Rebe, traun, ist meinen Händen wohlbekannt.
      Der Kyklop.
Auf, eingeschenkt!
      Odysseus.
    Ich thu' es; aber schweige nur.
      Der Kyklop.
565 Ein schweres Ding das, wenn man viel getrunken hat.

Odysseus.
Da hast du, nimm und trinke, laß nichts übrig drin.
Fortziehen muß man, bis man stirbt, an solchem Trank.
Der Kyklop.
Juchhei! Gescheit doch ist das Holz des Rebenbaums.
Odysseus.
Und wenn du reichlich zogest auf ein reichlich Mahl,
570 Durstlos den Magen neztest, schläfst du selig ein;
Doch, lässest du was übrig, dörrt dich Bacchios.
Der Kyklop.
Hoho! Lalah!
Kaum schwamm ich durch; das nenn' ich lautre Seligkeit!
Mir scheint der Himmel mit der Erd' in Einem Kreis
Herumzutanzen, und ich sehe droben Zeus'
575 Lichtthron und aller Götter reine Glorie.
Nicht küssen mag ich; lasset mich, ihr Chariten!
Mir gnügt an dem Ganymedes; hab' ich ihn im Arm,
Wie herrlich, bei den Chariten! Solch ein hübsches Kind
Behagt mir besser als ein Mädchenangesicht.
Seilenos.
580 Ich bin des Zeus Ganymedes, meinst du wohl, Kyklop?
Der Kyklop.
Den ich (o Himmel!) rauben muß dem Dardanos.
Seilenos.
Helft, meine Kinder! Schmählich wird mir mitgespielt!
Der Chor.
Du schiltst und höhnst den Liebling, weil er sich bezecht?
Seilenos.
Weh! Bald empfind' ich dieses Trankes Bitterkeit!

(Der Kyklop schleppt ihn taumelnd in die Höhle.)

Odysseus.
585 Wohlauf, ihr Bacchoskinder, edle Jünglinge!
Nun ist er innen; bald vom Schlaf gebunden wird
Er Menschenfleisch aus grausenvollem Schlunde spein.
Der Stamm im Felsgewölbe dampft Rauchwirbel auf;
Und weiter Nichts ist übrig, als des Auges Stern
590 Dem Kyklopen auszubrennen; drum sei nur ein Mann.
Der Chor.
Wie Fels und Diamanten fest ist unser Muth!
Doch geh' hinein jezt, ehe Schmach den Vater trifft;
Wir sind zu jedem Dienste dir nach Wunsch bereit.
Odysseus.
Hephästos, Aetna's Herrscher, nun entäußre dich
595 Des bösen Nachbars, brenn' ihm aus des Auges Stern!
Und du, o Schlummer, Ausgeburt der schwarzen Nacht,
Fall' auf das gottverhaßte Thier mit ganzer Macht,
Und laßt Odysseus, nach dem ruhmgekrönten Kampf
Vor Troja, nicht mit seinen Schiffern untergehn
600 Durch Einen, dem Nichts Götter, Nichts die Menschen sind!
Sonst gilt der Zufall uns allein als ächter Gott,
Und Göttermacht ist schwächer, als das Ungefähr.
(Er geht in die Höhle.)
Der Chor.
Fassen wird ohne Rast
Das Eisen nun des Mannes Hals, der die Gastfreunde
verschlingt:
605 In der Flamm' erlischt ihm des Auges lichter Stern.
Schon zur Kohle ward der Stamm; versteckt
Liegt in der Asche bereits der gewaltige Baumast.
Komm denn, Maron, komm!
Wuthentbrannt schaffe dein Werk!

610 Blende den Stern im Kyklopenauge,
Daß der Trank ihm schlecht bekomme!
Auch ich möchte den epheutragenden Gott,
Den holden Bromios, wiedersehn,
Und aus der Wüste des Kyklopen fliehn.
615 Ach, wird mir je dies Glück zu Theil?

Odysseus.
(kommt eilig aus der Höhle hervor)
Um aller Götter willen schweigt, ihr Bestien,
Seid ruhig, beißt in die Lippen! Nicht laut athmen mir,
Nicht blinzeln dürft ihr, Keiner darf sich räuspern, daß
Das Ungeheuer nicht erwacht, bevor wir ihm
620 Den Strahl des Auges ausgelöscht in unsrer Glut.

Der Chor.
Wir schweigen, schlucken durch den Mund die Luft hinab.

Odysseus.
Auf nun, hinein geht eilig, faßt des Baumes Stamm
Mit beiden Händen; wacker ist er durchgeglüht.

Der Chor.
Bestimme du nun, wer zuerst den heißen Kloz
625 Ergreift, dem Ungeheuer auszuglühn das Licht,
Damit wir auch Theil haben an dem schönen Loos.

Erster Halbchor.
Wir stehn ein wenig allzuweit von der Thüre fern;
Den Brand in's Auge stoßen wir ihm nimmermehr.

Zweiter Halbchor.
Und wir, wir wurden plözlich lahm im Augenblick.

Erster Halbchor.
630 Dann geht es euch gerade so wie mir: im Stehn
Verrenkten wir die Füße, wissen nicht wovon.

Odysseus.
Im Stehen habt ihr euch verrenkt?
Erster Halbchor.
Und die Augen sind
Uns voll von Staub und Asche, wissen nicht woher.
Odysseus.
Ihr seid mir feige Schlingel, helfet mir zu Nichts!
Der ganze Chor.
635 Herr, unser Rückgrat, unser Buckel dauert uns;
Wir möchten unsre Zähne nicht mit Stößen uns
Einschlagen lassen: dieses nennst du feigen Sinn?
Doch ist von Orpheus mir bekannt ein Zauberlied,
Bei dessen Tönen ihm der Pfahl von selbst in's Hirn
640 Einfährt und diesen Erdensohn in Flammen sezt.
Odysseus.
Schon lange wußt' ich, daß du so geartet bist;
Nun weiß ich's besser. Meine Freunde muß ich denn
Zu Hülfe rufen. Wenn du nichts mit deiner Hand
Vermagst, so brauche deine Zunge doch, damit
645 Durch deinen Zuruf meine Schaar ermuthigt wird.
(Er geht in die Höhle.)
Der Chor.
Ganz wohl! Ich bin der König, seid die Bauern ihr!
Durch meinen Zuruf werde blind das Ungethüm!
Auf, auf! Stoßt zu mit Heroengewalt! Nur frisch an's Werk!
Brennet des Auges Licht ihm aus, dem gästeverschlingenden
Unthier!
650 Dampft ihn ein, brennet ihn,
Den Aetnaschäfer; in's Auge bohrt,
Schleift ihn, daß er, wüthend von Schmerz, euch nicht
schmählich bezahle!

Der Kyklop.

Odysseus (mit den Seinigen aus der Höhle stürzend). **Der Kyklop. Der Chor.**

Der Kyklop.
(noch in der Höhle)
Weh, weh! Der Strahl des Auges ist mir ausgebrannt!

Der Chor.
Ein schöner Päan! Singe so mir fort, Kyklop!

Der Kyklop.
655 Weh! Wie bin ich mißhandelt! Ich Verlorener!
Doch sollt ihr lachend nicht entfliehn aus dieser Kluft,
Ihr Taugenichtse! Denn ich stehe hier am Thor
Des Schlundes, beide Hände streck' ich aus nach euch!
(Er tritt vollends aus der Höhle heraus.)

Der Chor.
Weßwegen schreist du so, Kyklop?

Der Kyklop.
      Ich bin dahin!

Der Chor.
660 Wohl siehst du häßlich aus!

Der Kyklop.
     Bin elend obendrein.

Der Chor.
Du fielst berauscht wohl mitten in die Kohlenglut?

Der Kyklop.
„Niemand" erschlug mich.

Der Chor.
    Also that dir Keiner weh.

Der Kyklop.
„Niemand" hat mich geblendet.

Der Chor.
     Blind denn bist du nicht?

Der Kyklop.
O wärest du's!

Der Chor.
Wie kann dich Niemand blenden?

Der Kyklop.
Pah!
665 Du spottest? Wo ist „Niemand"?

Der Chor.
Nirgendwo, Kyklop.

Der Kyklop.
Der Fremde, daß du recht verstehst, hat mir's gethan,
Der Schurke, der mit seinem Tranke mich verdarb.

Der Chor.
Ja, mächtig, schwerbezwingbar ist des Weins Gewalt.

Der Kyklop.
Ha, flohn die Frechen? Oder sind sie noch im Fels?

Der Chor.
670 Sie stehen schweigend hinter jener schattigen
Felswand verborgen.

Der Kyklop.
Sage, Freund: zu welcher Hand?

Der Chor.
Zu deiner Rechten.

Der Kyklop.
Wo?

Der Chor.
Gerad' am Felsen hier.
Greif: hast du?

Der Kyklop.
Leid zum Leide, ja! Den Kopf zerstieß
Ich mir am Felsen.

Der Chor.
Und sie fliehn vor dir davon.
Der Kyklop.
675 Hier nicht: du sagtest eben, hier.
Der Chor.
Hier mein' ich nicht.
Der Kyklop.
Wo denn?
Der Chor.
Sie schleichen linker Hand um dich herum.
Der Kyklop.
Weh mir! Du höhnst mich, spottest mein in meiner Noth.
Der Chor.
Ich spotte nicht mehr; sieh, der „Niemand" steht vor dir.
Der Kyklop.
(umhertappend)
Nichtswürd'ger, wo, wo bist du?
Odysseus.
Weit von dir entfernt
680 Steht hier Odysseus, und von Wachen wohlgeschirmt.
Der Kyklop.
Wie sagtest du? Welch neuen Namen nennst du da?
Odysseus.
Ich bin Odysseus, also hieß mein Vater mich.
Du solltest heute büßen dein verruchtes Mahl!
Denn, traun, mit Schande brannt' ich Troja's Burg in Schutt,
685 Hätt' ich an dir nicht meiner Freunde Mord gerächt.
Der Kyklop.
Ach, ach! Ein alter Götterspruch erfüllt sich nun.
Durch dich geblendet würden wir, weissagte der,
Wenn du von Troja kämest. Doch auch dir verhieß

Der Spruch, du würdeſt büßen einſt für dieſe That,
690 Und lange Zeit umtreiben auf der hohen See.
Odyſſeus.
Verdirb, du Scheuſal! Doch bewirkt' ich dieſes ſchon.
Ich gehe nun an's Ufer, und Sikelia's
Meerwogen theilend, ſchiff' ich heim in's Vaterland.
Der Kyklop.
Nein, wahrlich! Denn ich breche dieſen Felſen ab,
695 Und ſchmettre dich ſamt deiner Schiffsmannſchaft in Grund.
Empor die Berghöhn ſteig' ich, ob erblindet auch,
Und klettre hier den durchgehöhlten Fels hinauf.
Der Chor.
Und wir, Odyſſeus zugeſellt auf dieſer Fahrt,
Wir dienen fortan ohne Raſt dem Bacchios.

Anmerkungen zu dem Kyklopen.

Vers 3. Hera rächte sich an Bacchos, dem Sohne des Zeus und ihrer Nebenbuhlerin Semele, dadurch, daß sie ihn mit Wahnsinn schlug. In diesem Zustande entfloh er den Dreaden, den Nymphen des Berges Nysa, die nach dem Gebote des Zeus ihn gesäugt und erzogen hatten, und irrte, von Seilenos begleitet, durch die Welt.

= 5. An dem Kriege wider die Giganten (die Erdgeborenen) nahm Bacchos mit seinem Lehrer Seilenos Theil.

= 8. Enkelados, einer der Giganten, fiel durch die Hand der Pallas Athene.

= 11. Bacchos miethete einst, zur Ueberfahrt von der Insel Ikaria nach Naxos, ein Fahrzeug tyrrhenischer Seeräuber. Da er sich nicht als Gott zu erkennen gegeben hatte, so wähnten die Elenden, an dem Jüngling eine Beute zu finden, und lenkten von der rechten Fahrt ab, um ihn an der nächsten Küste zu verkaufen. Der erzürnte Gott verwandelte sie in Delphine. Bothe.

= 13. Die Söhne des Seilenos, die Satyrn.

= 18. Maleia oder Malea (mit kurzer Mittelsylbe), ein Vorgebirge an der südöstlichen Spitze von Lakonien.

= 37. Sikinnis, eine den Satyrn eigenthümliche Art des Tanzes.

Vers 39. Mit **Althäa**, der Gemahlin des thessalischen Fürsten Oeneus, soll Bacchos die Deianeira gezeugt haben.

= 41. Der vom Chor Angeredete ist ein Schafbock.

= 49. L. ψύττα, τάδ' ἢ σύ γ', ἢ τάδε νεμεῖ;

= 51. L. ὠή, ὠή, ὁ κεράστας,
ἢ ῥίψω πέτρον τάχα σοῦ,
ὠή, ὕπαγ' ὦ, ὕπαγ' ὦ,
τοῦ μηλοβότα στασιωρὸς
Κύκλωπος ἀγροιώτα.

= 79. **In ärmliche Geißfelle gehüllt.** Ländliche Tracht, welche die Satyrn, als Hirten eines grausamen Herrn, jetzt ebenfalls anlegen mußten, während sie sonst in Hirsch- und Pantherfellen auf der Bühne erschienen.

= 104. Odysseus war, nach einer seine Mutter schmähenden Sage, ein Sohn des räuberischen Königs Sisyphos von Korinth.

= 112. S. die Anmerkung zu V. 11.

= 136. **Feigenkäse:** Käse, mit Feigensaft geronnen.

= 141. Odysseus hatte den Maron, den Priester des Apollon zu Ismaros in Thrakien, als er Ismaros zerstörte, verschont und dafür den köstlichen Wein von ihm zum Geschenk erhalten. Bei Homer ist Maron ein Sohn des Euanthes, den Ariadne dem Dionysos gebar, während Euripides ihn unmittelbar zu einem Sohne des Bacchos macht.

= 145. L. τόνδ' ἀσκόν, ὃς κεύθει νιν, εἰσορᾷς, γέρον.

= 165. **Der Fels von Leukas**, einer Insel im jonischen Meere, der Küste von Akarnanien gegenüber, berühmt durch die Sage, daß sich die Dichterin Sappho von ihm in das Meer hinabgestürzt habe.

= 173. L. χαίρειν κελεύων.

Anmerkungen zu dem Kyklopen.

Vers 178. Das schöne Weibchen, Helena.

182. Die Pomphosen, die weiten Unterkleider der Asiaten.

183. Der Phryger ist Paris.

265. Die bösen Buben, die Satyrn, die Söhne des Seilenos.

273. Rhadamanthys, Fürst von Kreta, der wegen seiner unbestechlichen Gerechtigkeit gleich seinem Bruder Minos zum Richter des Todtenreiches bestellt ward.

291. Tänaros, ein Vorgebirge von Lakonien, und auf ihm ein berühmter Tempel des Poseidon. Eine schauerliche Schluft des Gebirges war (meinte man) der Eingang in das Schattenreich, und Alkmene's tapferer Sohn (Herakles) sollte den Kerberos hier herausgeschleppt haben. Unweit dem Vorgebirge lag eine gleichnamige Hafenstadt.

292. Ueber Malea, s. zu V. 18.

293. Sunion, ein Vorgebirge von Attika, seiner Silberadern wegen berühmt, mit einer Hafenstadt an seinem Fuße.

294. Gerästos, ein Vorgebirge in Euböa, dem Poseidon heilig.

342. meines Vaters Kessel, den der Kyklop auf irgend eine Art von seinem Vater Poseidon bekommen hat. Homerischen Helden erhöht ein solcher Umstand den Werth der Sache; diesem Unholde nicht: denn wie er seinen Vater achtet, erhellt aus V. 317 f.

345. Der Höhlengott, der Bauch. Vgl. V. 334.

510. L. $καλὸς ὤν φιλεῖ τις ἡμᾶς$.

554. Gib so, ohne lange zu prüfen.

555. Die Alten bekränzten sich stets, auch wenn sie allein tranken.

Anmerkungen zu dem Kyklopen.

Vers 592. Den Vater, den Seilenos.

= 640. Einen Sohn der Erde nennt Odysseus den Polyphemos, weil er ein Feind der Götter ist, wie die Giganten, die von der Erdgöttin abstammten.

= 654. Päan, Gesang, Hymne.

XII.

Andromache.

Personen.

Andromache, Hektors Wittwe, Kriegsgefangene des Neoptolemos oder Pyrrhos.
Molottos, Sohn des Neoptolemos und der Andromache.
Peleus, Vater des Achilleus, Großvater des Neoptolemos.
Menelaos, König von Sparta.
Hermione, seine Tochter, Gemahlin des Neoptolemos.
Die Amme Hermione's.
Orestes, Sohn des Agamemnon und der Klytämnestra.
Die Meergöttin Thetis, Gemahlin des Peleus.
Dienerinnen.
Ein Bote.
Der Chor: Frauen von Phthia.

Der Schauplaz ist in Phthia. Die Bühne zeigt den Palast des Neoptolemos, gegenüber den Tempel der Thetis, vor welchem Andromache als Schuzflehende am Altare sizt.

Andromache.

Des Asiatenlandes Zier, o Theberstadt,
Von wo mit goldner Gaben Schaz Andromache
Vormals zur königlichen Burg des Priamos
Gekommen, Hektorn anvermählt als fruchtbare
5 Gemahlin, wohl beneidenswerth in früh'rer Zeit,
Doch nun der Frauen allerunglückseligste!
Ich sah, wie Hektor, mein Gemahl, erschlagen ward
Von Thetis' Heldensohne, wie von hohem Thurm
Hinabgestürzt ward unser Sohn Astyanax,
10 Als Argos' Söhne Troja's Flur eroberten;
Und eine Sklavin, aus dem allerfreisten Stamm
Vormals geachtet, kam ich selbst in Hellas' Aun,
Des Inselfürsten Neoptolemos Kriegsgeschenk,
Das ihm vom Raube Troja's ausgesondert ward,
15 Und wohne nun auf Nachbarfluren Phthia's hier,
Des Landes um Pharsalos, wo, von Menschen fern,
Dem Schwarm entflohn, die Meeresgöttin Thetis einst
Gewohnt mit Peleus: ihren Bund verewigend,
Nennt Thetideion diesen Ort der Thessaler.
20 Da weilt Achilleus' edler Sohn in diesem Haus,
Und läßt den Peleus herrschen in Pharsalos' Land,
Nicht nach dem Zepter trachtend, weil der Alte lebt.
Und ich gebar in diesen Häusern einen Sohn,

Gesellt Achilleus' Sohne, der mein Herrscher ist.
25 Und früher, troz dem Leide, hielt mich immer doch
Aufrecht die Hoffnung, wenn der Sohn am Leben sei,
Schuz einst und Schirm zu finden wider Ungemach.
Doch nun der Herrscher sich vermählt Hermione,
Die Tochter Sparta's, und verschmäht mein Sklavenbett,
30 Werd' ich von ihr mit grauenvoller Schmach verfolgt.
Denn durch geheime Zauber ihr Unfruchtbarkeit
Bereitend, (sagt sie) raub' ich ihr des Mannes Herz;
Im Hause herrschen woll' ich selbst an ihrer Statt,
Gewaltsam sie vertreiben aus des Gatten Gunst,
35 Ich, die von Anfang widerstrebend ihm gefolgt,
Und nun ihn aufgab. Zeuge mir der große Zeus,
Daß nur mit Widerwillen ich sein Bett getheilt!
Doch nicht bered' ich diese, sie will meinen Tod;
Menelaos beut der Tochter seine Hand dabei.
40 Und eben darum ist er nun im Hause, kam
Darum von Sparta. Ich in banger Angst entfloh
Zu Thetis' Tempel in des Hauses Nähe hier,
Und size harrend, ob er mir abwehrt den Tod.
Der Stamm des Peleus und er selbst ehrt diesen Ort,
45 Der Zeuge seines Ehebunds mit Thetis war.
Mein einzig Söhnchen aber sandt' ich ingeheim
In andre Häuser, daß man ihn nicht mordete.
Denn sein Erzeuger ist mit seiner Hülfe mir
Jezt nicht gewärtig, auch dem Sohne frommt er nicht:
50 Er weilt im Delpherlande, dort dem Loxias
Die Raserei zu büßen, daß er Rechenschaft
Von ihm zu Pytho heischte für des Vaters Tod,
Ob nicht, der alten Sünde Schuld abbittend, er
Die Huld Apollons fürderhin gewinnen mag.

Eine Dienerin kommt aus dem Hause des Neoptolemos.
Andromache.

Die Dienerin.

55 Gebieterin! Mit diesem Namen scheu' ich nicht
Dich noch zu nennen, weil ich so dich auch genannt
In deinem Hause, da wir Troja's Flur bewohnt:
Stets war ich dir und Hektor, deinem Gatten, hold,
Und komme nun, dir Schlimmes anzukündigen.
60 Wohl fürcht' ich, daß der Herren einer mich erspäht,
Doch treibt mich Mitleid: Grauses droht Menelaos dir
Mit seiner Tochter; sei davor auf deiner Hut.

Andromache.

O theure Nebensklavin! (Denn das bist du mir,
Der frühern Herrin, welche nun unglücklich ist;)
65 Was thun sie? Welche Hinterlist ersinnen sie,
Und wollen mich ermorden, mich Verlorene?

Die Dienerin.

Sie trachten, deinen Knaben, Unglückselige,
Zu morden, den du außerhalb des Hauses bargst.

Andromache.

Weh mir! So weiß sie, daß ich meinen Sohn verbarg?
70 Woher? Verloren bin ich, ach, ich Elende!

Die Dienerin.

Weiß nicht: indeß von ihnen selbst vernahm ich es;
Von Hause ging Menelaos, ihn zu suchen, fort.

Andromache.

So wär' ich denn verloren! Kind, es werden dich
Die beiden Geier morden, und noch immer weilt
75 Der Mann im Delpherlande, den du Vater nennst.

Die Dienerin.
Ja, wäre der hier, stünd' es nicht so schlimm um dich,
Das glaub' ich sicher; ohne Freunde bist du jezt.
Andromache.
Kam nicht von Peleus Kunde, daß er kommen wird?
Die Dienerin.
Zu alt an Jahren ist er, um dir beizustehn.
Andromache.
80 Gesendet hab' ich wohl nach ihm, nicht Einmal nur.
Die Dienerin.
So meinst du wohl, ein Bote kümmre sich um dich?
Andromache.
Wie sollt' er? Möchtest etwa du mir Bote sein?
Die Dienerin.
Was aber sag' ich, wenn ich lang von Hause war?
Andromache.
Du findest viel Ausflüchte; denn du bist ein Weib.
Die Dienerin.
85 Es ist gefährlich; sorglich wacht Hermione.
Andromache.
Sieh doch! Im Leid entziehst du deinen Freunden dich.
Die Dienerin.
Mitnichten! Nimmer klage dieser Schuld mich an!
Ich gehe, (weil das Leben einer Sklavin doch
Nicht viel bedeutet,) wenn mich auch ein Leiden trifft.
(geht ab.)

Andromache.
90 So gehe — doch wir wollen — wie wir allezeit
In Thränen leben, Klagelaut und Jammerton —
Aufschrein zum Aether: denn es ist Erleichterung,
Genuß den Frauen, die das Unglück heimgesucht,

Es auf den Lippen und im Mund zu führen stets.
95 Ich muß um Vieles klagen, nicht um Eines nur,
Um meinen todten Hektor, um die Vaterstadt,
Mein hartes Schicksal, welches mich gebunden hält,
Nachdem ich schmachbeladen sank in Sklaverei.
Nie glücklich nennen sollst du mir den Sterblichen,
100 Bevor du seinen lezten Tag gesehen, wie
Er den vollendend, niederwallt in's Todtenreich.
Unheil brachte dir Paris, o Ilios, keine Gemahlin,
Als in der Ehe Gemach Helenen heim er geführt.
Darum erschien aus Hellas mit tausend Masten der Wüthrich
105 Ares, eroberte dich, Troja, mit Feuer und Schwert,
Raubte mir meinen Gemahl, der Verlorenen, welchen am Wagen
Fesselnd, der Meergöttin Sohn um die Mauern geschleift.
Ich ward aus den Gemächern geführt zum Gestade des Meeres,
Beugte der Dienstbarkeit traurigem Joche das Haupt:
110 Und viel Zähren entströmten die Wange mir, als ich im Staube
Meinen Gemahl und die Stadt und die Gemächer verließ.
Ich Unselige, weh! Was frommt mir, zu schauen die Sonne,
Mir, Hermione's Magd, die mich so bitter bedrängt,
Daß ich, die Säule der Thetis im Flehn mit den Armen umschlingend,
115 Weine, der Quellflut gleich, welche dem Felsen entströmt?

Der Chor tritt auf. Andromache.

Der Chor.

Erste Strophe.

Troerin, die du so lange verweilst an dem Size der Thetis,
Und ihn nicht verlässest!
Eine Phthioterin zwar, doch kam ich zu dir, Asiatin,
Ob ich etwa Rettung
120 Für dich aus schwerem Leide finden mag,
Das mit Hermione dich in dem feindlichen Haber verstrickte,
Arme, die das Lager
Bei dem Sohn des Achilleus
Mit ihr, der Herrin, theilen muß.

Erste Gegenstrophe.

125 Kenne dein Loos, und das Leiden erwäge mir, das dich betroffen!
Du, die Tochter Troja's,
Kämpfest mit deinen Gebietern den Kampf, mit den Sprößlingen Sparta's?
Fliehe weg vom Hause
Der Meergöttin, dem opferreichen! Was
130 Frommt es dir, Arme, dich bang in entstellendem Gram zu verzehren,
Weil dich drängt die Herrin?
Es bezwingt die Gewalt dich.
Was willst du dich, Machtlose, quälen?

Zweite Strophe.

Auf von dem strahlenden Siz der unsterblichen Tochter des Nereus!

135 Wisse, daß in fremdem Land
Sklavin du bist, in der feindlichen Stadt,
Wo deiner Freunde keinen du
Schauest, unglückseligste
Der Frauen, ganz Verlorne!

Zweite Gegenstrophe.

140 Ilierin, du kamest zum Hause mir, schmerzlich bedauert;
Doch wir schweigen, billig ja
Fürchten wir meiner Gebieterin Groll,
(Zwar deines Looses jammert uns,)
Daß die Tochter Helena's,
145 Wie wir dich lieben, sehe.

Hermione. Andromache. Der Chor.

Hermione.
(von ihren Dienerinnen umgeben)

Den Glanz des goldnen Schmuckes, der mein Haupt um-
fängt,
Und dieser Kleider bunte Pracht, ich habe sie
Nicht aus Achilleus' oder Peleus' Hause mir
Als Erstlingsgaben einer Braut hiehergebracht;
150 Nein, schon im Spartiatenland Lakonia
Verehrte sie Menelaos, unser Vater, uns
Mit großem Mahlschaz, daß ich wohl frei reden darf.
Euch, Frauen, sag' ich dieses als Erwiederung.
(sie wendet sich an Andromache)
Doch du, die Sklavin, die des Krieges Speer gewann,
155 Willst uns vertreiben, Herrin hier im Hause sein;
Berückt von deinen Zaubern, haßt mein Gatte mich,
Und meine Jugend schwindet unfruchtbar durch dich.

Denn stark in solchem Treiben ist in Asia
Der Geist der Frauen; aber ich verwehre dir's,
160 Und helfen soll dir dieses Haus der Thetis nichts,
Und nichts Altar und Tempel; sterben mußt du mir.
Wenn eine Gottheit, wenn ein Mensch dich retten will,
Mußt du den alten Herrscherstolz ablegen, mußt
Demüthig niederfallen, mir an's Knie geschmiegt,
165 Und meine Wohnung scheuern, und aus goldenen
Gefäßen sprengen Wasserthau vom lautern Quell,
Mußt wissen, wo du weilest: ist doch Hektor nicht,
Noch Priamos, nicht Troja, sondern Hellas hier.
Doch, Arme, so weit führte dich dein Unverstand,
170 Du wagst dem Sohn des Mannes, der den Gatten dir
Gemordet, beizuwohnen, und dem Mörder selbst
Gebierst du Kinder. Solches ist Barbarenbrauch:
Der Vater freit die Tochter, und die Mutter freit
Den Sohn und Brüder Schwestern, und der Liebsten Hand
175 Erschlägt die Liebsten: alle dem wehrt kein Gesez!
Uns das zu bringen, hüte dich; es ziemt ja nicht,
Daß Einem Mann zwei Frauen unterthänig sind;
Nein, gerne läßt an Eines Weibes Liebe sich
Genügen, wer nicht wohnen will im Ungemach.

Der Chor.
180 Wohl ist ein rachbegierig Volk der Frau'n Geschlecht,
Und Nebenbuhlerinnen stets am feindlichsten.

Andromache.
Weh!
Der Jugend Feuer bringt Gefahr den Sterblichen,
Vornehmlich wenn sich Tugend ihm nicht zugesellt.
Wohl bindet, fürcht' ich, mein Geschick die Zunge mir,
185 Obwohl ich manches Wahre dir erwiedern kann,

Und hab' ich Recht, besorg' ich, daß mir's Schaden bringt.
Denn bitter fühlt der Große, der voll Uebermuth
Sich bläht, die bessern Worte vom Geringeren;
Doch selber mich verrathen — das sei ferne mir!
190 Sprich, Mädchen, welchem sichern Grund vertraut' ich denn,
Wollt' ich den Mann dir rauben, den das Recht dir gab?
Weil etwa Sparta schwächer ist als Phrygien,
Mein Glück so glänzend, und du mich als Freie siehst?
Wohl, weil ich stolz auf Jugend und auf Körperreiz,
195 Auf meines Reichthums Größe stolz und Freundesmacht,
An deiner Statt in deinem Hause schalten will?
Wohl, daß ich Söhne, Sklaven zeug' an deiner Statt,
Die Armen, die mir folgen, wie das Boot dem Schiff?
Doch wird man dulden, daß die Söhn' Andromache's
200 Einst über Phthia herrschen, bleibst du kinderlos?
Um Hektors willen freilich liebt mich Hellas' Volk,
Und ich bin fremd ihm, und gebot in Troja nicht.
Nicht meiner Zauber wegen haßt dein Gatte dich,
Nein, weil mit ihm zu leben du dich nicht bequemst.
205 Auch dieses weckt die Liebe; nicht Schönheit, o Frau,
Der Tugend Reize sind es, die den Gatten freun.
Verdrießt dich Etwas, hoch erhebst du dann die Stadt
Der Sparter, achtest Skyros' Inselland für Nichts;
Reich prahlst du vor nicht Reichen, und Menelaos gilt
210 Mehr als Achilleus; darum haßt dich dein Gemahl.
Denn eine Frau muß, auch vermählt dem schlimmen Mann,
Sich fügen, muß nicht hadern in hoffärt'gem Troz.
Und wäre nun dein Gatte Fürst in Thrakia,
Dem schneeumstürmten Lande, wo der Reihe nach
215 Ein Mann mit vielen Ehefrau'n sein Lager theilt:
Sprich, würd'st du diese tödten? Also wälztest du

Die Schmach der Unersättlichkeit auf alle Frau'n!
Wie schändlich! Zwar mehr, als die Männer, leiden wir
An dem Gebrechen, aber klug verhehlen wir's.
220 Mein theurer Hektor, gern ertrug ich dir zulieb
Die Nebenfrauen, wann Kythera dich bethört,
Und ihren Kindern reicht' ich oft sogar die Brust,
Damit ich niemals Bittres dir bereitete.
So fesselt' ich durch Tugend meinen Gatten stets;
225 Du aber duldest, immerdar von Furcht erfüllt,
Auch nicht den Tropfen Himmelsthau an deinem Mann.
In Männerliebe suche doch die Mutter nicht,
O Frau, zu übertreffen; schlimmer Mütter Art
Zu fliehen, ziemt den Kindern, die verständig sind.

Der Chor.
230 Wenn du's, o Herrin, über dich gewinnen kannst,
Laß dich bereden, und versöhne dich mit ihr.

Hermione.
Was soll dein Kampf mit Worten, was dein stolzer Ton,
Als wärest du die Weise, und die Thörin ich?

Andromache.
Das bist du nach den Worten, die du eben sprachst.

Hermione.
235 Weib, deine Weisheit wohne nicht in meiner Brust!

Andromache.
So jung an Jahren, redest du das Schnöde nur.

Hermione.
Du redest nicht, du thust es, wie du's kannst, an mir.

Andromache.
Erträgst du nicht stillschweigend deiner Liebe Schmerz?

Hermione.
Wie? Sollte das nicht allen Frau'n das Höchste sein?
Andromache.
240 Nur Einer, die sich gnügen läßt, den andern nicht.
Hermione.
Barbarenbräuche kennt man nicht in meiner Stadt.
Andromache.
So dort, als hier, bringt Schande, was schmachwürdig ist.
Hermione.
Schlau bist du, schlau, Weib; dennoch ist dein Tod gewiß.
Andromache.
Das Bild der Thetis (siehst du?) blickt auf dich herab.
Hermione.
245 Sie haßt um ihres Sohnes Tod dein Vaterland.
Andromache.
Nicht ich, ihn mordet' Helena, die dich gebar.
Hermione.
Auch fürder also wühlst du fort in meinem Schmerz?
Andromache.
Ich schweige, sieh, und öffne nicht mehr meinen Mund.
Hermione.
Auf das, warum ich hier erschien, antworte mir.
Andromache.
250 Dir, sag' ich, fehlt der weise Sinn, der dir geziemt.
Hermione.
Verlässest du der Thetis keusches Heiligthum?
Andromache.
Nur wenn ich sterbe: lebend scheid' ich nicht von hier!

Hermione.
Das ist beschlossen, und des Gatten wart' ich nicht.
Andromache.
Auch ich, fürwahr, ergebe mich nicht eher dir.
Hermione.
255 Mit Feuer wüth' ich gegen dich, nicht schon' ich dein, —
Andromache.
So senge nur; die Götter schauen deine That —
Hermione.
Noch acht' ich grauser Wunden Schmerz an deinem Leib.
Andromache.
Mit Blut entheilige den Altar; sie strafen dich!
Hermione.
Barbarenbrut, fühlloser, harter Uebermuth,
260 Du willst dem Tode trozen? Doch ich bringe dich
Sogleich mit deinen Willen fort von diesem Siz:
Solch einen Köder hab' ich. Doch verschweig' ich noch
Mein Mittel, offenbaren wird dir's bald die That.
Siz' unbeweglich! Wenn dich auch geschmolznes Blei
265 Ringsher umschlösse, trieb' ich dennoch dich hinweg,
Bevor Achilleus' Sohn erscheint, auf den du baust.
(ab.)
Andromache.
Auf diesen bau' ich. Schrecklich, daß die Sterblichen
Ein Gott gelehrt hat, Waldgewürm zu bändigen:
Was schlimmer ist, als Feuer, als der Schlange Brut,
270 Ein böses Weib, zu zähmen, fand noch Keiner aus!
Ein solches Uebel sind wir Frau'n den Sterblichen.

Der Chor.
Erste Strophe.
Große Bedrängnisse wahrlich erhoben sich,
Als Zeus' und Maja's Sohn
Nach den Waldthälern Ida's dort,
275 Der Götterfrauen Dreigespann mit schönem Joch
Daherlenkend, kam;
Das Gespann, mit dem traurigen Zwist um die Schönheit
bewehrt,
Lenkt' hin zu des Hirten
Gehöfe, hin zu dem einsamwallenden Jünglinge,
280 Zum Herd der öden Schäferwohnung.
Erste Gegenstrophe.
Und in die waldigen Thäler gelangten sie,
Und wuschen dort im Strom
Klarer Bergquellen ihre Glanz=
gestalt; zu Paris eilten sie darauf, entbrannt
285 In wildhadernder
Zwietracht; und mit Worten des Truges umspann Kypris ihn,
Die, lieblich zu hören,
Umsturz der Freiheit, bittern Sturz, der Phrygerstadt,
Der unglückvollen Troja, brachten.
Zweite Strophe.
290 Hätte doch über das Haupt sie geworfen das Unheil,
Sie, die den Paris gebar,
Bevor er Ida's Fels zur Wohnung nahm,
Da, mit heiligen Lorbeerzweigen geschmückt,
Kassandra rief: „Ermordet ihn,
295 Die unnennbare Schmach für des Priamos Stadt!"
Wem nahte sie nicht, welchem Haupt des Troervolks
Flehte sie nicht, dieses Kind zu tödten?

Zweite Gegenstrophe.

Ilions Frauen umschlängen die Bande der Knechtschaft
Nicht, nimmer nähmest du, Frau,
300 Den Siz im Hause meiner Herrscher ein:
Und es endeten Hellas' klägliche Mühn,
Da seine Söhn' um Ilion
Zehn Jahre hindurch umirrten im Kampf;
Der Ehe Lager ständen nicht verödet, noch
305 Weinte der Greis um verlorne Kinder.

Menelaos führt den Sohn Andromache's, **Molottos**, herbei. **Andromache. Der Chor.**

Menelaos.

Frau, deinen Sohn ergriff ich, welchen ingeheim
Vor meiner Tochter du verbargst im fremden Haus.
Dich müsse retten, prahltest du, der Göttin Bild,
Und diesen, Frau, die Leute, die verborgen ihn:
310 Doch warst du minder listig, als Menelaos war.
Und wenn du nicht verlassend diese Stätte räumst,
So wird der Knabe hingewürgt an deiner Statt.
So magst du denn erwägen, ob du sterben willst,
Ob deines Frevels wegen er verderben soll,
315 Den du an meiner Tochter und an mir verübst.

Andromache.

O Ruhm, o Ruhm, wie viele tausend Sterbliche,
Die Nichts gewesen, hobest du zur Macht empor!
Wohl preis' ich jene glücklich, die sich wahren Ruhm
Errungen; wer sich ihn erlog, hat seinen Ruhm
320 Dahin; dem Glücke dankt er's, daß er weise scheint.
Du nahmest einst mit einem auserlesenen
Hellenenheere Troja, du Feigherziger,

Andromache.

Der auf das Wort der jugendlichen Tochter, so
Aufstürmt im Zorne, daß er sich zum Kampf erhebt
325 Mit mir, dem armen Sklavenweib? Ich achte dich
Nicht würdig Troja's oder Troja dein hinfort.
Von außen glänzt der Eitle, der sich weise dünkt;
Nach innen ist er Allen gleich, nur daß vielleicht
Ihn hebt des Reichthums Fülle, der so viel vermag.
330 Menelaos, auf! Vollenden laß uns dies Gespräch.
Mich tödte deine Tochter, sie verderbe mich:
Der Schmach der Blutschuld wird sie dann nicht mehr
entfliehn.
Und im Gericht des Volkes mußt du selber auch
Die Schuld des Mordes tragen, den du mitverübt.
335 Doch wenn ich selbst entrinne, wenn kein Tod mich trifft,
Erschlagt ihr meinen Knaben? Wie verschmerzte dann
Der Vater wohl gleichmüthig seines Sohnes Tod?
Fürwahr, so ganz unmännlich nennt ihn Troja nicht.
Nein, was die Pflicht ihn lehrte, was Peleus', des Ahns,
340 Und seines Vaters würdig ist, das wird er thun:
Er wird dein Kind verstoßen. Soll ein Andrer dann
Sie frei'n, was wirst du sagen? Daß sie, wacker selbst,
Dem schlechten Mann entflohen? Doch das glaubt man
nicht!
Wer mag sie frei'n auch? Oder soll sie unvermählt
345 In deinem Haus ergrauen? Armer, siehst du nicht
Das Meer so vieler Uebel, das dich rings umgibt?
Wie viele Kebsfrau'n wünschtest du der Tochter nicht,
Eh' als sie das erführe, was ich nun gesagt?
Um kleine Dinge schaffe man kein großes Leid,
350 Und wenn ein unheilvolles Leid wir Frauen sind,
So sei der Männer Weise nicht den Frauen gleich!

Hab' ich mit Zaubereien dir dein Kind umstrickt,
Und ihren Leib verschlossen, wie sie selbst erklärt:
Dann willig, nicht gezwungen, nicht den Opferherd
355 Umschlingend, unterwerf' ich selbst der Buße mich
Vor deinem Eidam, der mir kein geringres Leid
Verhängen möge, weil er kinderlos verblieb.
So lautet unsre Rede; doch von deinem Sinn
Besorg' ich Eins nur: hadernd um ein schnödes Weib,
360 Hast du ja schon der Phryger arme Stadt zerstört.

Der Chor.

Du sprachest freier, als die Frau zu Männern spricht,
Und deiner Seele Feuer überschritt das Maß.

Menelaos.

Das ist gering ja, meinst du wohl, nicht würdig mein,
Des Oberfeldherrn, noch des Griechenlandes, Frau.
365 Doch wisse: was ein Jeder eben wünscht, erscheint
Ihm größer, als der Phrygerstadt Eroberung.
Ich werde meiner Tochter (denn ich acht' es groß,
Des Manns beraubt zu werden,) treu zur Seite stehn.
Denn Alles, was sie duldet, gilt der Frau gering;
370 Doch wer ihr raubt den Gatten, raubt das Leben ihr.
Wie Pyrrhos meinen Sklaven frei gebieten darf,
Gebeut den seinen wiederum mein Haus und ich.
Denn Freunde haben, wenn sie wahrhaft Freunde sind,
Kein eignes Gut mehr, sondern nur gemeinsames.
375 Und harrt' ich nun des Fernen und bestellte nicht
Das Meine bestens, wär' ich schwach, nicht kluggesinnt.
So räume dieses Heiligthum der Göttin; denn
Wenn du den Tod erduldest, stirbt der Knabe nicht;
Doch weigerst du zu sterben, dann ermord' ich ihn:
380 Von Beiden Einer fällt dem Tod als Opfer heim.

Andromache.
Ach, welch ein bittres Lebensloos, welch bittre Wahl
Wird mir gelassen! Wähl' ich, ist Unglück mein Theil,
Und wähl' ich nicht, umringt mich unheilvolle Noth.
Du, der so Schweres mir verhängt um leichte Schuld,
385 Wozu, warum mich tödten? Sprich! Welch eine Stadt
Verrieth ich? Welchen deiner Söhne mordet' ich?
Sprich, welches Haus verbrannt' ich? Nur gezwungen gab
Ich deinem Eidam mich dahin; nun willst du mich,
Nicht ihn, den Schuldigen, tödten? Denkst des Anbeginns
390 Nicht mehr und eilst zum Ende, das die Folge war?
O meines Unglücks! Mein verlornes Vaterland,
Wie schrecklich leid' ich! Wozu ward ich Mutter auch,
Was fügt' ich eine Doppellast zur alten Last?
Doch was beklag' ich dieses, und bejammre nicht,
395 Und denke nicht des Leides, das mich nun bedrängt?
Ich, die den Hektor schleifen sah um Ilion,
In grausen Flammen untergehn die Troërstadt,
Dann, eine Sklavin, auf Achäa's Schiffe kam,
Geschleppt am Haare, wie sie dann in's Phthierreich
400 Gelangte, Hektors Mördern sich vermählen muß!
Wo böte mir das Leben Reiz? Wo schau' ich hin?
Auf diese Leiden oder auf vergangene?
Ein Sohn, des Lebens Auge, war mir übrig noch;
Ihn denken sie zu morden, das dünkt ihnen recht.
405 Sie sollens nicht, auf daß ich Arme leben mag!
In ihm ja blüht noch Hoffnung, wenn er leben bleibt:
Mir wär' es Schande, stürb' ich nicht für meinen Sohn.
(Sie verläßt den Altar.)
Seht her, den Altar räum' ich, bin in eurer Hand:
Durchbohrt mich, mordet, bindet mich, erdrosselt mich!

410 Sohn, deine Mutter geht hinab in Hades' Haus,
Daß du nicht sterbest! Doch, entrinnst du dem Geschick,
So denke deiner Mutter, wie sie litt und starb,
Und melde deinem Vater, wenn mit Thränen du
An seinem Mund hängst und um ihn die Hände schlingst,
415 Wie mir's ergangen! Kinder sind den Eltern stets
Ihr Leben: tadelt dieses Wort, wer's nicht erfuhr,
Er leidet minder, aber hat Unglück im Glück.

Der Chor.

Mit tiefem Mitleid hör' ich's; denn das Mißgeschick
Rührt alle Menschen, wenn es auch ein fremdes ist.
420 Mit deiner Tochter hättest du die Frau, o Herr,
Versöhnen sollen, sie befrein aus ihrer Noth.

Menelaos.

Ergreift mir diese, schlingt die Arme fest um sie,
Ihr Diener; denn unholde Worte hört sie nun.

(zu Andromache)

Ich drohte, daß du räumtest diesen heil'gen Herd,
425 Den Tod des Knaben, und berückte dich damit,
In meine Hand zu kommen, die dich tödten wird.
Und wisse: dir ward dieses Loos verhängt von uns;
Doch über deines Sohnes Loos wird unser Kind
Bestimmen, ob er sterben, ob er leben soll.
430 Auf denn, in's Haus hier, eilig, daß du lernst, hinfort
Den Freien nicht zu trozen, du, das Sklavenweib!

Andromache.

Weh!
Mit Trug beschlichen hast du mich; wir sind getäuscht.

Menelaos.

Vor aller Welt verkünde dies: ich läugn' es nicht!

Andromache.
Gilt das am Strom Eurotas euch für recht und klug?

Menelaos.
435 Beleidigungen rächt man auch im Troërland.

Andromache.
Sind Götter nicht mehr Götter, sind sie nicht gerecht?

Menelaos.
Wenn Götter strafen, trag' ich's; doch dich tödt' ich jezt.

Andromache.
Auch dieses Kind, nachdem du's meinem Arm entrafft?

Menelaos.
Nein; meiner Tochter geb' ich's, wenn sie's tödten will.

Andromache.
440 Weh mir! So muß ich wahrlich dich bejammern, Kind!

Menelaos.
Ein kühnes Hoffen freilich bleibt ihm nimmermehr.

Andromache.
Ihr, alle Menschen hassend voll Erbitterung,
Bewohner Sparta's, sinnend auf verschlagnen Rath,
Der Lügen Meister, die geschmeidig böse List
445 Anspinnen, Winkelzüge, krumme Pfade nur
Ausspähn! Mit Unrecht ehrt man euch in Hellas' Volk!
Was wäret ihr nicht? Häufet ihr nicht Mord auf Mord,
Jagt nicht nach schnödem Gewinne? Spricht nicht euer
Mund
Stets Andres, während euer Herz stets Andres denkt?
450 Verderbet! Nicht so bitter ist mir, traun, der Tod,

Als du's beschlossen: mein Verderben war es ja,
Als unterging der Phryger unglücksel'ge Stadt
Und mein gepries'ner Gatte, dessen Speer dich oft
In's Schiff vom festen Lande trieb in feiger Flucht.
455 Doch nun erscheinst du wider Frau'n ein furchtbarer
Kriegsmann, und mordest: morde mich! Ich gönne dir
Und deiner Tochter nimmermehr ein schmeichelnd Wort.
Du bist im Sparterlande groß und angesehn,
Ich war's in Troja. Wenn ich jezt unglücklich bin,
460 Nicht juble deßhalb; Gleiches kann auch dir geschehn.

Der Chor.
Erste Strophe.
Nimmer fürwahr lob' ich's, daß ein Mann der Frauen zwei
Und zweier Mütter Söhne nährt,
Der Häuser Zwist und feindlich herbe Plage.
Eine Liebe sei dem Mann genug,
465 Mit andern Frauen pfleg' er nicht Gemeinschaft.

Erste Gegenstrophe.
Trägt sich ja doch auch im Staate zweier Herrscher Joch
Nicht leichter, als des Einen Herrn;
Da häuft sich Last auf Last und Bürgeraufruhr.
Zwischen zwei Gesangesmeistern liebt
470 Die Muse Zwist und Eifersucht zu spinnen.

Zweite Strophe.
Und wann des Sturmes wilder Hauch die Schiffer faßt,
Da theilt sich ihr Sinn, wie das Steuer zu wenden sei;
Es schafft der Weisen Menge Nichts, mehr richtet aus
Ein selbstherrschender schwächerer Geist,
475 Der ungetheilt in den Häusern und im Staat gebeut,
Wenn das Heil soll gefunden werden.

Zweite Gegenstrophe.

Das zeigt die Tochter Sparta's hier, Menelaos' Kind:
Wie mit Feuer, verfolgt sie das andre Gemahl, erschlägt
In wilder Zwietracht Ilions unselige
480 Tochter, und mordet der Armen den Sohn.
Gottlos, geseglos ist der Mord, ist hassenswerth;
Dich ereilt, Herrin, noch die Reue.

Doch ich sehe ja schon hier vor dem Palast
Das verbundene Paar,
485 Das ein trauriger Spruch zu dem Tode verdammt.
Unglückliches Weib! Unseliger Sohn,
Du gehst um Andromache's Lieb' in den Tod,
Hast, ledig von Schuld,
Nichts wider die Fürsten verbrochen.

Andromache (gefesselt). **Molottos. Menelaos.
Der Chor.**

Andromache.

490 Seht, — mit Stricken die blutigen Händ' umwunden, hinuntergehn
Muß ich unter die Erde....

Molottos.

Mutter, Mutter, in deinem Arm wall' auch ich zu den Schatten.

Andromache.

Feindesopfer, ihr Herrscher des Phthierlandes!

Molottos.

O Vater, komm
Deinen Lieben ein Retter!

Andromache.
Du wirst ruhen an meiner Brust, theurer Sohn, an der
                Mutter Brust,
Bei der Todten im Grabe todt!

Molottos.
Weh! Was soll ich Verlorner, was du, unselige Mutter?

Menelaos.
In die Erde hinab! Denn ihr kamet hieher
Aus feindlicher Burg, und ein doppeltes Leid
Rafft euch in den Tod; dich tödtet mein Spruch,
Und den Knaben erschlägt Hermione dir,
Mein Kind. Denn ein gräßlicher Wahnsinn ist's,
Zu verschonen den Feind und des Feindes Geschlecht,
Kann tödten ich ihn
Und das Haus von Bekümmerniß lösen.

Andromache.
O mein Gatte, des Priamos Sohn, o könnte mich deine
                Hand,
Deine Lanze mich retten!

Molottos.
Ach! Wo find' ich ein Zauberlied, abzuwehren das Elend?

Andromache.
Flehe, Kind, und umschlinge das Knie des Herrschers!

Molottos.
                O lieber Herr,
Laß mich leben, o Lieber!

Andromache.
Thränen nezen das Auge mir, fließen strömend, wie sonnenlos
Rinnt die Quelle vom glatten Fels.

Molottos.

Weh! Wo wird mir in dieser Noth Rettung tröstend er=
scheinen?

Menelaos.

Was umschlingst du mein Knie, was flehst du mich an,
515 Mich, taub wie der Fels, wie die Woge des Meers?
Wohl bin ich den Meinen ein Schuz; zu dir
Zieht Liebe mich nicht: denn ich habe so viel
Vom Leben verschwendet, bis Troja's Burg
Ich erobert und sie, die Mutter du nennst;
520 Ihr dankst du das Loos,
Das dich zu den Schatten hinabruft.

Der Chor.

Den greisen Peleus seh' ich jezt in der Nähe dort
Hieher den alterschweren Tritt beschleunigen.

**Peleus. Menelaos. Andromache. Molottos.
Der Chor.**

Peleus.

Euch frag' ich, Frauen, und den mordbereiten Mann:
525 Was deutet dieses? Wie, warum krankt unser Haus?
Was thut ihr, Tod verhängend ohn' Urtheil und Recht?
Halt' ein, Menelaos, eile nicht so wider Recht!

(zu seinem Führer)

Du führe mich geschwinder; hier gilt keine Rast,
So scheint mir, nein, ich wünsche, daß sich neuverjüngt,
530 Wenn je, der Jugend alte Kraft heut regt' in mir.
Vor Allem will ich diesem Weib als guter Wind
Die Segel schwellen. Sage mir, nach welchem Recht

(er deutet auf die Sklaven, welche Andromachen führen)

Die dir die Hände banden und dich samt dem Sohn

Fortführen! Wie das Mutterschaf mit seinem Lamm,
535 So stirbst du, weil wir ferne sind und Pyrrhos fern.

Andromache.
Greis, diese Männer führen mich und meinen Sohn
Also zum Tode, wie du siehst. Was sag' ich dir?
Nicht Eines Nothrufs Eile scholl von mir zu dir,
Nein, tausend Boten hab' ich ausgesandt um dich.
540 Den Zwist im Haus mit dieses Mannes Tochter hast
Du wohl vernommen, und warum ich sterben muß.
Und nun von Thetis' Herde, die den Heldensohn
Dir einst gebar, der Hohen, die du fromm verehrst,
Entführen, reißen sie mich fort, und gönnen mir
545 Kein Recht und keinen Richter, und erwarten nicht
Des Fernen Rückkehr; meines Sohns Verlassenheit
Und meine kennend, wollen sie mich Elende
Und dieses Kind ermorden, das doch Nichts verbrach.
Darum beschwör' ich bei den Göttern dich, o Greis,
550 An deine Kniee sinkend: (denn dein theures Kinn
Mit meiner Hand zu berühren, ist mir nicht vergönnt)
O rette mich! Versagst du dieses mir, so muß
Ich sterben, mir zum Leide, Greis, und euch zur Schmach.

Peleus.
Die Fesseln löset, oder trifft euch Ungemach,
555 Und laßt des Weibes Hände frei, gebiet' ich euch.

Menelaos.
Und ich verbiet' es, wahrlich kein Geringerer,
Als du, und dieses Weibes Herr mit größerm Recht.

Peleus.
Wie? Kamst du her, in meinem Hause Herr zu sein?
In Sparta frei zu schalten, war dir nicht genug?

Menelaos.
560 Ich führte sie gefangen aus dem Troërland.

Peleus.
Als Ehrenlohn empfing sie meines Sohnes Sohn.

Menelaos.
Sein ist das Meine, denk' ich, und das Seine mein.

Peleus.
Zum Rechten, nicht zum Bösen, zu Gewalt und Mord.

Menelaos.
Aus meinen Armen führst du sie niemals hinweg!

Peleus.
565 Dann färbt das Haupt dir blutigroth mein Zepter hier.

Menelaos.
Komm an, du sollst's erfahren, komm, berühre mich!

Peleus.
Du Feigster, feiger Aeltern Sohn, du wärst ein Mann?
Gleichwie zu Männern, also spricht man wohl zu dir?
Der seine Gattin rauben ließ vom Phrygier,
570 Und unverschlossen, unbewacht sein Haus verließ,
Als walte drinnen im Gemach ein züchtig Weib,
Sie, die der Frauen schlimmste war? Selbst wenn sie will,
Kann eine Frau zu Sparta nicht enthaltsam sein.
Wo Frau'n das Haus verlassen und mit Jünglingen,
575 Nachlässig offen ihr Gewand, die Hüften nackt,
Im Lauf und Ringerkünsten, unerträglich mir,
Vereint sich üben. Kann es da ein Wunder sein,
Wenn ihr, o Sparter, keine keuschen Frau'n erzieht?
So sollte Helena fragen, die aus deinem Haus
580 Nach einem andern Lande mit dem Jünglinge

Im Wonnetaumel, deine Lieb' aufopfernd, zog.
Und dieser Frau zuliebe haft aus Hellas du
Ein solches Kriegsheer ausgeführt nach Ilion.
Du mußtest sie verwünschen, nicht den Speer um sie,
585 Die schlecht erfundne, rühren, nein, sie lassen dort,
Und Lohn noch geben, um sie niemals mehr zu sehn.
Doch nimmer hast du deinen Sinn hierauf gestellt,
Nein, gabst der tapfern Seelen viel dem Tode preis,
Hast alte Mütter kinderlos daheim gemacht,
590 Und grauen Vätern edle Söhn' hinweggeraubt.
Von diesen Einer, seh' ich Unglückseliger
In dir, Achillens' Mörder, einen Rachegeist.
Du kamst allein aus Troja nichtverwundet heim;
In schöner Hülle brachtest du die schöne Wehr
595 So schön, wie dorthin, wiederum hieher zurück.
Ich sang dem Pyrrhos immer vor, niemals mit dir
Den Bund zu schließen, und des schnöden Weibes Kind
Nicht heimzuführen, denn die Neuvermählte bringt
Der Mutter Schmach mit. Freier, darauf achtet mir,
600 Die Töchter edler Mütter nur euch anzutraun!
Dann, — welchen Frevel übtest du am Bruder aus,
Triebst ihn zu seiner Tochter Mord in blindem Wahn?
So bangte dir's um einer schnöden Frau Besiz.
In Troja — denn ich folg' auch dorthin dir — erschlugst
605 Du nicht die Gattin, die man gab in deine Macht;
Nein, ihre Brust erblickend, warfst du hin das Schwert,
Empfingst die Küsse, kostest um das falsche Weib,
Der Kypris Sklave, wie zuvor, Feigherziger!
Und nun in meiner Kinder Haus, die ferne sind,
610 Dringst du, zerstörst du, mordest du dies arme Weib
Und ihren Knaben schmählich hin, der Thränen dir

Und deinem Kind im Hause noch entlocken wird,
Und wär' er Bastard auch im dritten Glied. Es blüht
Die dürre Saat oft schöner, als ein fettes Land,
615 Und mancher Bastard übertrifft den ächten Sohn.
Drum nimm dein Kind und gehe! Besser ist's, man wählt
Den wackern Armen vor dem reichen Bösewicht
Zum Schwäher und Verwandten: du warst immer Nichts!

Der Chor.
Aus kleinem Anlaß weckt die Zunge Sterblichen
620 Oft argen Hader; aber sorgsam hütet sich
Der Weise, daß mit Freunden ihn kein Zank entzweit.

Menelaos.
Wie mag man Greise rühmen, daß sie weise sind,
Wie Jene, die selbst Argos einst für klug erklärt,
Wenn du, des hohen Vaters Sohn, Peleus genannt,
625 Und mir verschwägert, redest, was dir Schande bringt,
Und Schmach auf uns ausschüttest um dies fremde Weib?
Die mußtest du wegtreiben über Neilos' Flut
Und Phasis' Woge, rufen mich zu gleicher That,
Da sie dem Land entsprossen, wo von Hellas' Volk
630 So viele Todte durch den Speer gefallen sind,
Und auch die Schuld an deines Sohnes Morde theilt!
Denn Paris, der Achilles, deinen Sohn, erschlug,
War Hektors Bruder, und sie selbst war Hektors Weib.
Und du verweilest unter Einem Dach mit ihr,
635 Und neben ihr an Einem Tische sitzest du,
Und sie gebiert die schlimmsten Feinde dir im Haus.
Um dieses abzuwenden, Greis, von dir und mir,
Will ich sie tödten, reiße sie aus deinem Arm.
Doch sprich (denn Red' und Gegenrede ziemt sich wohl):

640 Wenn meine Tochter nicht gebiert, und ihrem Schooß
Entsprossen Kinder, wirst du die zu Herrschern hier
Im Phthierland erheben, soll der fremde Stamm
In Hellas herrschen? Und ich wäre thöricht, wenn
Ich Ungebühr abwehre, du wärst weise nur?
645 Auch das bedenke: hättest du dein Kind vermählt
Mit einem Bürger, und ihr würd' ein solches Loos;
Ertrügst du's schweigend? Nimmer! Und nun schmähst du so
Der Fremden wegen Freunde, die dir nahe stehn?
Hat mit dem Mann doch gleiches Recht die Gattin, die
650 Der Mann beleidigt, und der Mann hat gleiches Recht,
Der eine Gattin ohne Zucht im Hause nährt.
Er aber hat in seinen Händen große Macht,
Sie kann allein auf Eltern und Verwandte bau'n.
So schütz' ich also billig auch die Meinen wohl.
655 Du bist ein Greis, und wahrlich eher frommst du mir,
Erwähnst du meinen Kriegeszug, als wenn du schweigst.
Nicht willig, nein, nach Götterschluß, litt Helena;
Und dies hat Hellas' Volke großes Heil gebracht.
Denn sie, der Waffen und des Kriegs unkundig sonst,
660 Errangen Ruhm in Schlachten: ist Erfahrung doch
In allen Dingen Lehrerin der Sterblichen.
Wenn ich die Gattin wiederfand und mich enthielt,
Die Hand an sie zu legen, hab' ich wohlgethan:
O daß auch du den Phokos nicht ermordetest!
665 So warn' ich dich wohlmeinend, nicht von Zorn entbrannt;
Doch wenn du grollend rasest, ist dein frecher Mund
Gewaltig, mehr frommt aber mir gelassner Sinn.

Der Chor.
Nun lasset endlich (weit das Beste wäre dies)
Von eitler Rede; denn ihr strauchelt beide sonst.

Peleus.
Weh!
670 Welch üble Sitte waltet doch in Hellas' Volk!
Wenn Kriegesheere Siegstrophä'n errichteten,
So nennt man solches nicht ein Werk der Kämpfenden;
Des Heeres Führer trägt allein den Ruhm davon,
Der, unter Tausend Einer nur, die Lanze schwang,
675 Und mehr nicht that, als Einer, doch mehr Ruhm gewinnt.
Des Volkes Häupter, die sich hoch in Würden blähn,
Thun stolzer, als die Menge, sind sie nichtig auch;
Doch tausendmal gescheidter sind die Niedern oft,
Wenn's nicht an Selbstvertrauen und am Willen fehlt.
680 So sizest du dich blähend, so dein Bruder auch,
Ob eurem Zug nach Troas, ob den Thaten dort,
Wo Müh'n und Leiden Andrer euch verherrlichten.
Ich werde dich nun lehren, daß kein größrer Haß
Mich wider Alexandros, Troja's Sohn, beseelt,
685 Entweichst du nicht aus diesen Hallen ungesäumt
Mit deiner Tochter, die hinaus vor dieses Haus
Mein Enkel bald am Lockenhaare schleifen wird,
Die, weil sie keine Kinder hat, nicht dulden will,
Daß Andre Mütter werden, da sie nicht gebiert.
690 Weil Mutterfreuden ihr versagt ein herbes Loos,
Geziemt es sich, daß keine Kinder uns erblühn?
Hinweg von dieser, Sklaven, daß ich sehen mag,
Ob Einer ihre Hände mir zu lösen wehrt.

(zu Andromache)
Erhebe dich, damit ich, wenn auch zitternd, Frau,

695 Der dichtverschlungnen Bande dich entledige!
(zu einem der Sklaven)
So hast du ihr die Hände, böser Mensch, verletzt?
War's denn ein Stier, ein Löwe, den du mit Stricken
bandst?
Hast wohl befürchtet, daß sie dich, ein Schwert gefaßt,
Abwehre?
(zu dem Knaben)
Komm an meine Seite hier, o Kind,
700 Hilf ihre Fesseln lösen! Ich erziehe dich
In Phthia, einen großen Feind für diese hier.
Fehlt' euch, o Sparter, Kriegesruhm und Schlachtenkampf,
In allem Andern überträft ihr Keinen sonst.

Der Chor.
Ein zügelloses Wesen ist der Alten Art,
705 Und schwer zu zähmen, weil sie schnell zum Zorne sind.

Menelaos.
In raschem Unmuth treibt es dich zu Schmähungen;
Ich aber dring' in Phthia nicht gewaltsam ein,
Will Böses weder üben noch erdulden auch.
Und jezo (denn ich habe nicht viel Muße) will
710 Ich heim mich wenden. Nahe liegt uns eine Stadt,
Nicht fern von Sparta, die, vordem verbündet uns,
Jezt uns befeindet; über sie mit Heeresmacht
Mich stürzend, unterwerf' ich sie dem Spartervolk.
Ich komme, wann ich Alles dort nach meinem Sinn
715 Vollendet, wieder; Aug' in Auge red' ich dann
Zu meinem Eidam, und vernehm' auch ihn sofort.
Und wenn er Diese züchtigt, und sich mäßig zeigt
Fortan, so wird ihm Gleiches auch von uns gewährt.

Doch, ist er zornig, soll er uns auch zornig sehn,
720 Und was er uns thut, werden wir ihm wieder thun.
Was du zu mir geredet, leicht ertrag' ich es;
Denn wie des Schattens leeres Bild, so schwazest du,
In Allem sonst unmächtig, nur im Reden nicht.
(er geht ab.)

Peleus.

Tritt hier an meine Seite, Kind, und führe mich,
725 Und du, Bedrängte; denn entrückt dem wilden Sturm,
Gelangtet ihr in einen heitern stillen Port.

Andromache.

O Greis, der Himmel segne dich und dein Geschlecht,
Daß du mein Kind gerettet und mich armes Weib!
Doch sorge, daß uns diese nicht auf ödem Pfad
730 Belauern und mich rauben mit Gewalt, o Greis:
Sie sehen, du bist alterschwach, kraftlos bin ich,
Und dieses Kind unmündig. Das bedenke, daß
Uns, nun gerettet, nicht hernach der Feind berückt.

Peleus.

Was bringst du da für feige Weiberreden mir?
735 Wer wird an euch Hand legen? Geh! Verderben soll,
Wer's wagt! Mit Götterhülfe ja gebieten wir
In Phthia viel Fußknechten und viel Reisigen:
Noch steh' ich aufrecht, bin so schwach nicht, wie du meinst.
Auf solchen Mann ja wär' ein Blick von mir genug,
740 Zu baun ein Siegsmal ihm zum Hohn, so alt ich bin.
Ein muth'ger Greis trägt über viele Jünglinge
Den Sieg davon: was hilft dem Feigen Körperkraft?
(sie gehen.)

Der Chor.
Strophe.
Nicht leben möcht' ich, oder aus edlem Geschlecht
Entsprossen sein, aus reichem begütertem Haus!
745 Wenn ein böses Schicksal den Edlen getroffen,
Ist ihm die Hülfe nicht fern;
Und welche der Ruf als erlauchte Namen preist,
Die krönt Ehre und Ruhm: nie tilgt die gewaltige Zeit
Des wackern Mannes Spuren; im Tode sogar
750 Leuchtet seine Tugend.

Gegenstrophe.
Wohl ist es edler, ruhmlose Siege verschmähn,
Als kühn das Recht umstürzen mit Haß und Gewalt.
Anfangs zwar ist dieses für Sterbliche lockend;
Aber es welkt mit der Zeit,
755 Und Schmach und Entwürdigung wälzt es auf das Haus.
Solch ein Leben gefällt mir, solches erkor ich mir auch,
Das keine rechtlos waltende Macht in der Stadt
Duldet und im Hause.

Schlußgesang.
Alter aus Aeakos' Stamm,
760 Einst (ich glaub' es) zogst du, vereint den Lapithen, aus
       zum Kampfe
Mit dem gepriesenen Speer der Kentauren;
Ueber das stürmische Meer
Der Symplegaden führte dich das Argoschiff
Auf jener gefeierten Fahrt;
765 Und als Kronions hoher Sohn
Die Stadt des Ilos ehedem mit Mord umfing,
Kamest du, mit jenem den Ruhm theilend, Greis, nach Europa.

Die Amme Hermione's. Der Chor.

Die Amme.

Wie doch, geliebte Frauen, sich für uns das Leid,
Mit neuem Leide wechselnd, häuft an diesem Tag!
770 Denn unsre Herrin im Palast, Hermione,
Vom Vater preisgegeben und in tiefem Schmerz
Die Schuld erkennend, daß sie wollt' Andromachen
Und ihren Sohn ermorden, wählt nun selbst den Tod,
Den Gatten fürchtend, daß er sie für solche Schuld
775 Schmachvoll vom Hause treibe, ja vielleicht den Tod
Ihr gebe, die Schuldlosen Tod bereitete.
Kaum hemmen Diener, die man ihr zur Hut gesezt,
Sie, die den Strang um ihren Nacken schlingen will,
Und reißen mühsam aus der Rechten ihr das Schwert.
780 So schwer bekümmert, fühlt sie nun, daß ihre That
Nicht schön gewesen. Aber ich bin müde jezt
Der Fürstin Mord zu wehren, ihr geliebten Frau'n.
So gehet i h r denn ungesäumt in's Haus hinein,
Und wehret ihr zu sterben: leiht man doch das Ohr
785 Dem neuen Freunde lieber als dem alten Freund.

Der Chor.

Und wirklich hör' ich innen schon die Diener schrein
Der Dinge wegen, welche du zu melden kamst.
Wohl will die Arme zeigen, wie betrübt sie sei
Ob ihres Frevels; aus dem Hause stürzt sie dort,
790 Entflohn der Diener Händen, weil sie sterben will.

Die Vorigen. Hermione.

Hermione.

O weh, weh mir!
Ich zerraufe mein Haar, mit den Nägeln
Zerfleisch' ich die Wang' und den Busen mir.

Die Amme.

Kind, was beginnst du? Schänden willst du deinen Leib?

Hermione.

Ach, ach!
In den Aether entwalle mir, frei von den Locken,
795 Mein zartgewobener Schleier!

Die Amme.

Verhülle, Kind, den Busen, gürte dein Gewand!

Hermione.

Warum soll ich in's Gewand die Brust hüllen?
Was ich dem Gatten gethan, liegt offen am Tag,
Verbirgt sich nicht.

Die Amme.

800 Dich schmerzt es, daß du nachgestellt dem Nebenweib?

Hermione.

Ja, ich beweine sie, die feindsel'ge That,
Die ich verübt, ich Verfluchte, verflucht vom Geschlecht
Der Sterblichen.

Die Amme.

Vergeben wird dir dein Gemahl, was du verbrachst.

Hermione.

805 Was raubtest du mir aus den Händen das Schwert?
O gib, Theure, gib's zurück, daß ich es an
Die Brust seze! Was wehrtest du mir den Strang?

Die Amme.
Und ließ' ich frei dich rasen, daß du dir den Tod —

Hermione.
Weh, mein Geschick! Wo säumt des Blizes Flamme?
810 Wo schweb' ich auf zu Felsen,
In das Meer hinab, in der Gebirge Wald,
Daß ich in Hades' Haus hinabwall' im Tod?

Die Amme.
Warum dich also quälen? Alle Menschen trifft,
Bald oder spät, ein gottverhängtes Ungemach.

Hermione.
815 Du hast, Vater, hast, ach! mich verlassen, wie
Am Meerstrand ein Schiff, einsam und ruderlos.
Ich muß sterben, muß, — werde nicht wohnen mehr
Hier in dem Brautgemach.
An welch Götterbild wend' ich flehend mich?
820 Fall' ich zu Füßen ihr, Sklavin dem Sklavenweib?
Könnt' ich entfliehn aus dem phthiotischen Lande,
Wie der Vogel mit blauem Gefieder,
Wie das tannene Fahrzeug, welches, die erste Barke,
Durch die Kyanen fuhr!

Die Amme.
825 Das Uebermaß des Zornes lob' ich nicht, o Kind,
Als du das Unrecht übtest an der Troerin,
Und lobe jezt nicht deine gar zu große Furcht.
Verstoßen wird dich dein Gemahl deßwegen nicht,
Weil ihn des fremden Weibes schnödes Wort berückt.
830 Er führte nicht gefangen dich aus Troja fort;

Als eines edlen Mannes Kind errang er dich
Mit großer Mitgift aus der hochbeglückten Stadt.
Auch wird der Vater nimmer, wie du fürchtest, Kind,
Dich feig verlassen, will man dich austreiben hier.
835 So geh' hinein denn, laß dich vor dem Hause doch
Nicht länger blicken, daß es dir nicht Schande bringt,
Hier vor der Wohnung so gesehn zu werden, Kind.

Der Chor.
Ein Mann aus fremdem Lande, fremd von Angesicht,
Kommt hier mit eilend raschem Schritt auf uns heran.

Orestes. Die Vorigen.

Orestes.
840 Ihr fremden Frauen, hat Achilleus' edler Sohn
Hier seine Wohnung und die königliche Burg?

Der Chor.
Gewiß; indeß wer bist du, der du solches fragst?

Orestes.
Des Agamemnon und der Klytämnestra Sohn,
Genannt Orestes. Nach des Zeus dodonischem
845 Orakel wandr' ich. Weil ich nun gen Phthia kam,
So möcht' ich gern nach einer anverwandten Frau
Mich hier erkunden, ob sie lebt und glücklich ist,
Hermione von Sparta; denn obwohl sie fern
Von unserm Lande wohnt, ist sie doch geliebt von uns.

Hermione.
850 Sohn Agamemnons, der im Sturm den Schiffenden
Ein Port erschien, bei deinen Knieen fleh' ich dir:

Erbarme du dich unser, deren Loos du siehst,
Der Schwerbedrängten! Meinen Arm, nicht schwächer als
Oelzweige, schling' ich flehend um die Kniee dir.

Orestes.

Ha!
855 Was ist es? Irr' ich oder seh' ich wirklich hier
Menelaos' Tochter, die gebeut in diesem Haus?

Hermione.

Sie, die allein die Tyndaride Helena
Daheim gebar dem Vater: Nichts sei dir verhehlt.

Orestes.

O Phöbos, Helfer, schaffe Rettung aus der Noth!
860 Was ist es? Quälen Götter oder Menschen dich?

Hermione.

Ich hab' es selbst verschuldet, mein Gemahl zum Theil,
Zum Theil ein Gott auch: rettungslos sind wir dahin.

Orestes.

Wie mag die Gattin, welche noch kein Kind gebar,
Ein Leiden treffen, wenn es nicht vom Gatten kommt?

Hermione.

865 Hier eben leid' ich: klug entlockst du mir das Wort.

Orestes.

Liebt dein Gemahl ein andres Weib an deiner Statt?

Hermione.

Die Kriegsgefangne, Hektors Weib, Andromache.

Orestes.

Schlimm, was du sagtest, wenn ein Mann zwei Frauen
                liebt!

Hermione.
Wohl ist es also; mich zu rächen sucht' ich nun.

Orestes.
870 Du hast ihr Trug bereitet nach der Frauen Art?

Hermione.
Sie wollt' ich morden und den Bastard, ihren Sohn!

Orestes.
Und sind sie todt? Sprich! Hat ein Zufall sie befreit?

Hermione.
Peleus, der hochbejahrte, der die Niedern ehrt.

Orestes.
Nahm Einer sonst an diesem Morde Theil mit dir?

Hermione.
875 Mein Vater, welchen eben dies nach Phthia trieb.

Orestes.
Und wurde der dann durch des Greises Hand besiegt?

Hermione.
Durch Scham; und mich verließ er hülflos und entwich.

Orestes.
Du fürchtest, merk' ich, ob der That des Gatten Zorn.

Hermione.
Gewiß; und billig straft er mich. Was sag' ich ihm?
880 Drum fleh' ich dir, Zeus rufend, unsers Stammes Gott:
Weit, weit hinweg aus diesem Lande führe mich,
Oder heim zum Vaterhause; denn die Hallen hier,
So scheint es, haben Stimmen und vertreiben mich,
Mich hassen Phthia's Bürger; und wenn mein Gemahl
885 Vorher von Phöbos' Sehersitz nach Hause kehrt,

So mordet er mich schmählich, oder müssen wir
Der Buhle dienen, welcher ich vordem gebot.
Wie, möchte Jemand fragen, hast du so gefehlt?
Zutritt von bösen Weibern war mein Untergang,
890 Die, solche Reden führend, mich erbitterten:
„Du duldest, daß die schlechte Kriegsgefangene,
Das Sklavenweib, des Gatten Liebe theilt mit dir?
Bei Hera, nein, in meinem Hause sollte sie
Nicht lebend mehr an meines Gatten Seite ruhn!"
895 Und ich, vernehmend immer dies Seirenenwort
Der klugen, vielgewandten, schlau geschwäzigen,
Ich ward von Thorheit aufgebläht. Was sollt' ich streng
Den Gatten hüten? Hatt' ich doch das Nöthige,
Reichthum die Fülle, war im Hause Königin,
900 Und ächte Söhne konnt' ich ihm gebären, sie
Halbsklaven meiner Kinder und Bastarde nur.
Ja, lasse nimmer, nimmer — zehnmal sag' ich es —
Ein Mann von Einsicht, welcher sich ein Weib erkor,
Zu seiner Gattin andre Frau'n in's Haus herein:
905 Denn diese leiten immer nur zum Bösen an.
Die Eine, jagend nach Gewinn, verführt die Frau;
Die Andre möchte, daß sie, gleich ihr, sündigte;
Viel' andre treibt die blinde Gier. So muß das Glück
Des Manns im Hause schwinden. Wahrt hiegegen wohl
910 Mit Schlössern und mit Riegeln eures Hauses Thor:
Denn keinen Segen schaffen euch die fremden Frau'n
Mit Schwazen und Besuchen, nein, viel Ungemach.

Der Chor.

Zu heftig schmähst du, Königin, auf dein Geschlecht.
Wohl mag ich dir's verzeihen; dennoch sollten Frau'n
915 Der Frauen Schwächen allezeit beschönigen.

Orestes.

Ein weiser Mann war's, der gelehrt die Sterblichen,
Die Reden anzuhören, die der Andre spricht.
Ich wußte wohl um dieses Hauses Wirrnisse,
Um deinen Haber, der dich trennt von Hektors Weib,
920 Und harrte darum lauschend, ob du bliebest hier,
Ob, etwa fürchtend dieses kriegsgefangne Weib,
Du lieber fliehen wolltest aus des Gatten Haus.
Nun kam ich, deine Briefe nicht erwartend, selbst,
Dich, wenn du sprächst vom Fliehen, wie du jezo thust,
925 Von hier hinwegzuführen. Denn einst warst du mein,
Und wohnst bei diesem Manne durch Menelaos' Schuld,
Der, eh' er eindrang in die Marken Ilions,
Dich mir zum Weib gegeben, dann dem Pyrrhos dich
Verheißen, wenn er Troas' Burg erobere.
930 Als aber Pyrrhos wiederum hiehergelangt,
Vergab ich deinem Vater; doch ihn fleht' ich an,
Mir deine Hand zu lassen, und eröffnet' ihm,
Welch Schicksal mich verfolge, „daß ich eine Braut
Von Freunden wohl erlangte, doch von Fremden nicht,
935 Verbannt vom Vaterherde, wie ich's jezo sei."
Da schalt er trozig, warf den Muttermord mir vor,
Die Götterfrauen mit dem blutroth glüh'nden Blick.
Ich, tiefgebeugt durch meines Hauses Ungemach,
Empfand, empfand Schmerz, aber trug das Mißgeschick,
940 Und schied mit schwerem Herzen, deiner Hand beraubt.
Doch weil sich nun dein Schicksal umgewandelt hat,
Und du bei diesem Ungemach nicht Hülfe weißt,
Führ' ich dich weg, in deines Vaters Arm zurück.
Denn mächtig ist Verwandtschaft und hülfreicher Nichts
945 In bösen Tagen, als ein Freund aus gleichem Stamm.

Hermione.

Für unsre Hochzeit sorgen wird mein Vater schon,
Und mir geziemt hierüber kein entscheidend Wort.
Doch ohne Säumen führe mich hinweg von hier,
Daß mein Gemahl nicht früher hieher kommt in's Haus,
950 Noch bei der Kunde, daß ich Pyrrhos' Wohnungen
Verlassen, Peleus uns verfolgt auf schnellem Roß.

Orestes.

Den Arm des Greises fürchte nicht, noch schrecke dich
Der Sohn Achillens, weil er also mich gehöhnt.
Denn solch ein Listgewebe schlauen Truges ward
955 Mit unentwirrbar'n mörderischen Banden ihm
Von meiner Hand bereitet; noch verschweig' ich es;
Doch wenn's gethan ist, wissen wird's der Delpherfels.
Der Muttermörder (halten meine Freunde noch
Getreu an ihrem Eide dort im Delpherland)
960 Lehrt ihn um Keine freien, welche mir gebührt.
Zu seinem Unheil fordert er des Vaters Blut
Von Delphi's Herrscher, Phöbos, und die Reue wird
Ihm nimmer frommen, weil er nun dem Gotte büßt.
Durch diesen selbst und unser Zeugniß wider ihn
965 Verdirbt er schmählich; meine Rache kennt er dann!
Denn traun, verhaßter Menschen Glück verkehrt ein Gott
Allzeit in Unglück, duldet nicht des Stolzes Wahn.

(sie gehen ab.)

Der Chor.
Erste Strophe.

O Phöbos, du, der Ilions herrliche Burg emporgethürmt,
Du Herrscher im Meere, der blauen Rosse Lenker
970 Durch wogende See!

Was gabt ihr das Kunstwerk eurer schaffenden Hände voll Schmach
Ares, dem Meister der Schlachten, dahin, ließt ohne Hülfe
Die Burg Troja's ihm zum Raube?

Erste Gegenstrophe.

Ihr schirrtet zahlreich Wagen und Roß' an dem Strand des Simoïs,
975 Und erregtet die blutigen Männerkämpfe, denen
Nie lohnte der Kranz:
Zu den Schatten des Hades wallten Troas' Gebieter hinab;
Auf den Altären von Ilion strahlt nicht mehr die Flamme,
Vom Weihrauch der Opfer duftend.

Zweite Strophe.

980 Der Sohn des Atreus fiel von der Hand des Gemahls;
Und selbst empfing sie blutigen Tod um den Mord
Durch die Hand der Kinder.
Ein Gott, ein Gott, sein orakelkündend Wort
Suchte sie heim und Er,
985 Welcher kam von Argos,
Der Sohn Agamemnons, der
Nach des Gottes Geheiß, ach! die Mutter mordete.
O Herrscher, Gott Phöbos, wie glaub' ich das?

Zweite Gegenstrophe.

Es klagten viele Frau'n im versammelten Volk
990 Von Hellas ihrer Kinder unseligen Tod,
Flohn die Heimat, kamen
Zu andern Ehgatten. Nicht allein auf dich
Stürmte das herbe Leid
Oder auf die Deinen:

995 Ganz Hellas erlag, erlag;
Die gesegneten Gaun Troja's auch durchschmetterte
Der Donnerstrahl, streut' umher Blut und Tod.

Peleus. Der Chor.
Peleus.
Ihr Frauen Phthia's, gebt auf meine Frage mir
Bescheid: ein ungewisses Wort vernahm mein Ohr,
1000 Daß Menelaos' Tochter aus dem Hause hier
Entflohn. Ich komme, weil ich gern erkundete,
Ob dieses wahr ist: um das Wohl abwesender
Verwandten muß sich kümmern, wer zu Hause blieb.

Der Chor.
Peleus, du hörtest richtig; uns geziemt es nicht,
1005 Das Leid zu bergen, welches uns betroffen hat:
Vom Hause flüchtig, eilte fort die Königin.

Peleus.
Von welcher Furcht ergriffen? Nichts verhehle mir!

Der Chor.
Den Gatten fürchtend, daß er aus dem Hause sie
Verstoße.

Peleus.
Weil sie seinem Kind den Tod gedroht?

Der Chor.
1010 Gewiß, und fürchtend jenes kriegsgefangne Weib.

Peleus.
Mit ihrem Vater oder wem entfloh die Frau?

Der Chor.
Sie hat der Sohn Agamemnons aus dem Land entführt.

Peleus.
Welch eine Hoffnung nährend? Will er selbst sie frein?

Der Chor.
Und deines Sohnes Sohne Tod bereiten auch.

Peleus.
1015 Verborgen, oder Aug' in Aug' in offnem Kampf?

Der Chor.
In Phöbos' Heiligthume mit den Delphiern.

Peleus.
Weh, wehe! Das ist schrecklich! Ohne Säumen soll
Mir Einer eilig zum Altar in Pytho gehn,
Und dort den Freunden melden, was sich hier begab,
1020 Bevor Achilleus' Sprößling stirbt von Feindeshand!

Ein Bote. Peleus. Der Chor.

Der Bote.
Ach, welch ein Unheil komm' ich Unglückseliger
Dir, Greis, zu melden und den Freunden unsers Herrn!

Peleus.
Ha!
Wie klopft erwartend voller Furcht mein ahnend Herz!

Der Bote.
Nicht mehr (vernimm's!) ist deines Sohnes Sohn, o Greis
1025 Peleus; so viele Schwerterstöße trafen ihn
Von Delphern und dem Fremdling aus Mykene's Volk.

Der Chor.
Weh, was beginnst du? Stürze nicht zur Erde, Greis!
Erhebe dich!

Peleus.
Verloren bin ich, bin dahin!
Die Stimme schwand, und meiner Kniee Kraft entwich!
Der Bote.
1030 Vernimm, wofern du deine Freunde rächen willst,
Die Dinge, die geschehen, und erhebe dich.
Peleus.
O Schicksal, ach! An meines Alters leztem Ziel,
Wie hast du mich umfangen, mich Unseligen!
Wie starb des einzigen Sohnes einziger Sohn mir hin?
1035 Sprich! Wie betrübt es laute, hören will ich's doch!
Der Bote.
Nachdem in Phöbos' hehrem Siz wir angelangt,
Da weihten wir drei klare Sonnenläufe froh
Dem neuen Schauspiel, unsern Blick ersättigend.
Doch war es schon verdächtig, daß sich überall
1040 Das Volk zusammenschaarte, das bei'm Gotte wohnt.
Und durch die Stadt schritt Agamemnons Sohn einher,
Und raunte Reden böser Art in jedes Ohr:
„Erblickt ihr ihn, der durch des Gottes Heiligthum,
Das golderfüllte, durch der Männer Schäze geht?
1045 Zum zweitenmale kommt er, wie zuvor er schon
Hierher gekommen, auszutilgen Phöbos' Haus!"
Da ging ein böses Murmeln durch die ganze Stadt;
Des Volkes Häupter sammeln sich und pflegen Rath;
Auch stellten, die des Gottes Schaz verwalteten,
1050 Im säulumringten Heiligthum Schuzwachen aus.
Wir hatten keine Kunde noch von alle dem,
Und nahmen Schafe, die Parnassos' Laub ernährt,
Und zogen hin mit Freunden und den pythischen
Orakeldeutern, traten dann um Phöbos' Herd.

1055 Und Einer sagte: „Was, o Jüngling, sollen wir
Vom Gotte dir erbitten? Weßhalb kamest du?"
Doch Pyrrhos sprach: „Wir kommen, um die früh're
Schuld
Dem Phöbos abzubüßen; denn ich forderte
Ihn einst um meines Vaters Tod zur Rechenschaft."
1060 Nun kam's zu Tage, was Orestes' böses Wort
Vermochte, daß mein König unwahr rede, daß
Er Schnödes sinne. Pyrrhos trat in's Innere
Des Tempels ein, um vor dem Gottespruche noch
Zu flehn dem Phöbos, und entflammt der Opfer Glut;
1065 Doch nahe stand ihm eine Schaar Gewaffneter,
Verhüllt vom Lorbeer; ihrer Einer war der Sohn
Des Agamemnon, der die Tücken all' ersann.
Und er, gesehn von Allen, fleht' Apollon an;
Doch sie, mit scharfem Stahl bewehrt, verwundeten
1070 Achilles' Sohn, den waffenlosen, unvermerkt.
Da weicht er rückwärts, (denn zum Tode war er nicht
Verwundet,) und entzieht sich, und entrafft sofort
Das Wehrgeräthe, das am Pflock der Säule hing,
Trat dann zum Altar, fürchterlich im Waffenschmuck,
1075 Und ruft die Söhne Delphi's, also fragend, an:
„Was wollt ihr mich ermorden, der auf frommem Pfad
Gekommen? Was verbrach ich, daß ich sterben soll?"
Doch einen Laut erwiedert aus den Tausenden
Nicht Einer; Steine flogen aus den Händen rings.
1080 Und wie von dichten Flocken Schnee's ringsher gedrängt,
Hielt er die Wehr vor und vermied die Würfe wohl,
Hierhin und dorthin mit der Hand den Schild gestreckt.
Doch Nichts vermochte Pyrrhos; denn viel Pfeile, viel
Geschosse, Lanzen, Spieße, doppelschneidige

1085 Wurfspeere, Messer flogen vor die Füße hin.
Nun hätt'st du grausen Waffentanz gesehen, wie
Dein Sohn dem Andrang wehrte. Doch da jene nicht
Zu athmen ihm vergönnten, rings umdrängend ihn,
Verließ er flugs den opferfrohen Weihaltar,
1090 Und sprang den schnellen Troërsprung, und schritt auf sie
Zum Kampfe selbst an; aber gleich Waldtauben, die
Den Habicht sahen, wandten sie zur Flucht sich um.
Und Viele sanken dort und hier, verwundet die,
Im engen Ausgang Andre durch sich selbst erdrückt.
1095 Und aus dem heiligen Hause scholl ein grauser Schrei,
Und klang vom Felsen wieder; doch wie heitre Luft,
In hellen Waffen blizend, stand der König da,
Bis aus des Tempels inn'rem Grund hervor ein Mann
Laut rief in Schauertönen und zu neuem Kampf
1100 Die Männerschaar aufregte. Da, von scharfem Stahl
Durchbohrt die Seiten, fällt Achilleus' edler Sohn
Durch einen Mann aus Delphi, der ihn mordete
Mit vielen Andern. Als er hin zur Erde sank,
Wer schwang das Schwert nicht, hob den Stein nicht über ihm,
1105 Dort schlagend, hier zerschmetternd? Ueberall zerfleischt,
Entstellt von grausen Wunden ward der schöne Leib.
Die Leiche, nahe liegend am Altare, warf
Zum opferduftigen Heiligthum das Volk hinaus.
Wir rafften auf den Armen ihn alsbald hinweg,
1110 Und bringen dir den Todten, daß du klagst um ihn,
Und ihn beweinst, Herr, und mit Grabesehren schmückst.
So that der Gott, der Andern Weisheitskunde lehrt,
Der aller Welt gerechter Sache Richter ist,
Dem Sohn Achillens, als er büßte seine Schuld,

1115 Und dachte so, nach böser Menschen Weise, noch
Des alten Haders. Könnte der wohl weise sein?

Der Chor.

Hier tragen sie schon den Gebieter heran:
Sie tragen ihn heim von dem delphischen Land.
Unglücklicher Mann, unglücklich, o Greis,
1120 Auch du! Des Achilleus Sprößling empfängst
Im Hause du nicht so wie du gehofft,
Und im Leide versankst
Du selbst in das gleiche Geschick, Herr.

Peleus.

Was für ein Leiden erblick' ich Verlorener
1125 Hier, und empfang' es in meinem Palaste!
Weh', o thessalische Stadt, ich verzweifele;
Nicht mehr blieb das Geschlecht und die Kinder mir,
Nimmer im Hause!
Schmerzliches Loos! Auf welchen Befreundeten
1130 Wend' ich das Auge hinfort und erfreue mich?
Lieblicher Mund, und o Kinn, und ihr Hände!
Hätte der Gott dich gemordet vor Ilion
An des Simois Gestade!

Der Chor.

Dann war sein Name hochgeehrt im Tode noch,
1135 O Greis, und also wärest du glückseliger!

Peleus.

Ehbund, Ehbund, der du das Haus hier,
Der du die Stadt mir vernichtetest! Ach, ach!
Hätte doch nicht das Geschlecht der Hermione,
Dieses dem Haus und den Kindern verderbliche,

1140 Deiner Gemahlin Geschlecht,
Tod und Verderben, o Sohn, dir bereitet;
Hätt' es der Blizstrahl eher getödtet!
Hättest du nimmer das Blut des erschlagenen
Göttlichen Vaters von Phöbos gefordert,
1145 Du, der Sterbliche, vom Gotte!

Der Chor.

Ich stimm' um meines Herrscher's Fall
Das Lied an, wie's geziemt um Todte.

Peleus.

Weh, weh! Ich stimme jammernd ein,
Ich unglückvoller Greis, und weine.

Der Chor.

1150 Geschick der Gottheit ist es, Gott verhängt das Leid.

Peleus.

Du ließest, Theurer, mich allein im Hause,
Mich kinderlosen Greis zurück.

Der Chor.

Vor deinen Kindern ziemte dir zu sterben, Greis.

Peleus.

Wie? Zerrauf' ich nicht mein Haar?
1155 Soll ich die Hände nicht an's Haupt,
Mit blutigem Schlage legen? Weh, o Vaterstadt!
Mir nahm ein Gott beide Söhne, Phöbos.

Der Chor.

Du Sohn des Unglücks, der du Leid erfuhrst und sahst,
O Greis, wie wirst du fürder leben?

Peleus.
1160 Der Mühen Ziel nicht schauend, einsam, kinderlos,
Mein Leid ausharren bis zum Tode.

Der Chor.
Umsonst beglückten Götter dich bei'm Ehefest.

Peleus.
Entflogen ist, entschwunden all das Meine,
In Staub gebeugt mein hoher Sinn!

Der Chor.
1165 Du wandelst einsam durch das einsam stille Haus.

Peleus.
Keine Heimat hab' ich mehr:
Fahre zur Erde dieser Stab!
Und du in nächtlicher Grotte, Nereus' Tochter, wirst
Mich Armen todt stürzen sehn zur Erde!

Der Chor.
1170 Was wogt in der Luft? Welch Göttergebild,
Ihr Jungfrau'n, seh' ich? O schaut, blickt auf!
Wohl ist es ein Gott, der, heitere Luft
Durchschwimmend, herab auf Phthia schwebt,
Zu dem rossegesegneten Lande.

Thetis erscheint. **Peleus. Der Chor.**
Thetis.
1175 Peleus, der Ehe wegen, die dich mir verband,
Erschein' ich Thetis aus des Nereus Hause hier.
Vor Allem mahn' ich, härme dich nicht allzusehr
Des Misgeschickes wegen, das dich jezt betraf.
Auch ich ja sollte Kinder, nicht zur Trauer mir

1180 Gebären, und den Renner, den ich dir gebar,
Verlor ich, Pyrrhos' Vater, Hellas' ersten Sohn.
Warum ich komme, sag' ich, du vernimm das Wort.
Den hier, Achilleus' todten Sohn, beerdige,
Die Leiche führend zum Altar, dem pythischen,
1185 Zur Schmach den Delphern, daß sein Grab Verkünder sei
Des freveln Mordes, den Orestes' Hand verübt.
Andromache, die kriegsgefangne Troerin,
Nachdem der Ehe Bande sie mit Helenos
Verbunden, soll sie wohnen im Molosserland
1190 Samt ihrem Knaben, der allein von Aeakos'
Geschlecht zurückblieb, und von dem die Könige
Abstammen, die, sich folgend, in Molossia
Im Glücke herrschen sollen; denn auf Erden darf
Nicht untergehen dein Geschlecht und meins, o Greis,
1195 Noch Ilion's; auch dessen Loose kümmern ja
Die Götter, ob es Pallas gleich in Staub gestürzt.
Dich aber, daß du meiner Liebe Gunst erkennst,
Will ich, entsprossen einem Gott, und Göttin selbst,
Zum Gott erheben, daß du niemals alterst und
1200 Unsterblich fortlebst, allem Erdenleid entrückt.
Du wohnst in Nereus' Hause dann mit mir vereint,
Ein Gott der Göttin zugesellt für alle Zeit;
Und wenn du dorther aus dem Meer den trocknen Fuß
Erhebst: Achilleus, unsern Sohn, erblickst du dann,
1205 Den Theuren, der auf schönem Insellande wohnt,
Auf Leuke's Ufer innerhalb Euxeinos' Flut.
So gehe denn zur gotterbauten Delpherstadt
Mit dieser Leiche; wenn du sie bestattet hast,
So wandle nach der alten Klippe Sepias,
1210 Und harr' in tiefer Grotte, bis vom Meeresgrund

Ich komme mit der fünfzig Nereïden Chor,
Der dich geleitet; denn das gottverhängte Loos
Ziemt dir zu tragen, weil es Zeus also gefällt.
Laß ab zu trauern um die Hingeschiedenen;
1215 Denn allen Menschen wurde dies Geschick von Gott
Bestimmt: entrichten müssen sie des Todes Schuld.
(Sie verschwindet.)

Peleus.

Erhabne, Heil dir, mein geliebtes edles Weib,
Du Tochter Nereus'! Was du mir zu thun befiehlst,
Ist würdig dein, und deiner Kinder würdig auch.
1220 Dem Gram gebiet' ich, Herrscherin, auf dein Geheiß;
Und wann ich ihn bestattet, geh' ich Pelions
Felsthal zu grüßen, wo ich, Schöne, dich umarmt.
Aus edlem Hause wähle denn der weise Mann
Ein Weib, an Edle geb' er seine Töchter aus;
1225 Nach einem Weibe niedrer Art gelüst' ihn nicht,
Und brächte sie die reichste Morgengabe zu:
Denn Glück verleihen nimmerdar die Götter ihm.

Der Chor.

Vielfache Gestalt hat der Götter Geschick;
Gar Vieles verhängt unerwartet ihr Rath,
1230 Und was du gewähnt, vollendet sich nicht.
Zum Unmöglichen findet die Bahn ein Gott.
So endete dieses Begegniß.

Anmerkungen zu Andromache.

Vers 1. Die Theberstadt ist Thebe in Kilikien, wo Eetion, der Vater Andromache's, herrschte.

- 13. Neoptolemos oder Pyrrhos, der Sohn des Achilleus, war auf der Insel Skyros in Thessalien geboren, wo sein Großvater Lykomedes König war.

- 50. Loxias, Beiname des orakelgebenden Apollon von den dunkeln, räthselhaften Orakelsprüchen.

- 52. Pytho, der alte Name Delphi's. — Phöbos Apollon gab Paris den Pfeil, mit welchem er den Achilleus, den Vater des Pyrrhos, tödtete.

- 105. L. ὀξὺς Ἄρης.

- 168. Für χρυσός l. Τρωάς.

- 252. L. εἰ μὲν θανοῦμαι γ'.

- 262. Die Baumeister des Alterthums pflegten die Steine der Gebäude durch eiserne Haken und geschmolzenes Blei zu verbinden.

- 273. Zeus' und Maja's Sohn, Hermes.

- 275. Die Götterfrauen, Here, Pallas und Aphrodite, welche der Götterbote Hermes zu dem Gehöfte des Paris führte.

Anmerkungen zu Andromache.

Vers 290. Über das Haupt werfen, ein Ausdruck von Dingen, die man als Unheil fortschleudert, um jede Spur von ihnen zu vertilgen.

= 300. Den Siz am Altare, wo Andromache Schuz vor ihren Feinden suchte.

= 343. L. ἀλλ' οὐ πείσεται.

= 570. L. ἄκλῃστ' ἄφρουρα δώματ' ἑστίας λιπών.

= 624. Der Vater des Peleus war Aeakos, ein Sohn des Zeus, König der Insel Aegina.

= 664. Pholos wurde von seinen Brüdern, Peleus und Telamon, ermordet, weil er es ihnen in ritterlichen Uebungen zuvorthat, worauf Aeakos beide aus ihrem Vaterlande Aegina vertrieb.

= 717. Diese, Andromache.

= 760. Bei dem Hochzeitfeste des Lapithenkönigs Peirithoos, zu welchem mit andern thessalischen Fürsten auch Peleus kam, mißhandelten die Kentauren in der Trunkenheit die Braut Hippodamia, und entzündeten den Krieg, der mit der Vertreibung der Kentauren vom Pelion sich endigte.

= 763. Peleus war einer der Argonauten.

= 765. Auf der Argonautenfahrt befreite Herakles die Tochter des troischen Königs Laomedon, Hesione, von einem Meerungeheuer, dessen Raub sie werden sollte, und der König verhieß ihm dafür seine schnellen Rosse. Als Laomedon sein Wort brach, zerstörte Herakles im Verein mit Telamon und Peleus Troja.

= 815. L. λίπες, λίπες, ὦ πάτερ, ἐπακτίαν
μονάδ' ἔρημον οὖσαν ἐνάλου κώπας.
ὀλεῖ, ὀλεῖ με· τᾷδ' οὐκέτι ἐνοικήσω
νυμφιδίῳ στέγᾳ.

= 821. Für εἴθ' εἴην l. ἀρθείην.

= 829. Das tannene Fahrzeug, das Schiff Argo.

Anmerkungen zu Andromache.

Vers 824. Die Kyanen, die cyanischen Inseln, auch Symplegaden genannt, zwei felsige Inseln des schwarzen Meeres an der Mündung des thrakischen Bosporos.

= 837. Für τῶνδ' l. ὧδ'.

= 844. Das Orakel des Zeus zu Dodona in Epirus war eines der ältesten in Hellas.

= 854. Schutzflehende trugen Olivenzweige in den Händen, die mit Wolle umwunden waren.

= 880. Von Tantalos, einem Sohne des Zeus, stammten Orestes und Hermione. Sonach war Zeus der Schuzgott der verwandten Häuser.

= 898. L. πῶς οὖν ἂν εἴποι τις τάδ' ἐξημάρτανες;

= 937. Die Götterfrauen, die Erinnyen.

= 939. L. ξυμφορὰς δ' ἠνεσχόμην.

= 953. L. ὅσ' εἰς ἔμ' ὕβρισεν. ὅσα d. i. ὅτι τόσα.

= 957. Auf dem Delpherfelsen stand die Burg von Delphi und der Tempel Apollons.

= 961. Vgl. V. 51 f.

= 968 f. Phöbos und Poseidon hatten dem Laomedon die Mauern Troja's erbaut.

= 983. Ein Gott, Apollon, welcher dem Orestes den Muttermord gebot.

= 987. L. ἀδύτων ἐπιβὰς ἔκτανεν, μητρὸς φονεύς. Vorher νιν f. νῦν.

= 992. Auf dich. Der Chor redet Hermione an.

= 1026. Der Fremdling aus Mykene ist Orestes.

= 1065. F. ἀδ' l. ἄγχ'.

= 1066. In der Nähe des heiligen Dreifußes stand ein Lorbeerbaum.

= 1090. Vielleicht eine Anspielung auf den Sprung des Achilleus aus dem Schiffe an's Land, der das Meer am Gestade

Anmerkungen zu Andromache.

auffluten machte, und wovon eine Ufergegend bei Troja **Achillessprung** genannt wurde.

Vers 1122. L. αὐτός τε κακοῖς εἰς ἓν μοίρας συνέκυρσας.

- 1189. Nach Helenos, einem Sohne des Priamos, der König im Molosserlande ward, herrschte Molottos, Andromache's Sohn, daselbst.

- '1203. Den trocknen, unbenezten Fuß: ein Zeichen der Göttlichkeit.

- 1206. Leuke, ein Eiland des schwarzen Meeres, der Mündung des Borysthenes gegenüber.

- 1227. F. κακῶς l. καλῶς.

Gedruckt bei E. Polz in Leipzig.

www.ingramcontent.com/pod-product-compliance
Lightning Source LLC
Chambersburg PA
CBHW022334230426
43664CB00040B/603